Miguel Angel Gordillo
Peter Schneider, Rita Schneider

Nordpol und Südpol im Soloflug

Im Eigenbauflugzeug
zum Weltrekord

Abbildung der Gesamtflugstrecke erstellt mit
https://www.freeworldmaps.net/printable/

Inflight Tracking Screenshots: www.spidertracks.com
Wetterkarten Screenshots: www.windy.com

Fotos: Miguel Angel Gordillo, Peter Schneider
Kartenzeichnungen: Peter Schneider

Wir danken Karl Liebau, Anne und Thorsten Schäfer sowie
Norman Schneider für das Lektorat bei der Manuskriptvorbereitung.

ISBN 978-3-00-064668-3
Verfasser: Peter Schneider, Rita Schneider
Umschlagsgestaltung: Rita Schneider
Druck: FLYERALARM GmbH, 97080 Würzburg
Printed in Germany 2020

Alle Rechte vorbehalten! Ohne ausdrückliche Erlaubnis der Verfasser darf das Werk, auch nicht Teile davon, weder reproduziert, übertragen, noch kopiert werden, wie z.B. manuell oder mithilfe elektronischer und mechanischer Systeme inklusive Fotokopieren, Bandaufzeichnung oder Datenspeicherung.

© 2020 veröffentlicht im Eigenverlag der Verfasser, Öhlberg 7, D-97080 Würzburg, E-Mail: polflug@t-online.de
Internet: www.polflug.com

Für

Miguel Angel, Carlos, Lorena, Anaelle und Marta

Mara und Norman

INHALT

Vorbemerkung
Polflüge: Eine Herausforderung – früher und heute

Teil 1   Angriff auf den Nordpol

Skypolaris: Wissenschaft im Überflug
Vor dem Start: Das Gedankenkarussell dreht sich immer schneller
Genug vorbereitet: Es geht jetzt los!
Out of Africa oder Auf nach Afrika!
Der große Sprung: 3 010 km über den Atlantik
Happy landing in Brasilien: Von Natal nach Belem
Ein Superlativ: Immer am Amazonas entlang
Go west: Nach Manaus
Schöne Aussicht auf Brasilianisch: Nach Boa Vista
Ein Traum wird wahr: Abstecher über die Angel Falls
Globale Erwärmung auch hier: Süd- und Mittelamerika
Feuchtfröhliche Begrüßung: Landung in Mexico City
Zwischen Hoffen und Bangen: Gestrandet an der US-Grenze
Im Nonstop-Flug: Über den Osten der USA
Härtetest für den Polflug: Kanadas hoher Norden
Nur eine Richtung: Weiter nordwärts
Alea jacta sunt: Es gibt kein Zurück!
Problem Himmelsrichtung: Wo ist Süden?
Willkommen auf Norwegisch: Alesund
Endlich die vorletzte Etappe: Durch Europas Mitte
Ende erster Teil: Glückliche Heimkehr nach Spanien

Teil 2   Anlauf Richtung Südpol

Geduld ist gefragt: Warten auf den Abflug
Flug mit Hindernissen: Aufbruch in den Süden
Irgendwo: In Afrika
Auf gefährlichem Terrain: Im Sudan
Island Hopping: Über den Indischen Ozean
Auch nur eine – große – Insel: Der fünfte Kontinent
Mittendrin: Das rote Herz Australiens
Vorbereitung ist alles: Aufbruch zum Südpol
Die gefürchtete Passage: Nonstop über die Antarktis
Geschafft: Good bye Antarktis
Am Ende der Welt oder Fin del Mundo: Patagonien
Welt umrundet: Natal zum zweiten Mal
Der stürmische Äquator: Wieder über den Atlantik
Die letzte Etappe: Von den Kapverden nach Hause
Epilog

Anhang

In nüchternen Zahlen: Der Rekord
Born to fly: Miguel Angel Gordillo
Vom Bau des Rekordflugzeugs: RV-8 von Van's Aircraft
Safety first: Überlebensausrüstung
Aufführung eines Dramas: Spanisches Polarkomitee
Money makes the world go round: Finanzierung
Liste aller Flugplätze: ICAO-Abkürzungen

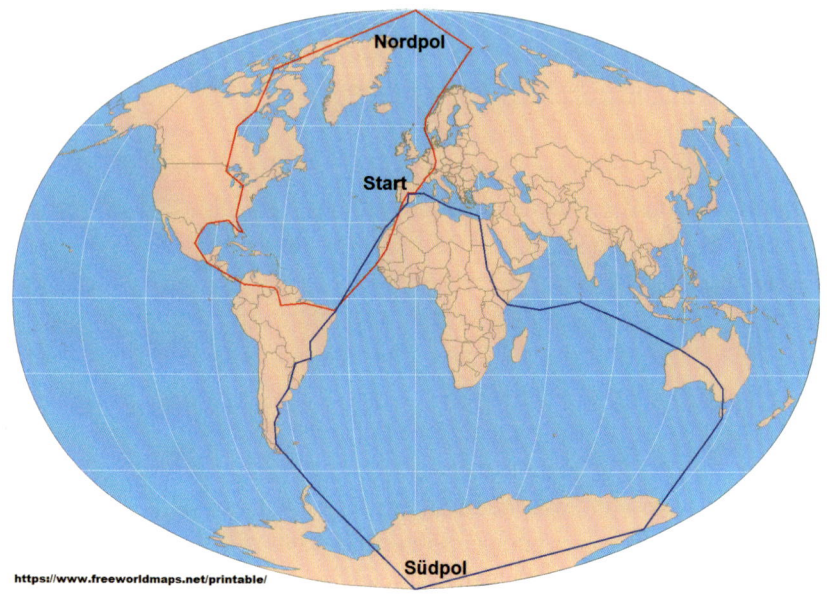

Flugroute in Form einer Acht um Nord- und Südpol

Vorbemerkung

Miguel Angel Gordillo, genannt Michel, aus Campo Real bei Madrid lernten wir bereits in den 1990er Jahren in einem Internet-Forum kennen, in dem sich die Erbauer von Kitfox Bausätzen austauschten. Mit seiner Kitfox IV *EC-YOY*, einem Spornradflugzeug, plante Michel im Jahr 1998 wahrhaft Großes: eine Erdumrundung von West nach Ost und als Highlight eine Landung während des großen legendären Fliegertreffens AirVenture Oshkosh in Wisconsin, USA. Sein erstes Leg wollten wir gerne unterstützen und ihm eine Landung auf unserem Heimat-Flugplatz in Hettstadt bei Würzburg anbieten. Allerdings kam es wegen einer verweigerten Überflugerlaubnis über Russland nicht wie vorgesehen zu dieser Zwischenlandung. Dennoch gelang Michels erste Weltumrundung mit der Kitfox, allerdings auf einer alternativen Route. Seine zweite Weltumrundung 2001, diesmal Richtung Osten, erfolgte mit einem weiteren speziell für lange Strecken ausgerüsteten Eigenbau, der DynAero MCR01 *EC-ZBQ*, unter dem Namen *Into the Sunrise*. Als ich Michel 2003 beim Jahrestreffen der französischen Flugzeug-Eigenbauer in Chambley persönlich traf, fand ich den Rumpf der *Into the Sunrise* mit vielen Unterschriften übersät.

Der Flug mit der *Into the Sunrise* in der Einsamkeit der Polarregionen Alaskas, Grönlands und Islands hinterließ bei Michel einen bleibenden Eindruck und wurde Inspiration für seine nächste fliegerische Herausforderung, den Flug über beide Pole, die Arktis und Antarktis.

Für dieses neue Vorhaben musste Michel zunächst ein geeignetes Fluggerät, eine Van's Aircraft RV-8, bauen. Er stattete seine RV-8 mit unglaublichen Fähigkeiten aus, wie ich 2010 bei einem Besuch in Campo Real sah: spezielle Lösungen für große Reichweiten und Resistenz gegen sehr große Temperaturunterschiede von plus 45 bis minus 50 Grad Celsius.

Mit Unterstützung des Andalusischen Zentrums für Umweltforschung der Universität Granada konnte der Flug im Rahmen des Umweltprojekts Skypolaris verwirklicht werden. Zu diesem Zweck installierte

Michel ein Aethalometer (Kohlepartikel-Messgerät), mit dem Messungen auf bislang nie beflogenen Routen in niedriger Höhe durchgeführt werden konnten. Die Messdaten dienen nun zur Kalibrierung von Satelliten- und LIDAR-Messungen. LIDAR steht für Light Detection And Ranging und ist eine Methode zur Messung atmosphärischer Parameter beruhend auf Laserstrahlen.

Der Weltrekord des Weltluftsportverbandes FAI (Fédération Aéronautique Internationale), die Umrundung von Nord- und Südpol mit einem Kleinflugzeug unter 1 750 kg, war bisher niemandem geglückt. Der Earth Rounder Bill Harrelson hatte den Südpol mit einer Lancair IV über 1 750 kg erreicht, war aber gezwungen wegen einer Wetterverschlechterung nach Punta Arenas, Chile, umzukehren.

Eine Voraussetzung, die zur Erlangung des FAI-Weltrekordes erfüllt werden musste, war die exakte Festlegung der Flugroute, von der nach der Anmeldung nicht mehr abgewichen werden durfte. Zudem musste die zweimalige Querung des Äquators um 120 Längengrade voneinander entfernt liegen. Wetterbedingt musste der Rekordversuch in zwei jahreszeitlich getrennten Etappen erfolgen. Diese dritte Erdumrundung über beide Pole brachte Michel tatsächlich den Weltrekord ein.

Man stelle sich einmal den organisatorischen Albtraum einer *normalen* Weltumrundung mit einem Flugzeug vor. Dafür müssen dutzende von Flügen und Landungen in fremden Ländern beantragt werden, jedes mit eigener Sprache, eigenen Gesetzen, Zollverfahren und Regeln. Hinzu kommt die Furcht erregende Vorstellung von ausgedehnten Flugstrecken über unbekannte Territorien und Ozeane. Selbst wenn das alles gelungen ist, kann man noch lange nicht wirklich behaupten, tatsächlich *um die Welt geflogen zu sein*, denn mit großer Wahrscheinlichkeit flog man weder über den Nordpol und erst recht nicht über den Südpol. Für die allermeisten Piloten wäre das eine logistische, physische und finanzielle Unmöglichkeit. Nun stelle man sich dazu noch vor, einen solchen Flug mit einem in der eigenen Garage gebauten Flieger durchzuführen. Klingt unmöglich? Nicht für Michel. Für ihn war es sowohl ein Traum als auch ein Albtraum, die harte Tour – über beide Pole – für seine Erdumrundung zu wählen. Der 61-jährige ist damit einer der ganz wenigen Menschen, die dies je versucht haben. Und, er ist der Einzige, dem es in einem so kleinen Flugzeug gelungen ist.

Die zurückzulegenden Entfernungen sind für ein kleines Flugzeug unermesslich riesig. In einigen Gegenden waren von Michel mehr als 1 000 Meilen offener Ozean zu überqueren. Diese Regionen sind so abgelegen, dass bei einem Absturz kaum Hoffnung auf eine Rettung bestünde.

Auch in der Antarktis würden viele Tage vergehen bis ein Rettungstrupp bei ihm einträfe, selbst wenn eine Notlandung in unwegsamem Gelände gelänge. Die Wahrscheinlichkeit, bei minus 35 Grad Celsius zu überleben, ist auch heute noch gering. So musste es Michel einfach gelingen, die tausende Kilometer weiten Todeszonen mit seinem kleinen Flugzeug auf möglichst direkter Route und vor allem ohne Notlandung zu überqueren!

Es sind aber nicht die riesigen Entfernungen allein, sondern auch die physischen und psychischen Herausforderungen, die zu bewältigen sind. Die administrativen Hindernisse und politischen Dimensionen sind ebenso unwägbar. So erlaubten einige Staaten keinen Einflug von Privatflugzeugen. Bei seiner ersten Weltumrundung 1998 wurde Michel nach der Landung in Ho-Chi-Minh City, Vietnam, inhaftiert, obwohl sein Flugplan damals genehmigt war.

Daneben war die Versorgung, z. B. mit Sprit ein immer wiederkehrendes Problem. Michel plante daher die Flugroute seiner dritten Weltumrundung über Jahre mit größter Sorgfalt.

Im Zuge der zunehmenden Erforschung der Antarktis ist die Versorgungslogistik, die vornehmlich im Rahmen des US-Antarktisprogramms betrieben wird und C-17, LC-130, A319 Flugzeuge sowie Twin Otters umfasst, sehr viel besser als früher. Aber selbst heutzutage stößt die Reichweite dieser Logistik an Grenzen, die nur durch Überland-Expeditionen zu überbrücken sind. So brauchte es wetterbedingt mehrere Anläufe, bis Reinhold Messner und Arved Fuchs 1989 mit einer Twin Otter von Punta Arenas aus zu ihrem Fußmarsch von der Antarktisküste zum Südpol abgesetzt werden konnten. Wegen fehlender Depots musste alles Material auf Schlitten bis zum Pol transportiert werden, ebenso auf der weiteren Strecke vom Südpol bis nach Terra Nova bei der Mario-Zucchelli-Station (MZS), an der anderen Seite der Antarktisküste gelegen.

Andere Expeditionen, wie die großspurige, von Film und Fernsehen begleitete Transantarktika Expedition mit Hundeschlitten, hatten eine ausgeklügelte Logistik, die 11 Millionen $ verschlang, Sachleistungen nicht mitgerechnet. Messner und Fuchs brauchten dagegen *nur* eine knappe Million DM.

Michel dagegen kostete seine größtenteils selbst finanzierte Weltumrundung circa 115 000 € einschließlich Kost und Logis für fünf Monate sowie fast aller laufender Ausgaben für das Flugzeug unterwegs, großzügige Geldspenden und Sachleistungen nicht eingerechnet.

Dieses Buch soll die Dimension des Skypolaris Projekts ins rechte Licht rücken und die Pionierleistung des Fliegers Michel würdigen, die sich ohne Zweifel in die Leistungen seiner wenigen Vorgänger einreiht, die viele Jahre zuvor versuchten, die Pole mit einem Flugzeug zu erreichen und dabei teilweise tragisch scheiterten.

Der Skypolaris Flug wird in Madrid beginnen und enden und direkt über den Nord- und Südpol führen, insgesamt 40 839 nautische Meilen (nm). Die wissenschaftlichen, fliegerischen und persönlichen Herausforderungen, Erlebnisse, Erfahrungen und Begegnungen Michels auf seinem Flug zum Weltrekord liefern den spannenden Stoff, den er größtenteils in eigenen Worten in diesem Buch erzählt und den wir kommentierend begleiten.

Peter und Rita Schneider
Würzburg, Juni 2020

Polflüge: Eine Herausforderung – früher und heute

Ein Blick in die Geschichte der Polflüge verdeutlicht die Schwierigkeiten, die polsüchtige Abenteurer erwarteten.

Amundsen bemühte sich 1923 vergeblich, den Nordpol auf seiner Maud-Expedition mit einem Flugzeug zu erreichen.

Auf Spitzbergen wurde ein Treibstoffzwischenlager von dem deutschen Piloten Neumann und dem Schweizer Alpenflieger Mitterholzer eingerichtet. Mit einer Junkers F13 erreichten sie fast den 83. Breitengrad.

1925 flog eine US-Expedition unter Byrd in Richtung nördliches Grönland. Zwei Flugboote gingen dabei verloren, mit dem dritten wurde Grönland überquert, die Expedition jedoch abgebrochen. 1926 flog Byrd erneut mit seinem Piloten Bennet von Spitzbergen aus in einer dreimotorigen Fokker Richtung Nordpol. Nach knapp 16 Stunden kehrten sie am 9. Mai 1926 zum Kongsfjord zurück und ließen sich als Pol-Eroberer feiern. Doch angesichts der Windverhältnisse und der bekannten Durchschnittsgeschwindigkeit des Fokker-Flugzeugs *Josephine Ford* erschien dieser Erfolg mehr als fragwürdig. War wirklich schon jemand am Nordpol gewesen? Die National Geographic Society stellte Byrd in der antarktischen McMurdo-Station 1965 eine Bronzebüste auf. Eine technische Untersuchung des Flugzeugs ließ aber Zweifel an der Richtigkeit der Behauptung aufkommen, da Byrd infolge eines Navigationsfehlers den Nordpol niemals erreicht haben konnte.

Ebenfalls 1926 steuerten Amundsen und Ellsworth erneut mit dem italienischen Luftschiffkapitän Nobile an Bord des Luftschiffs *Norge* den Nordpol an und warfen dort eine Flagge auf dem Packeis ab. Amundsen und Wisting, der mit an Bord war, waren die ersten Menschen, die beide Pole erreichten.

1936 unternahm der russische Kommandant Golowin einen Aufklärungsflug und brachte die ersten fünf Sowjetbürger über den Nordpol.

Im Dezember 1955 überquerte eine amerikanische B29 auf einem achtzehnstündigen Flug zur Wetterbeobachtung in etwa 300 Meter

Höhe den Nordpol, eine grauweiße im Mondschein liegende Eisfläche.

Zum Zweck meteorologischer Forschungen schaffte es am 14. November 1965 eine Boeing 707 in einem Flug sogar zu beiden Polen. Nach fast 63 Stunden landeten die 30 Wissenschaftler und 10 Besatzungsmitglieder sicher in Honolulu.

Mit der Ford Tri-Motor *Floyd Bennett* startete Byrd 1929 in Richtung Südpol, erreichte diesen nach zehn Stunden und warf eine amerikanische Flagge ab. Nach einem Zwischenstop im vorher eingerichteten Tanklager ging es weiter. Die New York Times meldete als erste den Erfolg dieses Polflugs direkt aus der Antarktis.

Ein Manöver der US Navy mit 4 000 Mann und 13 Kriegs- und Zivilschiffen, das der Erforschung und Kartographierung von Teilen der Antarktis zu militärischen Zwecken dienen sollte, wurde 1946-1947 vorzeitig unter Verlust mehrerer mitgeführter Flugzeuge abgebrochen.

Einige Fluglinien führten ihre Langstreckenflüge bis 1990 über die Nordpolroute. Diese wurde nach der Erteilung von Überfluggenehmigungen über Sibirien aufgegeben. Flugzeiten wurden damit kürzer und es standen Landeplätze zur Verfügung, die es auf der Nordpolroute wegen des Packeises nicht gab.

Eine Flugroute über den Südpol besteht nicht. Forschungsstationen in der Antarktis werden jedoch regelmäßig zur Versorgung u. a. von der US Air Force, der neuseeländischen Air Force und der Australian Antarctic Division und in Notfällen bei geeignetem Wetter mit LC-130, C-17, Airbus A320, Twin Otter DHC-6, Iljuschin IL-76TD und Basler BT-67 angeflogen. Es existieren einige Pisten auf dem antarktischen Kontinent, von denen sich ein Teil nur für Flugzeuge mit Ski eignet. Von Punta Arenas in Chile aus lassen sich sogar Exkursionen nach Union Glacier mit Rundflügen vor Ort, für den nicht geringen Betrag von 26 000 $ und darüber, buchen. Der Südpol wird für einen touristischen Aufenthalt von 6-7 Tagen ab 51 000 $ bedient.

Teil 1 Angriff auf den Nordpol

Skypolaris: Wissenschaft im Überflug

Seit meiner Weltumrundung 2001 verfolgte mich unentwegt der Gedanke, in entfernte Gegenden zu fliegen, dahin wo die Erde aus der Luft betrachtet noch unberührt erscheint. Seit den bewegenden Eindrücken und berührenden Momenten auf meinem Flug über Grönland und Island ließ mich das Fliegen über Eis nicht mehr los und ich träumte von einer Überquerung beider Pole.

Aber die Unberührtheit ist trügerisch, denn auch dieser Teil anscheinend intakter Umwelt ist dem Risiko der weltweiten Luft- und Landverschmutzung ausgesetzt, die die Zukunft und das Leben der nächsten Generationen bedrohen, wenn nicht sogar zerstören.

Viele Organisationen erforschen die aktuelle Umweltverschmutzung auf der Suche nach umsetzbaren Lösungen. Die Universität von Granada mit dem Zentrum für Umweltforschung (Centro Andaluz de Medio Ambiente, CEAMA) ist Teil des andalusischen Plans zur Entwicklung eines Verbundes von Forschungszentren. Das CEAMA fokussiert sich auf Grundlagen- und angewandte Forschung zu Umweltfragen, neue Techniken eines nachhaltigen Ressourcenverbrauchs und die Verbesserung der Lebensqualität. Neben Kohlendioxid und anderen atmosphärischen Bestandteilen rücken Kohlepartikel wegen ihrer nicht eindeutig geklärten Wirkung auf Klima, Umwelt und Gesundheit zunehmend ins Zentrum des Interesses.

Das CEAMA hat die Federführung des wissenschaftlichen Projekts *Monitoring von absorbierenden Aerosolen in abgelegenen Regionen*. Diese Partikel werden bisher nur von Bodenstationen oder Satelliten untersucht. Was fehlt, sind Daten aus niedriger Höhe, die zum besseren Vergleich dringend nötig wären.

Der Einsatz von leichten Kleinflugzeugen wäre hierfür eine sehr gute Option, um wichtige Messdaten aus der gewünschten niedrigen

Höhe zu erhalten. Zudem wären Kleinflugzeuge kostengünstiger als der Einsatz großer, hochfliegender Flugzeuge. Das Skypolaris Projekt wird daher für die spanische und die internationale wissenschaftliche Gemeinschaft nicht zuletzt deshalb von großem Nutzen sein.

Mein Freund Matevz Lenarcic umrundete mit einem Aethalometer an Bord seines Fliegers die Erde und führte die erste derartige Studie durch. Die Reichweite des Flugzeugs erlaubte es jedoch nicht, die Antarktis zu überqueren. Das Skypolaris Projekt soll diesen eingeschlagenen Weg fortführen und weitere Daten aus unterschiedlichen Gegenden der Erde generieren. Die neuen Messdaten sollen einen genaueren Überblick über den Gehalt von Kohlenstoffpartikeln in der Luft geben und Korrelationen mit Messwerten anderer Messstationen ermöglichen.

Don Pearsall, ein alter Kitfox Freund aus Oregon, richtete eine Webseite mit einem Blog zur Veröffentlichung des Projektfortschritts ein (Skypolaris.org) und koordinierte damit später über das Internet auch die Kommunikation auf meinem Flug.

Vor dem Start: Das Gedankenkarussell dreht sich immer schneller

Mir ist klar, dass das Skypolaris Projekt kein Zuckerschlecken werden wird. Kein einziges Flugzeug unter 1 750 kg Gewicht hat bislang die Welt über beide Pole umrundet. Dieser Flug wird über teils nie beflogene, entfernte, menschenleere Gegenden – Wüsten, Ozeane und die erbarmungslose Antarktis – führen. Den afrikanischen Kontinent zu überqueren, ist mehr als unsicher und riskant. Ebola im Westen, Boko Haram im Zentrum und unterwegs unzählige politisch instabile Länder laden nicht gerade zu einer ungeplanten Landung ein. Eisiges Wasser in Arktis und Antarktis ist lebensbedrohlich. Selbst bei einer erfolgreichen Ortung meines Flugzeugs könnte ausgesprochen viel Zeit vergehen, bis ein Schiff oder Flugzeug zur Rettung einträfe.

Auch Gefahren während des Flugs wird es mehr als genug geben. Vereisung stellt eine Bedrohung für jedes Flugzeug dar, ebenso gefährlich sind schwere Turbulenzen. Müdigkeit auf extrem langen Flugstrecken ist ein nicht zu unterschätzendes Risiko, für das man seine persönliche Strategie entwickeln muss.

Aber all dies ist nichts im Vergleich zu bürokratischen Hürden, die unvorhersehbar, aber mit Gewissheit, auftauchen! Die meisten Sorgen bereiten mir die Finanzierung des Flugs (sowohl das Crowdfunding als auch die normale Finanzierung) und die Genehmigung durch das Spanische Polarkomitee. Obwohl es noch immer kein grünes Licht für den Start des Skypolaris Projekts gibt, glaube ich dennoch, dass es zu schaffen ist. Eine sorgfältige Planung und immense Vorbereitungen wurden bereits geleistet, viele Leute haben mich dabei bisher unterstützt.

Das wird ein Flug, der eine Menge Anstrengung und Kraft erfordert. Neben der großen Reichweite des Flugzeugs bilden meine Ausdauer und mein Überlebenswille den Schlüssel zum Erfolg. Nun ist es an der Zeit, den Traum zu verwirklichen und sich endlich der wissenschaftlichen, fliegerischen und menschlichen Herausforderung zu stellen. Ein Zurück gibt es jetzt nicht mehr!

Nach langwierigen Schwierigkeiten mit dem Spanischen Polarkomitee schien es nun endlich möglich, einen Plan in die Tat umzusetzen, um nicht zu sagen, einen ersten Flugplan aufzugeben. Anders als ursprünglich geplant, führte die erste Hälfte des Vorhabens nun über den Nord- anstatt über den Südpol. Dies war den erheblichen Verzögerungen geschuldet, die das Spanische Polarkomitee zu vertreten hatte. Wegen der gegensätzlichen Jahreszeiten auf der Nord- und Südhalbkugel der Erde war das Zeitfenster für den Südpol verpasst worden. Ein- und Überflugfreigaben, die zuvor mühselig eingeholt werden mussten, hatten nur eine beschränkte Gültigkeitsdauer. Das Wetter weiß davon natürlich nichts, und so ist es immer ein besonderer Nervenkitzel bis endlich Bedingungen herrschen, die einen gefahrlosen Flug erlauben.

Eine Erdumrundung über beide Pole gilt dann als vollbracht, wenn die Runde auf dem Hin- und Rückweg am Äquator um 120 Längengrade voneinander entfernt liegt. Dies kann zum Beispiel mit einem Flug in Form einer Acht erreicht werden, bei dem sich der Reiseweg in zwei Etappen überschneidet. Die Strecke zum Nordpol führte Michel zunächst an den Kanarischen Inseln entlang über Mauretanien und dann nach Dakar im Senegal.

Extrem spannend war die Einbindung eines Realtime-Trackers, der alle 60 Sekunden ein Signal aus der RV-8 sandte und mit dem sich der Flug verfolgen ließ. Flugdaten wie Position, Geschwindigkeit und Kurs waren auf der Skypolaris Webseite in einer Kartendarstellung zu sehen, dies war gleichzeitig die Lebensversicherung für Michel.

Genug vorbereitet: Es geht jetzt los!

Am Mittwoch, dem 16. Februar 2016, schob ich mein Flugzeug aus dem Hangar in Robledillo, um es zum 100 km entfernten Cuatro Vientos Airport im Westen von Madrid zu verbringen, dem offiziellen Ausgangspunkt der Weltumrundung über den Nord- und Südpol. Während des kurzen Flugs wollte ich noch einige Tests durchführen, unter anderem, um zu überprüfen, ob der Iridium Realtime-Tracker inzwischen richtig funktionierte.

Es gelang mir, meine ganze Überlebensausrüstung im Flugzeug zu verstauen und erstaunlicherweise noch etwas Stauraum für ein wenig Wäsche übrig zu haben. Zur Überlebensausrüstung für eine Notwasserung gehören einige Utensilien: ein leichtes LRU 16 Rettungsfloß mit komplett aufblasbarer Oberseite im kalten Wasser, das wegen der militärischen schwarzen Farbe zusätzlich mit reflektierender Mylarfolie versehen ist, Signalspiegel, Leuchtfarbe für das Wasser und sogar einer Pfeife (falls ich verrückt würde). Es bietet Nahrung für sieben Tage, eine Spezialpumpe zum Filtern von Seewasser, jedoch keinen Platz für Musik, aber ich kann ja singen, wenn es sein muss. Auch eine kleine Sonnenzelle zum Aufladen des Satellitentelefons ist dabei. Der Rettungskragen ist etwas seltsam, so ähnlich wie der in Passagierflugzeugen. Eine komplette Überlebensausrüstung für polare Regionen bei Minusgraden ist ebenfalls an Bord: Minizelt, Benzinkocher, Schlafsack und vieles mehr. Auch ein Trockentauchanzug ist irgendwo verstaut, diverse Werkzeuge, das Aethalometer, die Kameras und noch jede Menge anderes Zeugs. Es passen sogar noch die sieben Liter Wasser hinein, die Mauretanien verlangt, falls ich irgendwo in der Wüste notlanden muss.

Ich war glücklich, dass auch Softie Parachutes das Projekt sponserte, allerdings war es jetzt zu spät für die Auslieferung des nagelneuen Fallschirms, den ich jetzt wohl erst auf der Sun 'n Fun in Florida abholen kann. Folglich gab es auf dem ersten Teil des Flugs etwas mehr Platz um mich herum als ursprünglich vorgesehen. Dafür konnte ich jetzt wohl erst mal das Abspringen aus dem Flugzeug vergessen!

Freitagmorgen sollte noch ein Interview mit der Lokalzeitung und anderen Reportern stattfinden, dann – ging es endlich los! Die meisten der Albtraum artigen und erschöpfenden vergangenen Tage werden in der Erinnerung verblassen. Sobald das Flugzeug mal abgehoben hat, sind Hitze, Gewitter, Winde und der Flug selbst sowie schwerverständliche Controller eher Entspannung und reine Freude (hoffentlich) im Vergleich zu den vergangenen Tagen!

Die RocketRoute Software ist eine enorme Erleichterung für meine Flugplanung. Am allerbesten sind die freundlichen Leute am anderen Ende der Leitung. Bald kann ich meine Flugpläne abschicken und werde umfangreiche Anweisungen erhalten.

Der 19. Februar 2016 ist endlich der Tag für den lange herbeigesehnten Start. Die Sonne stieg über den Horizont, aber Papier, Papier und noch mehr Papier. Schließlich stellte die spanische Zivilluftfahrtbehörde die erforderlichen Dokumente per E-Mail bereit, so dass die Genehmigung endlich Wirklichkeit wurde. Aber bis zum buchstäblich letzten Moment war alles unsicher, weil ein paar Clearances nicht rechtzeitig eintrafen. Überfluggenehmigungen zu erhalten, ist ein Kapitel für sich. Für einige Länder war dies einfach, für andere nahezu unmöglich. Allein die Genehmigung für Brasilien erforderte eine Unmenge an Dokumenten. Jetzt sind die Überfluggenehmigungen unterwegs. Da ich für die Insel Fernando de Noronha vor Brasilien immer noch keine Erlaubnis habe, werde ich wahrscheinlich direkt von Dakar nach Natal fliegen.

Das Trackingsystem funktionierte leider immer noch nicht. Dies lag wohl an der Positionierung der Antenne auf dem Aethalometer, das mit Laser arbeitet. Davon ging wahrscheinlich eine Störstrahlung oder

Blockade der Satellitenfunkwellen des Iridiumsystems aus. Doch nachdem ich die Antenne an einer anderen Stelle befestigt hatte, funktionierten der GPS-Empfang und die Positionssendung wieder. Allerdings berechnete das Iridiumsystem die Geschwindigkeit zu niedrig. Das Flugzeug war fast doppelt so schnell wie die Berechnung und die tatsächliche Geschwindigkeit konnte ich daher jetzt aushilfsweise nur aus Zeit und Entfernung abschätzen.

Am Samstag erwartete mich José Luis Olías, der Präsident des Aeroclubs in Cuatro Vientos. Um 11 Uhr stellte ich mich mit meinem Flugzeug auf der Display-Fläche des Aeroclubs auf. Ein schönes Piper-Flugzeug aus dem 2. Weltkrieg stand neben mir, dessen Pilot und Eigner José Fernandez Coppel meine RV-8 beim Abflug begleiten wollte. Medienvertreter, viele Freunde und Familienmitglieder waren zum Abschiednehmen erschienen.

Am Rollhalt wurde ich sehr lange aufgehalten, da die Controller unprofessionell und nicht so zügig arbeiteten wie die staatlich Angestellten früher, aber zumindest waren sie freundlich. Nach dem Abheben flogen beide Flieger ziemlich nahe an extremen Flugzuständen: ich nahe am Strömungsabriss, die Piper von José Fernandez Coppel fast mit Vollgas. Aber wir schafften es dennoch, eine Formation zu bilden. Es ging einen kurzen Hüpfer hinüber nach Casarrubios del Monte zum Lunch mit Freunden und Familie und um 16 Uhr dann weiter nach Jerez. Alle weinten und beteten zugleich – natürlich nicht, nur ein Witz!

Der Flug nach Jerez war entspannt, der Spaß begann erst nach der Landung. Dort erwartete mich die FTE (Flight Training Europe) Schule. Da mich der Flughafen wie einen Millionär mit Privatjet einstufte, sollte ich etwa 200 Meter entfernt von der FTE Schule parken, etwa 800 Meter entfernt von den wartenden Airport Leuten. Der Follow-me Fahrer fragte mich, ob ich für die 800 Meter einen Bus benötigte. Ich antwortete sauer, "Nein, keinen Bus!" Daraufhin begann eine lautstarke Auseinandersetzung mit einem am Ende deutlich verärgerten Fahrer. Ich marschierte geradeswegs zur Eingangstüre der FTE Schule. Die *Guardia Civil*, die man mir hinterher schickte, reagierte aber freundlich. Zuerst zahlte ich meine gesamten Gebühren im Büro des Airports, einschließlich des Busses, den ich für die 800 Meter nehmen sollte, um am nächsten Morgen zu meinem Flugzeug zurückzukehren: Bus 50 $, Landegebühr 100 $ und Sprit 1.000 $. Was soll ich dazu sagen? Freundlich?

Der Empfang durch Alex Padina, den Präsidenten der FTE Schule, war dagegen äußerst herzlich. Die Flugschule sponserte mich, brachte mich in einem komfortablen Zimmer unter und stellte mir eine entsprechende Garderobe für die Einladung zum Abschluss-Festessen der Flugschüler zur Verfügung. Unterwegs eher in der Kluft eines Robinson Crusoes sah ich jetzt in der geliehenen Kleidung wie ein geschniegelter und gebügelter Pilot aus. Das Dinner im Zentrum von Jerez fand bei einem der größten Sherry-Produzenten statt (Jerez bedeutet Sherry) und war überaus köstlich. Dort traf ich Oscar Sordo, Chef der Jerez Basis. Alle gaben ihr Bestes, kümmerten sich um mich, stellten mich unzähligen Leuten vor und ich musste, pardon durfte, sogar eine Rede halten!

Was das für eine tolle Schule geworden war! Gebäude und Wege, alles war perfekt. Dabei war das mal eine Basis der spanischen Luftwaffe, wo P3 Orions stationiert waren. Viele Erinnerungen an die acht Jahre, die ich dort stationiert war, kehrten zurück. Alles, was ich sah, machte jetzt einen äußerst guten Eindruck, auch die jungen Absolventen, die sich außerordentlich gesittet benahmen … und wie kurz waren ihre Haare geschnitten!

Gegen 22:30 brachte mich Alex Padina zurück in mein Zimmer.

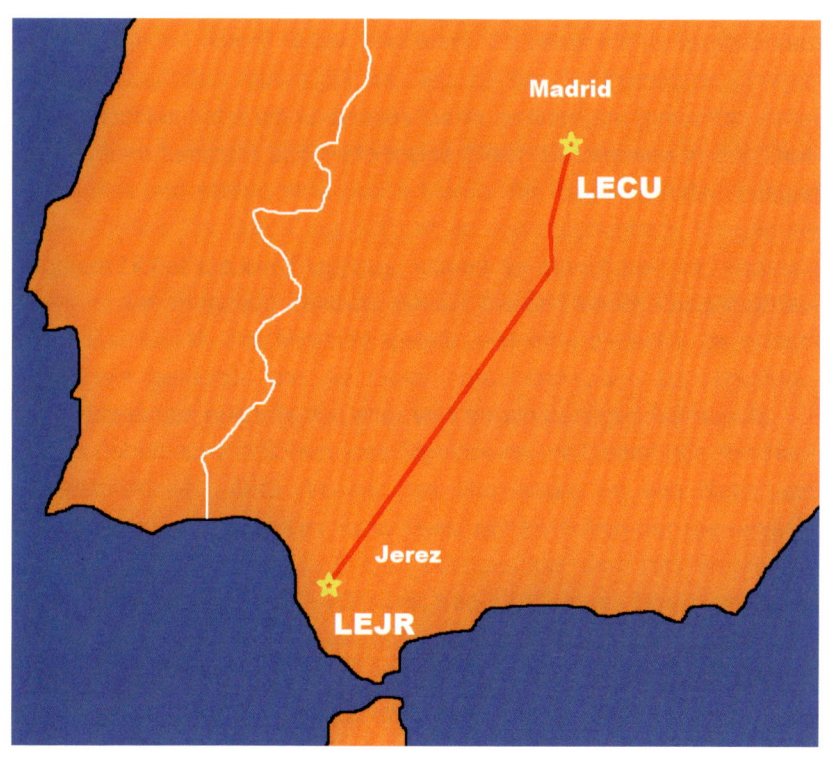

Flugstrecke	**Datum**	**Etappe, nm**	**Gesamt, nm**
Madrid – Jerez	19.02.2016	262	262

Out of Africa oder Auf nach Afrika!

Viel Schlaf fand ich in dieser Nacht in Jerez nicht. Um 05:20 war die Nacht bereits zu Ende. Einen Wecker brauchte ich nicht, denn ich war ungeheuer aufgewühlt. Der FAI Flugrekord mit einem kleinen Flugzeug war tatsächlich endlich im Gange. Träumte ich noch, hatte ich überhaupt geschlafen? Was ich aber weiß: Ich hatte kaum was anzuziehen, denn ich hatte meine Unterwäsche vergessen. Das war nun in der Tat Reisen mit leichtem Gepäck.

Nach einem längeren Marsch erreichte ich morgens halberfroren den Flugplatz. Jawohl, die Polizei erwartete mich bereits, um meinen Pass zu kontrollieren, unglaublich! Sie brauchte von der Luftaufsicht, die aber erst um 06:30 besetzt war, eine Bestätigung meines Flugvorhabens. Meine Startzeit war allerdings schon für 06:45 geplant. Ich war nur leicht bekleidet, weil ich meinen Fliegerkombi im Flugzeug gelassen hatte, in dem sich allerlei Überlebensutensilien befanden. Was für eine Vorstellung, wenn die Beamten Messer, Fackeln, seltsame Sender und anderes mehr entdeckt hätten!

Gott sei Dank konnte ich unbehelligt die Schranke passieren und den Bus nehmen, für den ich 50 € für die 800 Meter lange Strecke bezahlt hatte. Der Bus hatte sich über Nacht auf magische Art und Weise in einen Kleinwagen verwandelt. Wie sich herausstellte, kannte ich den Fahrer, der damals Soldat war, als ich als Kapitän auf der Jerez Basis diente. Er konnte sich noch gut an mich erinnern und freute sich über unsere Begegnung. Da stand ich nun neben dem Flugzeug, das in der Kälte von Tau bedeckt war, und musste mich erst mal komplett ausziehen, um in meinen Overall zu schlüpfen. Auf Spanisch sagen wir *quedarse en bolas* (pass auf deine Eier auf).

Entlang der afrikanischen Küste war für die nächsten Tage schlechtes Wetter gemeldet. Daher sah es für meine nächste Etappe nach Dakar im Senegal gar nicht gut aus. Dieses Wetter sollte ich wohl besser meiden. Meine Nase ersetzte das Wetterradar. Und – ich wollte auch bei Tag ankommen. Da eine VFR (Visual Flight Rules) Nachtfluggenehmigung nicht erteilt wurde, war der Trick, nach IFR (Instrument Flight Rules) abzufliegen und dann über der Straße von Gibraltar IFR zu canceln und nach VFR wegen der Vereisungsbedingungen niedrig unterhalb der Wolkenschicht weiterzufliegen.

Der Start um 06:29 Zulu gelang ohne Probleme, außer dass das Flugzeug im Flug immer wieder nach links wegrollen wollte, was auf ein Ungleichgewicht hinwies. Fünfzehn Minuten später flog es dann doch perfekt. Ich hatte keine Ahnung, woran das gelegen hatte. Das Licht vor mir war gut, sorry, ich meinte die Blitze. Somit wechselte ich problemlos seitens der Flugsicherung zu VFR. In der Straße von Gibraltar setzte starker Wind ein: Eine Notwasserung wäre eine ziemlich ungemütliche Erfahrung. Ich traf die Basis eines riesigen Gewitterturms mit reichlich Turbulenz, der sich – zum Glück – noch weiter entfernt von mir befand. Einige schwere Schauer erwischten mich dennoch, aber bald lagen die Gewitter hinter mir und das Wetter besserte sich allmählich. Nur der starke Gegenwind war weiterhin äußerst unangenehm. Wegen der schwachen Leistungseinstellung war ich recht langsam. Meine Groundspeed (GS) betrug nur etwa 110 Knoten. Ich schaltete auf den vorderen Spritttank um und tauchte auf 400 Fuß über Grund ab, um den Gegenwind loszuwerden, unter Beachtung der riesigen Antennen vor mir.

"Ben Slimane Control, EC XLL, please what is your estimate to Dakar."

"Ben Slimane, EC XLL estimate Dakar at 17:30 Zulu." (Das ist etwa 11 Stunden später).

Lange Pause …

"EC XLL, Ben Slimane, please confirm your endurance?"

"Ben Slimane, EC XLL, endurance 15 hours from now …"

"EC XLL, Slimane, what is your clearance number permit to fly over Morocco?"

"Slimane, EC XLL, ich habe keine Nummer. Ich habe den Flugplan bereits 48 Stunden vorher aufgegeben und Ihre Regeln besagen, dass ein Flugplan 24 Stunden im Voraus der Genehmigung entspricht, die ich brauche."

Ich flog wieder unter IFR in Flugfläche 80 (FL 80), was etwa 8 000 Fuß entspricht. Meine Triebwerkseinstellung besserte sich allmählich und ich erreichte eine TAS (True Air Speed) von 155 Knoten, etwa 285 km/h. Der Spritfluss betrug um die 26 Liter pro Stunde bei einer Leistung von 59 Prozent. Das Flugzeug war also effizient! Aber es herrschte noch immer Gegenwind.

Die Funksprüche änderten sich endlich und ich wurde ständig gefragt, wo es hingehe und wann meine geschätzte Ankunftszeit sei. Das hielt mich neben dem Fotografieren der grünen, schönen Landschaft und dem erfolgreichen Gebrauch meiner *Toilette* komplett beschäftigt. Es war ganz lustig, wie das Venturi-Rohr die Flasche leer saugte. Das ging in Sekunden, obwohl es am Ende der Prozedur ein wenig unheimlich klang.
Etwas später:
"EC XLL, werden Sie in Agadir zum Auftanken landen?"
"Nein, Sir, mein Flugzeug ist klein, aber es hat eine große Reichweite." Ich werde nirgends auftanken müssen – hoffe ich!

Nach einer Stunde schaltete ich auf den hinteren Tank um und flog jetzt mit höherer Geschwindigkeit. Der Spritverbrauch stieg dadurch auf 28 Liter pro Stunde. Berechnet waren 30 Litern pro Stunde, das war inklusive Start und Steigflug gar nicht schlecht.

Die Wüste war faszinierend! Hunderte von Kilometern menschenleere Landschaft, nichts außer Sand, welch ein Szenario! Von Zeit zu Zeit tauchte ein kleines Dorf auf, umgeben von – nichts. Wieso entschließen sich Menschen, in solch einer Umgebung zu leben? Weit und breit keine Anzeichen für Wasser, weit und breit nur – Wüste. Dafür gab es jede Menge Platz für eine Notlandung. Ich ziehe natürlich das Fliegen vor, aber so einen riesigen Landeplatz unter mir zu wissen, war schon beruhigend. Jetzt verstehe ich auch die mauretanische Forderung nur zu gut, mindestens sieben Liter Wasser mitzuführen.

Dann wurde es Zeit, auf die Flügeltanks umzuschalten. Es war schon 12:25 Zulu, als Nouakchott meine Nummer der Überfluggenehmigung wissen wollte. Der Controller informierte mich darüber, dass ich Mauretanien nicht ohne eine Genehmigung überfliegen dürfe. Stolz teilte ich ihm mit, dass ich sie besäße, Mauretanien war ja in der Tat das erste Land gewesen, das mir diese Genehmigung erteilt hatte! Nach einigem Hin und Her verstand er, dass ich die Genehmigung wohl irgendwo in meinem Gepäck mitführte! Ja, ja, ich weiß ja, man sollte sie zur Hand haben. Das Gleiche passierte auch Flug LUC 293, fast auf der gleichen Flughöhe.

"LUC, Marokko möchte Ihre Clearance Nummer haben!"

Und dann die gleiche Geschichte mit dem Flugplan – schon wieder mal! Letztlich wurde der Einflug per Flugplan nach Marokko im Voraus genehmigt, aber es wäre schon nett, wenn die veröffentlichte Verfahrensweise auch mit der Forderung des Controllers übereinstimmte.

Die Außentemperatur stieg jetzt von plus 3 Grad Celsius auf plus 6 Grad Celsius. Die Sonne schien ununterbrochen und knallte auf die Haube und – erfüllte so ihre Heizfunktion. So wärmte ich meine Füße mit der Flugzeugheizung, während mein Kopf rauchte wegen der Gespräche mit den Controllern.

Ich betrachtete die Landschaft unter mir: Es war alles nur Sand, riesige ausgetrocknete Flüsse, dazwischen immer wieder herausragendes schwarzes Lavagestein. Währenddessen verleibte ich mir Sandwiches, Kuchen und Kaffee ein – Kaffee als Getränk und nicht zum Wachbleiben.

Ich hatte eine Methode entwickelt, die Tanks zu testen bis sie leer waren. Es wäre alles andere als lustig, wenn wegen eines leeren Tanks das Triebwerk stehen bliebe! Das über dem Niemandsland auszuprobieren, war allerdings keine so gute Idee, aber es stärkte mein Vertrauen in das Flugzeug. Ich weiß jetzt, dass der Flieger nach 10 Sekunden wieder anspringt und stabil weiterläuft. Die Gravitationswellen, die das schlägt, verzerren nach Einstein die Zeit. So kam es mir wie eine Ewigkeit vor! Ich muss zugeben, dass ich mit der RV-8 und ihren Leistungen bisher ausgesprochen zufrieden war.

Nach dem Überflug der senegalesischen Grenze änderte sich mit einem mal die Landschaft. Grüne Felder neben einem riesigen Fluss! Und wieder mal Flugzeuge in Sichtweite!

Es wurde jetzt Zeit zu landen! Anstatt mir den Anflug zu erleichtern, erhielt ich zunächst einen IFR-Anflug, aber letztlich war der Turm doch kooperativ und gab mir einen direkten Sichtanflug in den Gegenanflug auf Piste 36. Ich landete um 16:45 Zulu nach 11 Stunden und 16 Minuten. Der Spritverbrauch seit dem Start betrug durchschnittlich 27,47 Liter pro Stunde. TAS lag bei 162 Knoten (300 km/h) bei einem Spritfluß von 26 Liter pro Stunde. Sehr gut! Jedenfalls nicht schlecht für eine Reise, die gerade erst begonnen hatte!

Ich stand bereits in Spanien in Kontakt mit Maodo, einem jungen senegalesischen Piloten vom Dakar Aeroclub, der mir freundlicherweise den guten Ratschlag gab, lieber in Dakar als in Saint Louis zu landen. In Dakar würde mich der lokale Aeroclub unterstützen. Ich freute mich schon auf ein paar Tage mit ihm.

Zur Abwicklung der Einreiseprozedur sollte ich auf die Position J5 zwischen große Airliner rollen, und tatsächlich Maodo stand da, als ich das Triebwerk neben einem Airliner abstellte. Maodos großer Traum ist es, Linienpilot zu werden. Obwohl er erst 22 Jahre alt ist und gerade mal 100 Flugstunden hat, ist mir aufgefallen, dass er genau weiß, was er tut und wo es lang gehen soll. Umsichtig und überaus hilfsbereit, das Beste, was mir während meines Aufenthalts in Dakar widerfahren konnte!

Es ging alles außerordentlich schnell und nach ein paar Minuten rollte ich zurück zum Aeroclub, wo mich schon viele Leute erwarteten. Gerne verbrachte ich mit den Clubmitgliedern etwas Zeit, um zu erläutern, dass so ein kleines Flugzeug mit seiner enormen Reichweite etwas ganz anderes ist als die üblichen Schulungsflugzeuge.

In Dakar fühlte ich mich wie auf einem anderen Planeten. Polizei und bewaffnete Soldaten wirkten einschüchternd auf mich. Aber der erste Eindruck täuschte zum Glück, in Wirklichkeit waren sie sehr freundlich und zuvorkommend.

Mein Hotel Keur Mindolo war in afrikanischem Stil hübsch dekoriert. Einige der Artefakte kamen mir irgendwie bekannt vor. Tatsächlich stammte die Eigentümerin Francine aus Kamerun, wo ich so etwa *vor zwanzig Jahren* geboren wurde. Olivier, der Manager des Keur Mindolo, war überaus nett und hilfsbereit und sorgte für alles, was ich brauchte. Ich hatte wirklich Glück mit dieser Unterkunft!

Den 21. Februar nutzte ich für etwas Computerarbeit und einen kurzen Spaziergang zum Strand. Dort tummelten sich etwa eine Million Leute, machten Sport, spielten hauptsächlich Fußball. Am folgenden Tag besichtigte ich, wie ein echter Tourist, einige Sehenswürdigkeiten. Dakar ist eine äußerst lebendige Stadt. Überall waren geschäftige Menschen unterwegs und ich sah überraschend viele junge Leute.

Der Name der Stadt Dakar ist unwiderruflich mit der Sklaverei, einer düsteren Epoche im Senegal, verbunden. Ich ließ mich auf die Dakar vorgelagerte Insel Gorée übersetzen, von der aus Sklaven einst nach Amerika verschifft wurden.

Im Senegal sind die Wolof die größte Ethnie des Landes, die hauptsächlich in der Region um die Hauptstadt Dakar lebt. Französisch ist zwar die offizielle Landessprache, aber die einheimische Sprache, das *Wolof*, wird ebenfalls gesprochen.

Wie in allen Ländern gibt es auch im Senegal Kleinkriminalität. Auf dem Rückweg zum Hotel, wurde ich zum Opfer eines versuchten Diebstahls. Ich bemerkte eine Hand ... bereits in meiner Hosentasche! Aber es gelang mir gerade noch rechtzeitig, die Hand des Diebes aus meiner Tasche zu zerren und ihn mit entsprechendem Widerstand einzuschüchtern. Zum Glück *arbeitete* er allein. Er hatte mir zwar einen gehörigen Schrecken eingejagt und ich kochte vor Wut, aber es war kein finanzieller Schaden entstanden und ich war, Gott sei Dank, unversehrt der Gefahr entkommen.

Die Zeit in Dakar, die ich überwiegend mit den Leuten vom Aeroclub verbrachte, ging ihrem Ende entgegen. Das Flugzeug musste für den nächsten Hüpfer aufgetankt und vorbereitet werden. Als es zum Bezahlen der Landegebühren ging, zeigte sich wieder die freundliche Unterstützung der Senegal Civil Aviation. Die Gebühren betrugen ... nur knapp 4 $, Transport im Flughafenbereich eingeschlossen! Da gibt es bei dem spanischen Flughafenbetreiber AENA (Aeropuertos Españoles y Navegación Aérea) noch einiges zu lernen!

Leider fühlte ich mich unwohl, vielleicht wegen der Früchte, die ich tags zuvor gegessen hatte. Dabei stand eine extrem gefährliche und lange Etappe vor mir, die mir viel abverlangte: die Überquerung des unerbittlichen Atlantischen Ozeans, eines Friedhofs für zahlreiche Schiffe und Flugzeuge. Bei Sonnenaufgang wollte ich abheben und 11 Stunden und 15 Minuten später in Brasilien landen, von Küste zu Küste fliegen mit genug Wasser dazwischen, um darin unterzugehen, aber ohne einen einzigen Platz zum Landen!

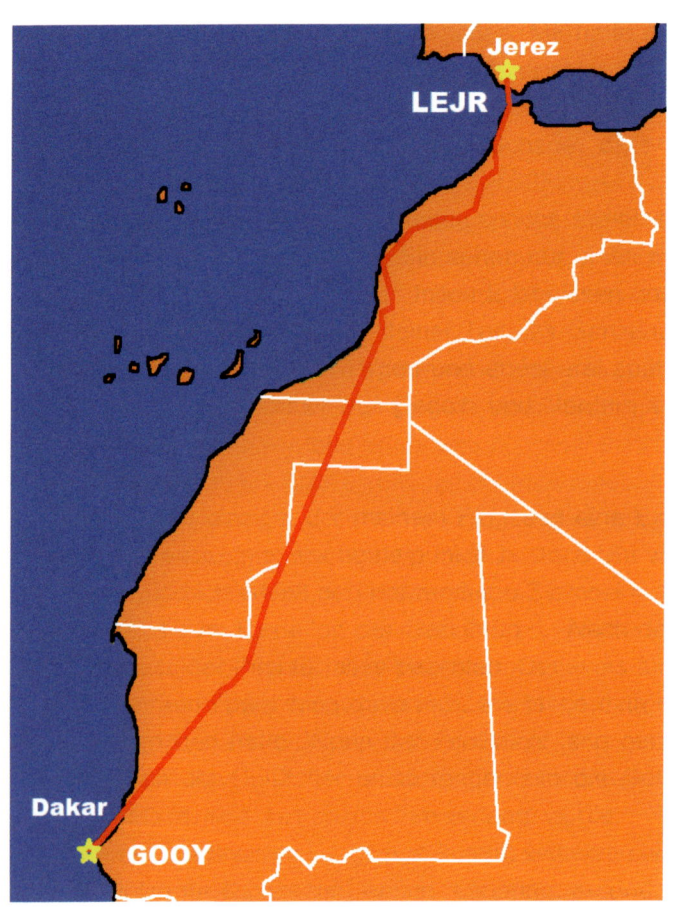

Flugstrecke	Datum	Etappe, nm	Gesamt, nm
Jerez – Dakar	20.02.2016	1 451	1 713

Der große Sprung: 3 010 km über den Atlantik

Nach einer unruhigen Nacht erwartete mich Maodo am 24. Februar um 6 Uhr am Flugplatz und ebnete wieder alle Wege, diesmal für meine Atlantiküberquerung. Das Prozedere am Flughafen ging schnell und einfach. Ich nahm mir allerdings etwas mehr Zeit, das Flugzeug für die bevorstehende Etappe fertig zu machen, denn eine Atlantiküberquerung ist kein Sonntagsspaziergang, sie verzeiht nichts, was etwa übersehen oder nicht im Voraus bedacht wurde. Den VFR Flugplan hatte ich mit RocketRoute bereits einen Tag zuvor aufgegeben. VFR würde mir mehr Freiheit geben und das System akzeptierte es, Gott sei Dank. Die Sonne ging um 07:30 Zulu auf, ich plante meinen Abflug kurz davor um 07:20 Zulu. Um diese Uhrzeit war es bereits hell und daher fielen keine Gebühren für die Befeuerung an. Ich folgte so dem guten Rat eines Freundes von Maodo.

"Dakar, good morning, EC XLL at aeroclub ramp, request clearance and start up, destination Natal."

"EC XLL, Dakar Tower, we don't have your flight plan, so you need to file one."

Dieses Spielchen begann um 07:35 Zulu. Ich erklärte dem Tower, dass der vor einem Tag über das Internet eingereichte Flugplan bereits angenommen worden war. Zum Glück kam ein paar Minuten später die Bestätigung und ich erhielt die Freigabe zum Anlassen des Motors. Ich rollte zum Rollhalt 03 über den schlechten Taxiway des Aeroclubs, brachte die HF (Hochfrequenz)-Antenne aus, machte den Triebwerkscheck und erhielt die Freigabe zum Startpunkt. Die Frequenz erwachte erneut, gerade als ich das Gas zum Start voll hineingeschoben hatte.

"EC XLL, Dakar Tower, you are not allowed to fly over Atlantic."

Das haute mich nun glatt um!

"Was für ein Problem gibt es, Dakar?"
"Das Problem ist, dass Ihr Flugzeug nicht für eine Atlantiküberquerung ausgerüstet ist."
"Was meinen Sie damit? Das Flugzeug hat alles Nötige zur Überquerung des Ozeans!"

Nach einer kurzen Pause erklärte mir Dakar, mein Flugplan sei VFR und ein VFR-Flug über den Atlantik sei nach den Dakar Civil Aviation Regulations nicht zulässig.
"Gut, Dakar, kein Problem für EC XLL. Ändern Sie einfach VFR in IFR und fügen FL 80 ein."
Das ist ein zulässiges Verfahren, das eine Rückkehr zum Vorfeld erübrigt. Eine längere Pause entstand ...
"EC XLL, Dakar, kehren Sie zum Vorfeld auf Position G23 zurück. Ihr Flug ist nicht genehmigt."

Also, Zurückrollen über den Taxiway, die HF-Antenne hinter mir herschleppend. Ich hielt auf G23 genau auf der Linie, allerdings mit einer Ausrichtung, die nicht ganz der Linie entsprach. Man muss wissen, dies war ein weit entfernter Parkplatz, auf dem mein Flugzeug nur ein winziges Pünktchen war!
"EC XLL, Dakar, Sie parken nicht richtig, starten Sie das Flugzeug und parken es erneut!"

Der Marshaller kam wütend auf mich zu und behauptete, ich würde überall Benzin verlieren, was ich energisch bestritt. Etwa fünf Minuten später fuhr die Feuerwehr heran und besprühte die Parkfläche mit Wasser. Schließlich brauste noch ein Auto mit einem Flughafenvertreter herbei. Er war zunächst äußerst reserviert und ernst, wurde dann aber freundlicher, als er verstand, was sich da abspielte. "Keine Sorge, wir kümmern uns um Sie!" Er habe allerdings keine Kopie meines Flugplans erhalten. "Der Tower hat ihn doch vorliegen", konterte ich aufgebracht. Dies schien also eher ein internes Problem zu sein, es lag nicht an mir.

Beim Zurückrollen beschwerte ich mich beim Controller über seine Unfreundlichkeit und Kleinlichkeit. Wenn ich keine Clearance erhielt und nicht fliegen durfte, wieso durfte ich dann bis zur Piste rollen? Hätte man mich schon vorher informiert, dann hätte man alles früher klären und bereinigen können! Funkstille! Die Gestalt, die dann erschien, stimmte endlich zu, den Flugplan von VFR auf IFR abzuändern und verließ Gate 23 in Richtung Büro der Civil Aviation. Es hätte eigentlich eine kurze Sache von 15 Minuten werden können, aber es sollte länger dauern. Zuvor fragte er, ob ich eine HF-Ausrüstung hätte, was ich bejahte! Inzwischen erschien Maodo, zum Glück! Er hatte beobachtet, dass mein Flugzeug wieder umkehrte. Was für ein netter Kerl! Der Offizielle tauchte wieder auf und verkündete, meinem Abflug stünde nun nichts mehr im Wege. Ich war erleichtert! ... Aber, die Erleichterung sollte nur von kurzer Dauer sein. Die Realität sah wieder einmal ganz anders aus, denn der Offizielle verlangte, ich solle noch zehn Minuten warten, bevor ich Anlassfreigabe einhole, was ich zähneknirschend tat.

"Dakar, EC XLL G23, ready for startup!"

"EC XLL, you have to test first your HF equipment and call frequencies 5565 and 6535."

Niemand antwortete auf diesen Kurzwellen-Frequenzen.

"Dakar, EC XLL, negative contact with both 5565 and 6535."

"EC XLL, you cannot fly if Oceanic Control does not confirm us a positive check."

"Dakar, EC XLL ist kein Airliner, der HF am Boden testen kann. Meine HF Antenne funktioniert nur im Flug. Wenn Sie wollen, starte ich und falls Sie mit dem Test nicht zufrieden sind, kehre ich um." (Sie ahnten natürlich bestimmt alle, dass ihre Freigabe für mich ein Abflug ohne Rückkehr wäre!)

"EC XLL, wenn wir keine Bestätigung von Oceanic erhalten, dass ihr HF kommunikationsfähig ist, erhalten Sie keine Startfreigabe!"

Jetzt war ich richtig beunruhigt und sauer. Ich überprüfte meine Dakar-Frequenzen und drehte eine höhere ein, 8861 kHz, die am Tag

vielleicht besser geeignet war. Die beiden niedrigeren waren für die Nacht. Ich bat Maodo darum, als Antennenmast zu fungieren, so dass die Antenne nicht direkt auf dem Boden lag. Und wirklich! Es klappte! Laut und klar.
"Dakar, EC XLL, positive contact on 8861 HF frequency."
"EC XLL, Dakar, wait for me to check!"
Ich fragte mich langsam, in welchem Jahr sie mich gehen lassen würden?
"EC XLL, Dakar, try again 5565."
"Dakar, EC XLL, das HF funktioniert perfekt, der Check war okay, hören Sie mit diesem Blödsinn auf."
Nach ein paar Sekunden kam der erlösende Anruf, "EC XLL, cleared to start engine!"

Wieder Schweißausbrüche und ein heißer Motorstart. Beim Rollen erhielt ich Departure Clearance, Transpondercode und Anweisung zur Linkskurve nach dem Start direkt nach BOMSA, dem ersten Meldepunkt. Als ich endlich auf der Piste 03 ausgerichtet war, war es bereits 10:09 Zulu, also fast drei Stunden später als geplant wegen all der bürokratischen Hürden! Der Start verlief jetzt sehr schnell, weder ich noch mein Flugzeug wollten hier nur eine Sekunde länger bleiben.

Schwacher Wind war vorhergesagt, der sich vom Rückenwind zum Seitenwind entwickeln sollte. Über dem Wasser war die Sicht so schlecht wie in Wolken, kein Horizont war erkennbar. Ich machte, dass ich fort kam und justierte die Triebwerkseinstellung wie beim letzten Flug, so dass ich mit einer Geschwindigkeit von 160 Knoten über Grund zufrieden war.

Dann war es Zeit für HF-Kommunikation und – nichts. Die Abstimmung der Antenne funktionierte im Flug nicht so wie am Boden. Was war das denn jetzt? Ich sah im HF-Handbuch der ICOM Inc. nach und studierte die Angaben äußerst sorgfältig, insbesondere die Einstellung. Zwar war alles sehr ausführlich und gut beschrieben, dafür brauchte ich aber entsprechend viel Zeit, um mich durchzukämpfen.

Mein Handbuch ist nicht vergleichbar mit dem leicht zu benutzenden des Airbus 340 für Airliner-Piloten. Aber ich hatte ja genügend Zeit, tröstete ich mich, ich durfte nur nicht das Fliegen und alle anderen Dinge vernachlässigen, etwa das Spritmanagement. Es musste etwas passiert sein. Vielleicht war die Antenne beim Rollen abgerissen? Wenn sie fehlte, könnten meine Versuche den elektronischen Antennenkoppler oder die Senderendstufe beschädigt haben. Der Koppler ganz hinten im Flugzeug war nur äußerst schwierig, erst nach Ausbau des Tanks, zu erreichen. Vielleicht war ja der 1,5 mm dicke Stahldraht gerissen? Alles was ich empfangen konnte, war ein unverständliches Kauderwelsch.

Ein neues Spielchen begann mit den Positionsmeldungen. Ich benutzte das Iridium Telefon mit der freien Hand am Ohr, nicht perfekt, aber es ging. Die Nummer, die mir der Dakar Civil Aviation Repräsentant gegeben hatte, funktionierte aber nicht. Ich rief daher Maodo an, um meine Positionsmeldungen weitergeben zu lassen. Beim zweiten Mal befolgte ich Maodos Rat und rief Dakar Tower an, diese Nummer hatte ich ja. Man muss sich mal vorstellen, wie beim Controller das Telefon klingelt. Es meldet sich jemand mitten über dem Atlantischen Ozeans, der behauptet, EC XLL zu sein, und um die freundliche Weitermeldung der Position an die Controller von Oceanic Control bittet. Es dauerte eine Weile bis ihm klar war, was da Sache war. Aber er half tatsächlich und es gelang mir, ihn bei Laune zu halten und am Himmel mitten über dem Nichts zu surfen. Ich konnte mein bordeigenes Internetsystem benutzen und schrieb meiner Frau Paula, die meinen alten Freund Guillermo über alles Geschehene informierte. Guillermo kontaktierte Recife Control, schilderte ihnen die Situation und hielt sie auf dem Laufenden. Eigentlich hatte ich Dakar auch den Link auf das Skypolaris Trackingsystem gegeben, so dass meine Position darüber ganz gut zu verfolgen war.

Kein Horizont und keine intertropische Konvergenzzone! Der Wind nahm ab und drehte nach links, die Groundspeed lag bei 150 Knoten. Dann, noch entfernt von Fernando de Noronha, erschienen die ersten

Wolken. Ich verließ FL 80 nach FL 70 (7 000 Fuß), um unterhalb der Wolken zu fliegen, blieb dann aber doch öfter auch über den Wolken, mal mitten drin oder daneben. Ich prüfte die GPS-Position mit dem Iridium, das ein Echtzeittracking ermöglicht. Das Display war schwarz; das Telefon funktionierte nicht! Es dauerte eine halbe Ewigkeit, das Gerät wieder zum Laufen zu bringen. Es schien, als hätte das Flugzeug aufgehört, zu fliegen, seine Position auf der Internetseite war eingefroren. Für alle, die meine Route verfolgten, musste es ein beängstigender Anblick sein! Später sollte sich dann glücklicherweise herausstellen, dass das Flugzeug nicht verschwunden war.

Der Wind drehte sich weiter und bremste das Flugzeug jetzt ab. Als ich eine niedrigere Höhe ausprobierte, nahm die Geschwindigkeit erfreulicherweise wieder zu. Richtige Entscheidung! Ich war in 6 000 Fuß und Noroñha lag querab, als ich Recife Control über Ultrakurzwelle (VHF) gut empfangen konnte. Die Luft war nun klar. Der Wüstenstaub, der über den Atlantik zum Amazonas getragen wird, drehte nach Norden ab. Einzelne Cumulonimbus Wolken standen verstreut herum, aber ich musste ihnen nur ein wenig ausweichen. Ich beschloss, das Flugzeug ein bisschen zu waschen und kreuzte einige Cumulus congestus Wolken bis die Haube fast wieder blank war und nur noch wenige Insekten meine Scheibe zierten. Als sie meinen Flugweg in FL 80 über dem Ozean gekreuzt hatten, nahmen sie sicher an, dass so hoch wie sie kein anderer fliegen würde. Falsch gedacht! Ausgerechnet heute kommt da dieser verflixte Spanier daher! Tut mir sehr leid, Jungs!

Während des gesamten Flugs sah ich kein einziges Schiff, aber zum Glück musste ich heute ja nicht im Ozean baden gehen. Es war kurz vor Sonnenuntergang und ich hätte noch gut im Sichtflug landen können, wenn, ja wenn – ich eine Landefreigabe erhalten hätte. Aber nichts da! Die Controller zeigten kein Verständnis und konnten sich wohl nicht vorstellen, dass sie es mit einem winzigen Flugzeug zu tun hatten, das viele Flugstunden zurückgelegt hatte und dessen Pilot einfach nur todmüde war. So musste ich den vollen Instrumentenan-

flug auf das ILS (Instrument Landing System) Runway 12 abfliegen und – Premiere – landete die RV-8 zum ersten Mal bei Nacht.
"Sao Gonçalo Tower, runway 12 vacated!"

Die Einreiseformalitäten auf dem Sao Gonçalo Flughafen nahe Natal gingen unerwartet zügig vonstatten. Zoll und Immigration waren freundlich. Ein netter Handling-Agent, José Orlando Nunes Da Silva, half, den Reisepass und die General Declaration Form zu kopieren. Draußen warteten schon Amanda und Bruno, um mich zu einem schönen Hotel am Strand zwischen Natal und einem Naturschutzpark zu bringen. Das Hotel hatte mein Freund Ricardo in Spanien organisiert, was mich besonders freute. Die schöne Stadt Natal ist immer windig und auch feucht, obwohl es kaum zu regnen scheint. Die drei Könige, *Reyes Magos,* sind das Symbol Natals. Der Name Natal bedeutet Geburt. Die Strände um Natal sollen eine enorme Länge haben. 500 Kilometer sagte man mir! Auf meiner nächsten Etappe nach Belem werde ich sie mal von oben inspizieren.

Amandas Mutter Michelle führt die Organisation an, die mich unterstützt. Dahinter stecken mein Freund Guillermo Cabarcos, RV-4 Eigner, und seine Frau Luiza, Amandas Großmutter.

Am nächsten Tag traf ich José Almir, den Eigentümer des Flugplatzes Severino Lopes im Süden von Natal, der bisher unbefestigt ist und voller RV steht, hauptsächlich RV-10. José Almir führte mich über den Platz und zeigte mir alle Flugzeuge. Sein geplantes Projekt klingt fantastisch: Ein riesiger Airpark mit einer 1 200 Meter langen befestigten Piste, eingerahmt von Hangars im Untergeschoß und Wohnungen darüber, soll hier entstehen. Ein wahrer Traum für Piloten und schon sehr beliebt in den USA. Auch in Brasilien entstehen immer mehr dieser Airparks.

José ist Experimental-Flugzeugbauer und hat ein brasilianisches Design, den Kolb-Flyer, konstruiert. Er ließ mich einsteigen und war mutig genug, mich damit rollen, starten und wieder landen zu lassen. Ich sagte da natürlich nicht nein! Wir flogen nach Sao Gonçales, wo meine RV-8 auf mich wartete. Brasilien hat zwar ein gut etabliertes Verfahren für ausländische Piloten, aber man muss jede Menge Dokumente parat haben, bevor man ins Land gelassen wird. Der brasilianische Luftverkehrsverband ANAC (Agência Nacional de Aviação Civil) erteilt dann die Genehmigung zur Landung auf einem internationalen Flughafen. Innerhalb von 24 Stunden sind die Zollformalitäten zu erledigen und danach kann jeder beliebige Flugplatz in Brasilien angeflogen werden. Dies alles war für den 25. Februar geplant. Aber das gesamte Verfahren dauerte etwa fünf Stunden, zu lange, um am Flugplatz Severino Lopes den Fernsehtermin einzuhalten, der daher auf den nächsten Tag verschoben werden musste.

Abends traf ich Judith Hoelzemann und Lena Montilla, zwei Wissenschaftlerinnen des Instituts für Atmosphärenforschung der Universität Natal, um die Datengenerierung für die Studie zu besprechen. Die Universitäten von Natal und Grenada kooperieren bei dem Projekt über Aerosolpartikel-Monitoring in entlegenen Gegenden. Ein köstliches Shrimp-Dinner reichte aus, die Physik der Atmosphäre zu verstehen. Shrimps oder *Camarones* sind eine Spezialität aus Natal. Der Name *Camarones* stammt übrigens aus meinem Geburtsland Kamerun.

Die Nacht war nicht gerade lang, da ich erst um Mitternacht ins Hotel zurückkehrte und bereits kurz nach 5 Uhr wegen des Fernseh- und Zeitungsinterviews zum Flugplatz Severino Lopes unterwegs war, wo die Journalisten schon warteten. Da ich kein Portugiesisch spreche, gab ich das Interview auf Spanisch und schloss noch eine zehnminütige Flugvorführung an, die ich mit einer langsamen Rolle als Gruß für das Fernsehen beendete. Ich war von dem Atlantikflug, den ganzen Terminen vor Ort, den vielen Begegnungen und Gesprächen mit den brasilianischen Piloten erschöpft. Aber eine Verschnaufpause konnte ich mir nicht gönnen. Zurück im Zimmer waren noch Berichte zu verfassen und Daten von den Chips der Geräte herunterzuladen, was eine halbe Ewigkeit dauerte, da das Internet im Hotelzimmer nur im Schneckentempo lief.

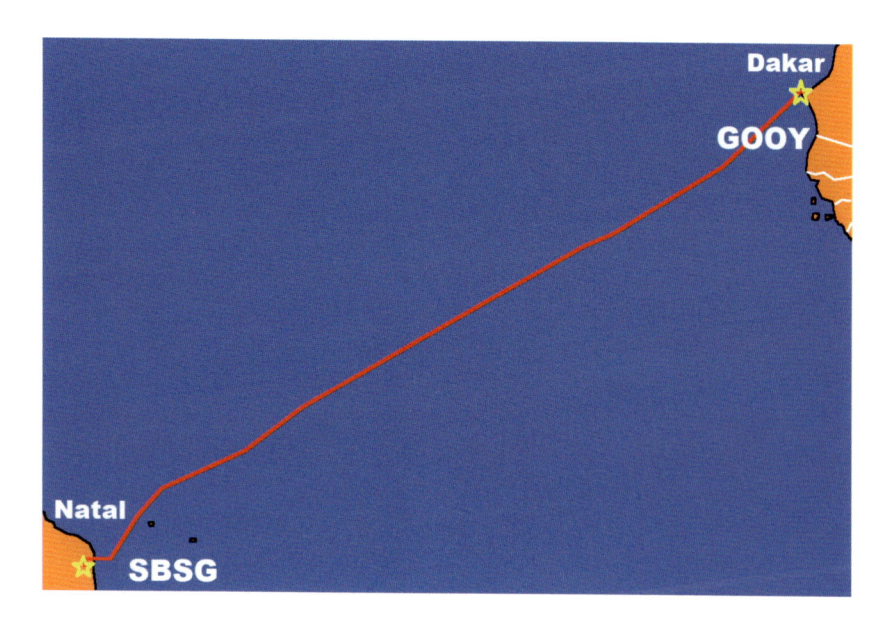

Flugstrecke **Datum** **Etappe, nm** **Gesamt, nm**
Dakar – Natal 24.02.2016 1 609 3 322

Happy landing in Brasilien: Von Natal nach Belem

Es war schon wieder Zeit weiterzuziehen. Ich ließ viele schöne Erinnerungen und liebe Freunde zurück, was schmerzte. Man hatte mich in Natal vom ersten Moment meiner Landung außergewöhnlich verwöhnt, sowohl die Familie von Luiza Cabarcos als auch José Almir. Egal was ich auch brauchte, sie beschafften es in Windeseile. Während meiner früheren Weltumrundungen 2001 und 2009 verlor ich immer viel Gewicht. Aber jetzt war es vollkommen anders. So viele Picañas, Shrimps, Cocadas und andere Köstlichkeiten der brasilianischen Küche wurden mir ständig angeboten. Aber – alles für das Vaterland! Oder auf Spanisch *todo por la patria!* Zum Glück war Paula weit weg und ich musste mich da nicht zurückhalten. Außerdem, verbessert sich dadurch auch der Schwerpunkt meines Flugzeugs! Allen bin ich zu großem Dank verpflichtet und hoffe, dass wir uns bald wiedersehen!

Ich gab noch einen Flugplan nach Belem Aeronautico auf und ging früh zu Bett. Das Telefon klingelte, aber ich schlief weiter. Wie sich herausstellte, war es ein Anruf von RocketRoute, um mir Informationen zu einigen fehlenden Punkten in meinem Flugplan nach brasilianischen Regeln zu geben und von mir eine Kopie meines Betreiberprofils zu erhalten. Über die gute Zusammenarbeit mit RocketRoute bin ich überaus froh. Man teilte mir auch mit, dass Belem Aeronautico gerade vor ein paar Tagen geschlossen wurde. Ich änderte mein Ziel daher in Belem um. Zum Glück holte mich José Almir ab und half bei der Planung des Weiterflugs, indem er in Belem anrief und meinen Flugplan aufgab.

Am Flugplatz in Natal verging wieder mal sehr viel Zeit mit Auftanken und all den anderen Vorbereitungen, so dass ich schon ganz schön in

Verzug geriet. Es blieb gerade noch Zeit für ein großes Dankeschön und einen kurzen Abschied. Der Gedanke, spät in Belem einzutreffen, beunruhigte mich. Natal empfing meinen Anruf am Boden und ich erhielt endlich die Startfreigabe.

Ich verstaute das Solarpanel von seinem gewohnten Platz rechts auf die linke Seite, wo etwas mehr Raum vorhanden war. Der Triebwerkscheck bei 2 000 Umdrehungen war normal, ich gab Vollgas. Aber, es tat sich rein gar nichts! Ich hatte das Gefühl, dass der Gashebel nicht bis zum Anschlag ging. Das Solarpanel verhinderte diese Bewegung, weil es an den Gashebel des Kopiloten-Sitzes stieß! Ich brach den Start ab! Also bildlich erst mal *Rolle rückwärts*, d. h. zurückrollen und das Solarpanel ordentlich verstauen, so dass die Gashebelmechanik nicht mehr geblockt war. Bei wiedererlangter voller Beweglichkeit schob ich den Gashebel bis zum Brandschott vor und war gleich darauf im Steigflug. Meine Geschwindigkeit war allerdings niedrig, so dass das Flügelwackeln ziemlich verhalten ausfiel. Abflug mit Runway-Heading bis 3 000 Fuß Höhe, dann Rechtskurve Richtung Belem. Zum Glück hatte ich guten Rückenwind, denn das Flugzeug war irgendwie langsam.

Je öfter ich fliege, umso häufiger habe ich das Gefühl, dass Höhen von 7 000 bis 8 000 Fuß günstiger sind. Die angezeigte Geschwindigkeit in Bezug zur Leistung ist gleich, die wahre Geschwindigkeit jedoch viel höher. Auf langen Flügen machen da 8-12 Knoten schon mal 30-45 Minuten Unterschied aus. Schon bald wurde ich an Recife Control übergeben.

"EC XLL, Sie fliegen nicht auf der zugewiesenen Flughöhe. Sie müssen auf gerade Flughöhen plus 500 gehen."
"Kein Problem Recife, sind 4 500 okay?"
"Ja, EC XLL steigen Sie auf 4 500!"

Man gab mir auch die Frequenzen von Transamazonia Control für den Fall, dass ich den Kontakt zu Recife Control verlieren würde, zunächst 128,3 und später 133,7. Ein Flug über solch große Distanzen führt schon mal dazu, dass man keinen Kontakt hat – mit niemandem! Was mir seit Dakar überhaupt nicht gefiel, war die Einschränkung der VHF-Kommunikation in niedrigen Flughöhen. Man kann dieses Problem umgehen, indem man von Zeit zu Zeit andere Flugzeuge als Relaisstation nutzt. Das heißt, man teilt einem Flugzeug in großer Höhe, das mit dem Kontrollzentrum im Kontakt steht, seine Position mit und bittet um Weitergabe an das Flugverkehrskontrollzentrum.

Auf dem Transatlantikflug hatte ich es viele Male auf 121,5, der Notfrequenz, versucht. Man ist immer gut beraten, diese abzuhören, denn Verkehrsflugzeuge auf Langstrecke hören diese Frequenz üblicherweise ebenfalls. Aber keiner beantworte meine Anrufe. Wer ruft auch schon mitten über dem Ozean an? Wieso sollte man deshalb diese Frequenz rasten? Da niemand antwortete, benutzte ich mein Iridium Satellitentelefon (danke Juan!).

Über Land kam es vor, dass mein Anruf von einer Bodenstation empfangen wurde, aber nicht umgekehrt. In diesem Fall setzte ich eine Blindmeldung ab, z. B. Fortaleza, EC XLL, EC XLL Blindmeldung. Position (irgendwas), FL 45, Ankunft Eliet um (wann auch immer). Andere Flugzeuge in der Luft auf derselben Frequenz könnten dann aus Höflichkeit als Relaisstation fungieren. Aber nein, kein einziger Airliner meldete sich!

Die Landschaften, die ich sehe, werde ich wohl nie wieder sehen. Ich halte gerne Ausschau nach besonderen Landmarken, fotografiere oder filme, um später meine Kommentare zu schreiben – und darüber hinaus, kümmere ich mich um den Treibstoff, wenn ich es nicht vergesse! Über den ersten Teil des Flugs erstreckte sich riesiges Farmland bis zum Horizont. Es gab dadurch viele Möglichkeiten für unvorhergesehene Landungen, sehr beruhigend! Ab und zu war auch ein befestigter Flugplatz oder eine Staub- oder Schotterpiste in Sichtweite, total isoliert mitten im Nichts, teils mit, teils ohne Gebäude. Von Zeit zu Zeit erhoben sich einige pyramidenförmige Hügel aus dem flachen Land.

In der Nähe von Quixada schoben sich Wolken in meine Flughöhe, die später immer höher wuchsen, so dass ich gezwungen war, sie zu durchfliegen. Das Land wurde nun hügelig und erreichte beinahe meine Flughöhe. Gut, wenn man auch mal rausschaut! Die Farbe der Landschaft wechselte in sattes Grün; Notlandeplätze wurden jetzt seltener. Gruppen von drei, vier Häusern, moderne Konstruktionen mit orangefarbigen Dächern, lagen verstreut unter meinen Flügeln, verbunden nur durch lange Staubstraßen. Ich fragte mich, wie die Leute wohl so weit entfernt von jeder anderen menschlichen Ansiedlung lebten. Auf einer dieser Straßen entdeckte ich ein Zweirad. Vielleicht ein Motorrad? Oder war es ein blitzschnelles Fahrrad, aber wenn nicht, wie kam das Motorrad wohl hier an Sprit?

Einige kleinere Brände kamen in Sicht, wohl von Menschen entzündet, vielleicht um Reisig abzubrennen. Meine Route durchquerte den aufsteigenden Rauch; ich zeichnete die Position für die CEAMA auf. Das Aethalometer ist extrem empfindlich und es erschien mir wichtig, dies festzuhalten.

Die Cumulus congestus verwandelten sich in Cumulonimbus Wolken. Die Thermik half anfangs; ich erreichte eine Geschwindigkeit von 180 Knoten (333 km/h) über Grund. Dann setzten heftige Schauer ein, die ich zu umfliegen versuchte. Abwinde gesellten sich zu den Schauern. Da war es mehr als ratsam, diesen auszuweichen.

So erreichte ich fast schon den Süden von Sao Luis und die Landschaft verwandelte sich wieder in Farmland, später überflog ich Sümpfe und riesige Flussläufe. Ich stellte mir vor, da unten zu landen und gegen truthahngroße Moskitos und Spanier fressende Anakondas zu kämpfen. Wie man sieht, beflügelt das Fliegen auch die Gedanken und lässt der Fantasie freien Lauf. Aber dann wurden die Gewitter heftiger, so dass sogar Airliner ausweichen mussten.

"EC XLL, Belem, Sie nähern sich Ihrem Zielflugplatz. Schlechte Sicht und Schauer, Sie können dort nicht landen. Auf welchen Flugplatz möchten Sie ausweichen?"

"Belem, EC XLL, ich werde östlich des Flugplatzes warten, bis sich das Wetter bessert."
"EC XLL, Belem, was ist Ihre endurance?"
"Nun … etwa vier Stunden von jetzt", meldete ich grinsend. Welches Privileg, die Airliner hatten nur 30 Minuten!

Es war nur eine Frage der Zeit, bis sich das Gewitter fortbewegte. Ich brauchte lediglich einige Kreise zu ziehen, dann erhielt ich die Vektoren zum Flugplatz und wurde nach Sichtkontakt zum Kontrollturm weitergereicht, der mir die Landefreigabe erteilte. Es herrschten vier Knoten Wind über der Rollbahn. Vor der Landung im Endanflug brauchte ich etwa 30 Grad Vorhaltewinkel, um den Wind in 800 Fuß Höhe auszugleichen. Die Piste war nass und der Wasserabfluss unzureichend. Nach fünf Stunden 20 Minuten machten um 07:04 Zulu die Räder beim Kontakt mit der Piste Aquaplaning, aber ich behielt das Flugzeug unter Kontrolle – Gott sei Dank!

Planmäßig wollte ich bis zum 4. März in Belem bleiben. So blieb mir genügend Zeit, die Stadt zu erkunden, mich auszuruhen und Vorbereitungen für den Weiterflug nach Manaus zu treffen.

Auf dem Flughafen Brigadeiro Protasio de Oliveira in Belem standen viele Flugzeuge der General Aviation, somit ein guter Platz für mich, um dort zu bleiben. Ich musste einiges am Flugzeug in Ordnung bringen, alles nicht besonders wichtig mit einer Ausnahme: Die *Toilette* floss nicht mehr richtig ab! Was für ein Problem, wenn es keine Möglichkeit an Bord gibt, um das loszuwerden … ! Das Venturi-Rohr hatte sich verabschiedet, da es keine Drahtsicherung hatte. Ich musste unbedingt etwas Passendes finden und es so schnell wie möglich einbauen.

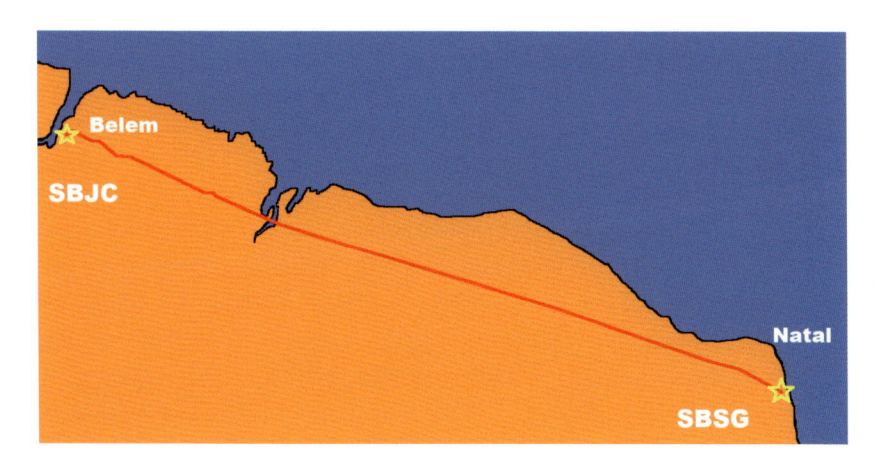

Flugstrecke	Datum	Etappe, nm	Gesamt, nm
Natal – Belem	29.02.2016	854	4 176

Ein Superlativ: Immer am Amazonas entlang

Was für ein Erlebnis! Belem ist eine ganz besondere Stadt, so farbenfroh, dazu die milde, samtige Luft und das feuchtwarme Klima. Fast den ganzen Abend lang ergoss sich ein riesiges Gewitter über der Stadt. Jeder Tropfen dieser ausgiebigen Regenschauer ist von solch riesiger Dimension, dass man komplett durchnässt wird. Daher kaufte ich mir gestern einen Regenschirm. Heute wurde er von einem *Luftfahrtingenieur* so abgesägt, dass er eine Zertifizierung der brasilianischen Luftfahrtbehörde erhalten kann. Er muss lufttüchtig sein und in mein Flugzeug passen. Morgen findet der Testflug statt! Wenn der Schirm nach dem Flug noch funktioniert, erhält er ein Patent für Amazonaspiloten.

Urwaldpiloten sind ein Mythos, sie sind ausdauernde und entschlossene Piloten, richtige Legenden eben. Der Urwald ist wie eine fleischfressende Pflanze: Man landet auf Wipfeln von 40 Meter hohen Baumriesen und ... der Dschungel reißt seinen gigantischen Schlund auf, um dich zu verschlingen. Ja er frisst dich auf, mit Haut und Haar ... und das Flugzeug obendrein. Das Flugzeug und sein Pilot sind dann für immer verloren, kehren nie in die Zivilisation zurück! Was für eine Horrorvorstellung! Sicherheits- und Überlebensstrategien mussten daher besprochen werden.

Man gab mir einige einfach klingende, gut gemeinte Ratschläge: "Nimm dir ein 30 Meter langes Seil mit. Bevor du deine Sicherheitsgurte festziehst, mach dir ein Seilknäuel und hänge es dir um den Körper. Alle Piloten in Amazonien machen das so, dies ist ihre einzige Überlebenschance. Mit dem Seil kannst du dich dann vom Wipfel der Bäume auf den Urwaldboden herunterlassen."

Das hört sich wie ein Spiel oder Abenteuer an; in Wirklichkeit ist es aber ungeheuer ernst und überlebenswichtig. Den Boden zu erreichen, ist aber nur der erste Schritt. Hier wollen dich dann Ameisen überfallen und auffressen oder Jaguare angreifen und töten. Im Urwald zu überleben, ist wirklich nahezu unmöglich. Es gelingt nur wenigen – mit einer guten Portion Glück. Mit diesen Dschungelpiloten herumzusitzen und ein Bier zu trinken, fühlte sich wie eine Reise in die vierte Dimension an. Allein ihren Geschichten zuzuhören, war für mich schon magisch. Irgendwie sind sie alle Helden und herausragende Piloten, auch wenn keiner sie kennt.

"Nimm die Machete mit!" Ich versicherte, "ja, ich werde sie mitnehmen, auch ein Seil." Funkbaken oder PLBs (Personal Locator Beacons), die Notsender usw. sind nur vor einer Bruchlandung nützlich. Das Dach des riesigen Urwalds ist wie eine Falle, die zugeschnappt ist; es lässt keine einzige Radiowelle in die Luft entkommen. "Flieg über den Amazonas, der ist wie eine Autobahn, viele Boote fahren hier flussauf und flussab. Lande am besten in der Nähe von Schiffen oder dicht am Ufer. Binde dein Flugzeug an einen Baum, um es eines Tages wieder herausholen zu können. Schlafe in deinem Rettungsfloß auf dem Wasser. So wirst du Ameisen und Jaguare los. Und die Jaguare sind riesig!"

Das Fliegen über dem Dschungel erfordert auch das Mitführen eines Feuerzeugs. Ich dachte zuerst, das sei dazu da, um mir Tiere vom Hals zu halten und sie zu verscheuchen. Man belehrte mich, der vom Feuer entfachte Rauch steigt über das Dschungeldach und ist die einzige Möglichkeit für Search and Rescue (SAR), Überlebende zu lokalisieren. Alle diese Einweisungen und Ratschläge waren ausführlich und hilfreich.

Also, morgen wird als erstes das Seil gekauft! Ich werde meine Überlebensausrüstung anlegen und ein großes Messer sowie das Seil mitführen und zum kurzen Testflug starten. Tarzan lässt grüßen, etwas in die Jahre gekommen und nicht mehr ganz fit!

Am 4. März werde ich von Belem abfliegen und recht niedrig bleiben, möglichst nur auf 1 000 Fuß. Mein erstes Ziel ist Santarem, etwa drei

Stunden flussaufwärts von Belem, meine zweite Station dann am 5. oder 6. März die Stadt Manaus.

"Wie sieht es bei Santarem mit Piranhas aus?" "Mach dir keine Sorgen, Santarem hat grünes Wasser, erst weiter stromabwärts mischt sich das Wasser mit dem braunen Amazonas. Piranhas gibt es nur in braunem Wasser, aber die sind nicht so gefährlich. Vor den Krokodilen musst du dich in Acht nehmen!"

Das Flugzeug war bereit. Wartung und Reparaturen waren erledigt, es war aufgetankt für etwa zehn Stunden Reichweite. Die Gebühren waren hoch, sie betrugen etwa 100 $. Alle waren wie immer überaus freundlich, aber wie immer dauerte alles auch ziemlich lange. Bei der Aufgabe des Flugplans wurde die Flugdauer erfragt: "Drei Stunden." "Reichweite, bitte?" "Zehn Stunden." "Sie meinten sechs Stunden?" "Nein, ich meinte zehn Stunden!" Das war wieder mal der lustige Teil der Geschichte. Die gesamte Reichweite zeigt sich aber erst, wenn die Reserve nur noch eine bis zwei Stunden beträgt. Dann – wird es weniger lustig!

Der Sprit kostete in Belem 6,60 Real und war damit billiger als in Natal, wo ich 7,90 Real gezahlt hatte. Man hatte mir aber gesagt, im Norden sei es teurer, leider war es gerade andersrum. Ich hatte in Natal, um zu sparen, viel getankt, was gründlich danebenging! Nun hatte ich Sprit bis nach Manaus, vielleicht sogar bis Boa Vista. Das Crowdfunding bereitete mir weiterhin Sorgen, es gestaltete sich so schleppend, dass ich mich nach neuen Strategien umsehen musste, um Geld für Sprit und Flugplatzgebühren zu beschaffen.

Bisher hatte ich noch immer keine Genehmigung für Venezuela. Sollte ich diese nicht erhalten, um die Angel Falls überqueren zu können, würde ich Venezuela auslassen und von Brasilien direkt nach Kolumbien fliegen. Damit würde ich auch nicht über Boa Vista kommen.

Ich hatte in Belem wieder neue Freunde gefunden, die alle überaus hilfsbereit waren. Da war Eduardo Solano, der aus dem spanischen

Pamplona stammt, einer Stadt berühmt für ihre Stierkämpfe. Erstaunt darüber, dass ein EC-Flugzeug hier landete, tauchte er sofort auf und nahm sich mit Fernando Guimares meiner an. Sie kontaktierten einen weiteren Freund João, einen Piloten aus Santarem, der mich in São José auf einer südlich gelegenen Schotterpiste erwarten würde. Was für eine nette Gruppe in Belem!

Wie schon üblich, auch der Abflug nach Santarem verspätete sich. In den vergangenen Tagen hatte ich alles Notwendige erledigt, hatte auch Flugplatz- und Navigationsgebühren bei der Infra-Aero bezahlt. Aber kaum am Flughafen eingetroffen, wurde ich wieder gerufen. "Es gab einen Fehler und du musst noch 24 $ nachzahlen." Ich beschwerte mich heftig darüber. Eine nette Dame von Infra-Aero bat mich, nicht so verärgert zu reagieren. Da ich keine 24 $ und man dort kein Wechselgeld hatte, nahm sich Eduardo der Sache an und erklärte mir, was schief gelaufen war. Wir machten uns Sorgen, später wieder mit Leuten der Infra-Aero Probleme zu bekommen.

Nach dem Start hatte ich ein luftiges Rendezvous mit einem anderen Flugzeug, um gemeinsam ein Video mit dessen Pilot Amir zu drehen. Die Controller von Belem unterstützten uns dabei äußerst freundlich.

Mit dem Auto würde man von Belem nach Santarem 20 Stunden unterwegs sein. Bald flog ich über riesige Flüsse und als ich außerhalb der VHF-Reichweite war, sank ich tiefer, um die Flusslandschaft besser zu erkunden. Das war einfach unglaublich! Viele verstreute Häuser, entfernt von unserer Welt, nur vereinzelt kleine Boote, um Nachbarn zu besuchen oder zu fischen. Keine einzige Straße weit und breit. Ich surfte entlang der Ufer und suchte nach allem, Tiere, Menschen, Bäume, eben allem! Das Flugzeug war fürs Steigen getrimmt, um einen Crash zu vermeiden, sollte ich in einem Moment der Unachtsamkeit durch Ablenkung den Druck auf den Stick verringern.

Leider wurde das Wetter zunehmend schlechter, so dass ich doch auf 6 500 Fuß steigen musste. Da oben kletterte die Groundspeed auf 170 Knoten. Als ich mich meinem Ziel näherte, ging ich in den Sinkflug und sah erfreut sogar 190 Knoten (350 km/h) auf dem GPS. Ich landete auf der Schotterpiste von Santarem, deren rötliche Farbe stark mit der grünen Landschaft kontrastierte. Diesen Flugabschnitt hatte ich ausgiebig genossen, wie man an meinem breiten Grinsen bemerkte, außerdem sah man hier selten ein spanisches Kleinflugzeug herumbrummen. Der Amazonas, welch ein Flug! Waoooo!

Am folgenden Morgen um 11:00 Zulu beabsichtigte Michel nach Manaus zu starten. Die Entfernung beträgt nur 318 nm (613 km). Das war für Michel und seine RV-8 ein kurzer Flug über den Dschungel. Wenn man auf dem Landweg mit dem Auto nach Manaus fahren wollte, würde es über die 2 113 km lange Urwaldpiste ganze 33 Stunden dauern! Manaus, die größte Stadt in der Amazonasregion mit über drei Millionen Einwohnern, liegt sehr isoliert. Man erreicht sie hauptsächlich per Boot oder Flugzeug. In Manaus fließen Rio Negro und Rio Solimões zum Amazonas zusammen.

Go west: Nach Manaus

Der Privatflugplatz São José liegt etwa zehn Meilen südlich der Stadt Santarem. Es gab dort einen netten Aeroclub und eine Schotterpiste, ach ja – mit viel Schotter. Auf jedem Platz in Brasilien erfuhr ich die Freundlichkeit und Unterstützung aller. Ein freundliches Lächeln, kühles Wasser oder heißer Kaffee wurden immer angeboten. Meine RV-8 erhielt auf privaten Plätzen auch stets einen Hangar. Der in Spanien längst verloren gegangene Pioniergeist der Luftfahrt war hier noch lebendig und spürbar. Die Piloten sind hervorragend, sehr nett und dennoch bescheiden, ja sie neigen sogar zum Understatement. Viele stellten mir interessiert Fragen über das Skypolaris Projekt. Meine Antworten, besonders die Reichweite betreffend, riefen immer großes Staunen hervor und – bei mir – ein verschmitztes Schmunzeln!

João hatte mich gestern noch auf einen kurzen Flug in seinem 160 PS-Experimental mitgenommen, einem brasilianischen Design. Wir flogen nach Westen in eine touristische Gegend an einen Fluss mit klarem Wasser, der in den Amazonas mündet. Wo die Flüsse zusammenfließen, sind sie durch eine messerscharfe Linie getrennt. Ich sah herrliche weiße Sandstrände, bunte Sonnenschirme, genauso wie man sich einen Traumurlaub in den Tropen vorstellt! Wer das nicht mit eigenen Augen gesehen hat, hält es für ein mit Photoshop bearbeitetes Bild.

Da das Amazonaswasser dunkelbraun ist, sind die Amazonasdelfine blind, denn sie benötigen ja keine Augen. Die braunen Gewässer des Amazonas sind auch der Lebensbereich der Piranhas. Wenn man also im klaren Wasser bleibt, besteht kein Risiko, von Piranhas gebissen zu werden. Eduardo sagte mir in Belem, dass Menschen im Amazonas aber nicht hauptsächlich von Piranhas getötet werden, sondern von Haien! Diese beginnen, sich an Süßwasser zu adaptieren.

Nach dem halbstündigen Rundflug gönnten wir uns ein wunderbares Dinner bestehend aus – Amazonasfischen. Alles schmeckte hier hervorragend. Wahrscheinlich ist es nirgendwo anders besser als in dieser riesigen Flusswelt.

João war wie angekündigt pünktlich um 6 Uhr am Hotel. Erst um 7 Uhr Ortszeit war Abflug. Ich wollte nicht zu früh starten, denn im Tagesverlauf entwickeln sich in dieser Region immer wieder Gewitter. Also wieder mal Flügel wackeln. "Auf Wiedersehen Freunde!"
Die kleinen Wolken voraus änderten sich ständig. Sie dehnten sich nach unten und oben aus und in 1 000 Fuß war die Wolkendecke zeitweise geschlossen. Ursprünglich plante ich den Hauptarm des Amazonas im Nordwesten zu erreichen, musste meinen Plan aber ändern und nach Westen abdrehen. Nicht nur, dass die Wolken dicker wurden, es stiegen auch von unten immer neue Wolken aus dem Dschungel auf, die den Weg nach vorn unpassierbar machten. Dies waren keine guten Aussichten! Steigen war nicht möglich, da ich unvorhersehbar in ein Gewitter fliegen könnte. Nach einiger Zeit beschloss ich, eine Wolkenlücke vor mir zu nutzen und stürzte mich mit einer akrobatischen 90 Grad Kurve hinab, wo ich mich zwar dichter über den Bäumen fand, aber sicher war, da es im Dschungel nicht viele Masten und Kabel gibt!
Nachdem ich das Schlechtwettergebiet hinter mir gelassen hatte, wandelte sich das Landschaftsbild. An den Flussufern zeigten sich jetzt offene Flächen und sogar Viehherden. Die Kühe und Pferde nahmen keine Notiz von mir, als ich über sie hinwegbrummte. Es war ein langer und schöner Tiefflug. Bei meiner hohen Geschwindigkeit zeigte sich aber alles nur für kurze Augenblicke.

Im Anflug auf Parintins, der zweitgrößten Stadt im Bundesstaat Amazonas, meldete ich auf der Air-to-Air-Frequenz 123,45 MHz einem startenden ATR42 Turboprop Airliner, dass ich die Runway gerade überfliegen würde. Das störte ihn aber nicht. Er schob das Gas rein und ich musste abdrehen, um einen Formationsflug zu vermeiden, obwohl mich das irgendwie reizte! Ich ging wieder runter und folgte zunächst mit größtem Vergnügen kleinen und großen Flüsschen. Dann stieg ich auf 4 500 Fuß und setze den Flug nach Manaus fort.

Der Amazonas ist zwar kein Meer, gleichwohl von enormer Weite! Große Schiffe kamen nun in Sicht, bald darauf die Stadt. Manaus wird durch riesige Schiffe versorgt, der Fluss ersetzt die Stadtautobahn in anderen Teilen der Welt.

Der Flugplatz Flores liegt mitten im Stadtgebiet zwischen einem militärischen und dem internationalen Flughafen. Es beeindruckt mich und gefällt mir äußerst gut, wie sich in Brasilien alle Flugzeuge, ob klein oder groß, trotz der recht beengten Platzverhältnisse den Luftraum problemlos teilen. Dafür gibt es einfach Verfahren und das war's! Meine Landung geriet etwas holprig; sie gestaltete sich eben nicht immer lehrbuchmäßig. Ich rollte zum Abstellplatz.

Triebwerk: OFF
Avionik: OFF
Haube: AUF
Schwitzen: ON
Aethalometer: OFF
Master: OFF
Entspannung: ON
Grinsen: ON

Wie ein in die Jahre gekommener Tarzan stieg ich aus meiner geliebten RV-8 aus und legte alle Sachen ab, die ich bei mir trug: Messer, Seil, Fliegerkombi und vieles mehr. Comandante Messías, ein Freund von João aus Santarem, holte mich ab, um mich zu beherbergen. Comandante bedeutet auf Spanisch, Portugiesisch und Brasilianisch Captain. Die Piloten hier werden alle mit Comandante angesprochen. Er musste sich nicht extra vorstellen, ich wusste, dass er der Freund von João ist. Seit diesem Augenblick gab es keine Freizeit mehr für mich! Unglaublich, wie er und die anderen Piloten sich hier um mich kümmerten. Es gab viel zu diskutieren und jede Menge Spaß.

Das Beste aber kam am nächsten Tag: Ich würde Messías' Wasserflugzeug fliegen. Die Petrel hat ein schönes brasilianisches Doppeldecker-Design mit einem Rotax Triebwerk. Es gefiel mir ausgesprochen gut. Am Flughafen Flores gab es viele davon. Die Petrel von Comandante Messías hatte ein spezielles Gerät an Bord. Im gesamten Amazonasgebiet tummeln sich viele kleine Geier. Sie kreisen in der Thermik einher und stellen eine große Gefahr für Flugzeuge dar. Fliegen sie vor oder unter dem Flugzeug, ist es unproblematisch. Fliegen sie dagegen höher als ein Flugzeug, kommt es manchmal vor, dass sie direkt in das Flugzeug stürzen, da sie bei drohender Gefahr abtauchen. Das Gerät, das Messías testete, war eine einfache, sehr laute Hupe, wie gemacht, um die Geier durch den Lärm zu vertreiben. Hochinteressant und effektiv, aber was für ein nerviges Geräusch!

Wir hoben ab und flogen zum Sightseeing ins Gebiet des Río Negro nach Westen. Das Wasser des Río Negro ist von Natur aus schwarz und – sauber. Der Amazonas, der zwischen der peruanisch-brasilianischen Grenze und der Einmündung des Rio Negro bei Manaus den Namen Rio Solimões trägt, ist braun. Und genau hier fand meine allererste Wasserlandung statt! Als Messías mich fragte, ob ich es versuchen wolle, wie konnte ich da nein sagen?! Bei meiner ersten Landung setzte ich in der Mitte des Flusses bei aufgewühltem Wasser auf, so dass der Flieger einige Hüpfer machte. In Ufernähe gelangen die Landungen dann bedeutend weicher.

Ein Amphibien-Flugzeug zu fliegen, ist ein tolles Gefühl! Ich verstehe nicht, warum das in Spanien so gut wie verboten ist. Im Gegensatz zu Booten sind Wasserflugzeuge umweltfreundlich und sauber.

Pünktlich zum Mittagessen landeten wir an unserem vereinbarten Treffpunkt. Es war ein paradiesischer Platz! Vor dem Flug hatte Messías zwei riesige Amazonasfische besorgt, die wir während des Flugs im Fußraum verstauten und die nun auf dem Grill landeten. Der Platz war perfekt und die Hängematten der richtige Ort, um das nächste Leg nach Boa Vista vorzubereiten!

Als Nachtisch gab es Acaí, eine kleine Frucht, die hier in Amazonien von den Einheimischen und den Tieren gleichwohl hochgeschätzt wird. Die Erntemethode des Amazonas Zitteraals ist besonders raffiniert. Er nähert sich dem Acaí-Baum und mit einer heftigen elektrischen Entladung am Baumstamm gelingt es ihm, die reifen Früchte ins Wasser fallen zu lassen. Es hat mich erstaunt, zu erfahren, dass Acaífrüchte auf diese Weise auch von anderen Tieren *geerntet* werden!

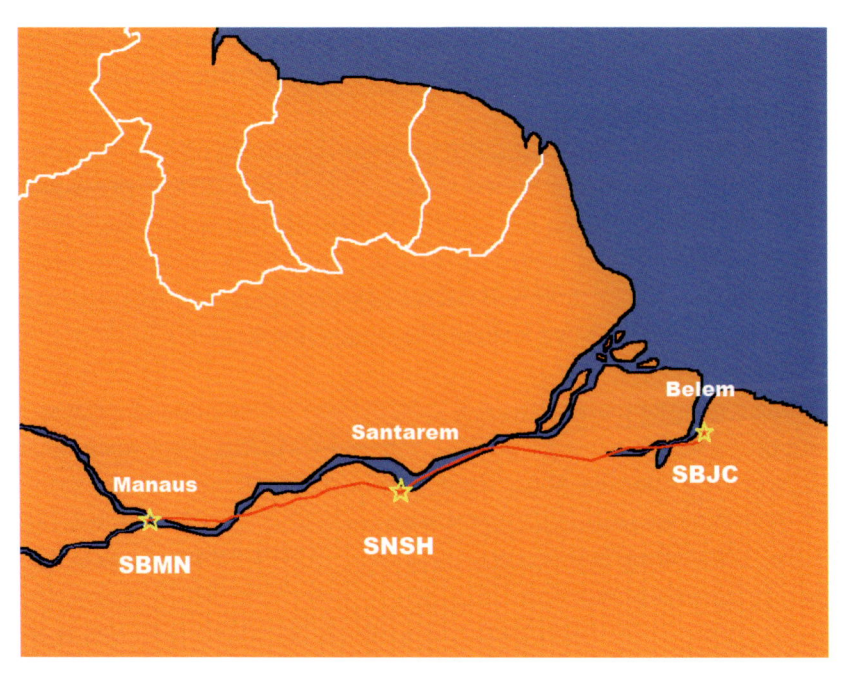

Flugstrecke	**Datum**	**Etappe, nm**	**Gesamt, nm**
Belem – Santarem	04.03.2016	374	4 550
Santarem – Manaus	05.03.2016	317	4 867

Schöne Aussicht auf Brasilianisch: Nach Boa Vista

Es sollte von Manaus nach Norden gehen, aber nicht auf ununterbrochen gerader Strecke, sondern etappenweise zunächst nach Boa Vista in Brasilien, dann über die Angel Falls in Venezuela und schließlich nach Medellín in Kolumbien. Drei Etappen, drei Länder. Am 60. Längengrad würde ich den Äquator wieder queren, um damit den FAI Referenzpunkt, die vorgeschriebenen 120 Längengrade Abstand am Äquator, zu erreichen. Dies war zur Anerkennung der Erdumrundung über beide Pole erforderlich.

Diese Etappe war nicht ganz so einfach, wie sie schien. Mich beunruhigten die ziemlich hohen Gebirgszüge, die sich mir entgegenstellten. Erstens musste ich in 13 000 oder 15 000 Fuß ohne Sauerstoff fliegen; das war nicht gerade das, was ich herbeisehnte. Zweitens konnte ich nur hoffen, dass die Windkräfte in den Bergen nicht die Steigfähigkeit meines kleinen Flugzeugs übertreffen würden.

Venezuela hatte mir noch immer keine offizielle Überfluggenehmigung erteilt. Zwar sah es recht günstig aus, aber sie war eben noch nicht da. Ein Flug über die Angel Falls, den höchsten Wasserfall der Erde, ist einer meiner großen Lebensträume, den ich mir endlich zu erfüllen hoffe. Die Wasserfälle stürzen von einem hohen Tafelberg, dem Auyan-Tepui, in die Tiefe.

Die politische Lage in Venezuela war problematisch und unsicher. Die Kampfpiloten dort hatten einen nervösen Finger am Trigger ihrer Bordkanonen. Manch ein Flugzeug war bereits abgeschossen worden! Was für eine Munitions- und Geldverschwendung, noch dazu da Venezuela nicht gerade in Geld schwimmt. Ich habe nichts gegen ein Kampfflugzeug, aber ich möchte den Kampfpiloten ihre Aufgabe nicht erleichtern. Genau aus diesem Grund brauchte ich die Freigabe auf jeden Fall. Und nebenbei bemerkt fliege ich nur eine RV-8!

Meine RV-8 war weiterhin sehr nett zu mir und beschwerte sich nicht oft, wenn ich geradeaus durch riesige Wolken flog, die zu Gewittertürmen anwachsen konnten. Wir wurden langsam zu einem richtig guten Team und lernten uns immer besser kennen, auch unsere Ängste. In Äquatornähe nehmen Gewitter riesige Dimensionen an und reichen ziemlich hoch hinauf! Sie steigen bis in die Stratosphäre, die hier viel höher reicht als an den Polen, bis zu 50 000 Fuß bei einer außerordentlich niedrigen Wolkenbasis!

Wie immer kam ich später weg als erwartet. Die Stadt Manaus war geschäftig und ich brauchte recht lang, um zum Flugplatz Flores zu kommen, wo meine schöne RV-8 gut behütet inmitten vieler brasilianischen Frauen stand, den Petrel-Amphibien. Für sie war der Samba mit meiner RV-8 nun vorbei. Es dauerte eine Weile, sie von ganz hinten aus dem Hangar herauszumanövrieren. Der spanische Flieger und sein Pilot mussten weg, die Petrel-Amphibien waren nun wieder allein.

Nach dem Abheben wurde es leider nichts aus dem spiralförmigen Steigflug über die Manaus LIDAR-Station, obwohl ich eine Freigabe von den Controllern hatte. Ein LIDAR braucht freie Sicht und keine Wolken über sich. Es war ein wenig schade, aber es gelang mir dennoch, in ganz Amazonien gute Daten zu generieren. Ich denke, die Auswertung der Ergebnisse wird daher recht spannend.
    Es gab noch eine weitere Messstation, das Amazon Tall Tower Observatory (ATTO), im Prinzip eine riesige Antenne, die bis in 325 Meter (1 000 Fuß) Höhe über den Dschungel reicht. ATTO ist vollgestopft mit wissenschaftlichen Messinstrumenten zur Untersuchung des biologischen Gleichgewichts im Urwald. Ist dieser Wald wirklich die Lunge der Welt? Oder produziert er mehr CO_2 als Sauerstoff? Dies waren einige der interessanten Fragen. Piloten sollten auf ATTO gut vorbereitet sein, denn die Station taucht unvermittelt auf und zieht nach Murphy's Law jedes fliegende Objekt an. Zum Glück befand sie sich in einer militärischen Flugbeschränkungszone.

Weit weg von ATTO, in etwa 7 500 Fuß fliegend, bekam das Flugzeug viele Duschen, fast über zwei Drittel der Strecke, so als wäre ich ein großes Aerosol-Partikel! Von Zeit zu Zeit sah ich unter mir durch einige Wolkenlücken den undurchdringlichen Dschungel mit nichts außer dichtem Grün. Eine Bruchlandung da unten würde wohl zu einer größeren, unvergesslichen Erfahrung werden. Ich wusste, dass die Straße von Manaus nach Boa Vista links von meinem Pfad lag. Kleine Flüsse, die sich nach links wandten, kreuzten meine Route. Bei einer Notlandung wäre der Plan etwa so: sich irgendwie nach Norden bis zu einem dieser Flüsschen durchschlagen, mit dem Dinghi flussabwärts navigieren und Einheimische kontaktieren. Es war gar nicht daran zu denken, durch diesen Dschungel eine längere Strecke zu Fuß vorwärts zu kommen!

Hier Fotos zu schießen, machte wenig Sinn, denn das Licht blendete zu stark und ich flog außerdem viel zu hoch. Mir fiel eine kleine Ausstellung ein, die ich mit Comandante Messías in Manaus besucht hatte. Dort wurden einige Malereien von Amazonaskünstlern und auch eine historische Sammlung von Fotokameras präsentiert. Mir fiel ein Kodak-Objektiv auf, das eine ungewöhnlich hohe Lichtstärke mit einer Blende von F=0,96 besaß. Sehr gute Kameras gehen nicht tiefer als F=1,2. Ein kleines technisches Wunder, das mir gefiel!

Nachdem ich den Fluss Jauaperi überflogen hatte, wurde der Urwald lichter und war bald darauf ganz verschwunden. Ich konnte jetzt Menschen erkennen und niedergebrannte Flächen. Die Zivilisation drang buchstäblich durch meine Haube hindurch. Diese kleinen verstreuten Anwesen machten mich nachdenklich. Wie konnten Leute so weit entfernt von unserer Welt leben? Kaum zu verstehen, das war reine Überlebenskunst.

Da ich mit etwa 20 Knoten Gegenwind kämpfte, leitete ich einen Hochgeschwindigkeitsabstieg nach Boa Vista ein und befand mich bald auf 1 000 Fuß Höhe. Die angenehmen 18 Grad Celsius auf 7 500 Fuß waren aber jetzt leider vorbei!

"EC XLL, Boa Vista tower, I have you in sight, cleared to land runway 08, wind from 060, 12 knots."

Ein Traum wird wahr: Abstecher über die Angel Falls

Ich saß im internationalen Flughafen Boa Vista und wartete darauf, Brasilien verlassen zu können. Der Flughafen ist stark frequentiert, denn er ist der einzige weit und breit. Er liegt isoliert und befindet sich buchstäblich am Ende der Welt: kein Fluss, auch kaum Straßen als Transportsystem. Es war heiß hier, etwa 34 Grad Celsius, die Luft war so trocken wie in der Wüste. Manchmal steigt das Thermometer in Boa Vista sogar auf kaum vorstellbare 49 Grad Celsius.

Die Universität von Natal hatte meinen Flug finanziell unterstützt. Dieses Geld wurde über die Banco do Brasil eingezahlt. Das Verfahren schien einfach: hingehen, Pass zeigen und den Geldbetrag entgegennehmen. Genau! Nach drei Stunden Warten in der Schlange stellte sich heraus, dass es keine Genehmigungsnummer gab. Nachdem dies irgendwie behoben war, konnte ich jedoch keine brasilianische Steuernummer vorweisen. "Tut uns leid, das System erlaubt uns keine Auszahlung!" "Bitte rufen Sie Ihren Chef, um das mit ihm zu besprechen." "Okay, er kommt gleich." Ich bewegte mich keinen Millimeter von der Stelle, die Dame wurde sichtlich nervös und ging in den Nebenraum. Es geschah ein Wunder: Ich erhielt das Geld trotz des strengen Computersystems und zwar – ohne Steuernummer! Aber der Preis war mit drei Stunden Wartezeit sehr hoch und ich musste – den Namen meiner Mutter angeben!

Ich saß also schon eine gefühlte Ewigkeit hier. Daher stärkte ich mich zwischenzeitlich mit einem Doppeldecker-Cheeseburger. Erst war ich besorgt wegen dessen Größe auf der Abbildung. Das Riesending würde kaum Platz in meinem Magen finden! Dazu noch zwei Schichten köstliches Fleisch. "Nummer 66!" "Ich bin Nummer 66, danke!" Meine Befürchtungen waren umsonst gewesen: Der angeblich

Titanic-große Burger entpuppte sich als so winzig und dünn wie eine Münze!

Es ist überall das gleiche. Ausländische Luftfahrzeuge, die in ein Land einfliegen, müssen mit ihrem erklärten Zollwert *importiert* werden. Und vor dem Ausflug müssen sie dann wieder *exportiert* werden. Das ist ein formaler, erfreulicherweise kostenloser Vorgang. Mir dämmerte, dass ich mal wieder spät dran war. Spät bedeutete, 11:45. Ich klopfte an die Tür der Receita Federal also des Zolls, aber der Kerl war bereits beim Lunch. Import oder Export können nur vor 12 Uhr oder nach 14 Uhr lokaler Zeit abgewickelt werden. Zwei Stunden Mittagspause!

Na gut, ich tankte mittlerweile das Flugzeug und wollte schon mal die Flugplatzgebühren bezahlen. Das machte ich an allen Flughäfen so, um Verzögerungen beim Abflug zu vermeiden. "Tut uns leid, die Flughafengebühren können Sie jetzt nicht bezahlen, das geht leider nicht." "Gut, wer ist Ihr Boss?" Schön, nach dem Mittagessen werde ich die Bezahlung der Landegebühren noch heute erkämpfen! Erzählt mir bloß nichts! Dabei waren die Leute, mit denen ich da zu tun hatte, wirklich nett und hilfsbereit. Das Flugzeug war betankt, danach kam der Hamburger.

Auch drei Stunden später war der Zöllner noch immer nicht zurück. Um 14:30 erschien er endlich, aber hatte es nicht besonders eilig, mich in sein Büro zu lassen. Ich übergab ihm die Einfuhrpapiere und er wiegte seinen Kopf von rechts nach links und wieder zurück. "Ich kann nichts für Sie tun", meinte er und pendelte weiter mit dem Kopf. Er bekam nicht mit, wie nah er dran war, von der Faust des unglaublichen *Hulk Hogan* niedergestreckt zu werden. Er sah nicht, wie sich meine Haut grün färbte! Zum Glück kam ihm meine unermesslich große Gelassenheit zugute, ich hatte mit kleinen Flugzeugen die Welt bereist, mich dabei in Geduld geübt und gelernt, meine Urinstinkte zu kontrollieren. Ich bewahrte also ruhig Blut und fing von vorne an. Nach längerer Zeit gab er zu, dass ich im Recht war: Ich war in Brasilien eingereist und besaß sogar eine Genehmigung der ANAC mit AVANAC-Nummer, also der Berechtigung für Brasilien.

"Aber zuerst, Herr Gordillo, müssen Sie zur Polizei gehen und Ihren Pass abstempeln lassen." Und dann ... stand ich vor einem Polizisten, der mir erklärte, dass er meinen Pass nicht bereits einen Tag vor meinem Abflug abstempeln könne. Ich solle zurückgehen und nicht vor Mitternacht zurückkehren. Natürlich würde Mr. Silvino, der Zöllner, nicht vor 8 Uhr morgens erscheinen. Aber er versicherte mir, dass er immer pünktlich mit der Arbeit beginne. Mit dem Ausreisestempel des Zoll könne ich dann zum Aeronautical Information Service (AIS) gehen, um den Flugplan aufzugeben; und dann – und auf keinen Fall früher – könne ich mit einer Quittung der bezahlten Flugplatzgebühren, die ich heute noch nicht bezahlen durfte, abfliegen, aber nicht früher als 45 Minuten nach Aufgabe des Flugplans. Ich raufte mir die Haare! Rechtzeitig von diesem Flughafen wegzukommen, schien bei all dieser Bürokratie unmöglich.

In den letzten Tagen brauten sich immer wieder Gewitter in der Gegend um Medellín, Bogota und in den Bergen zusammen. Hoffentlich hatten sie sich bis morgen aufgelöst. Gewitter? Das interessierte hier niemanden. Die voraussichtliche Abflugzeit verzögerte sich von 10:30 auf 13:00 Zulu. "Sie werden nicht nach Boa Vista zurückkommen?" fragte der Zöllner höflich. "Da haben Sie Recht", antwortete ich ihm mit einem breiten Grinsen im Gesicht.

Ich konnte es mir nicht mehr verkneifen! Es war sogar äußerst dringlich! ICH MUSSTE INS BADEZIMMER GEHEN ... und das Waschbecken randvoll mit Wasser laufen lassen. Stimmte es wirklich? Das Wasser lief durch das Abflussloch ab, es gab keine Rotation, nur ein Abfließen geradeaus hinunter. Es konnte nicht sein, dass man so nah am Äquator den Coriolis-Effekt nicht getestet hatte. Ich fing an, nordwärts zu fliegen und so war es natürlich überfällig, das mal ausprobiert zu haben.

Am anderen Tag erwartete mich Comandante Gislène morgens am Hotel, um mich zum Flugplatz zu begleiten. Mir hatte man gesagt, er komme um 7 Uhr, ihm hatte man mitgeteilt, er solle um 6 Uhr erscheinen. Ich beeilte mich! Wir hatten gerade noch Zeit für eine Tasse Kaffee und natürlich etwas Fachsimpelei. Schade, dass ich ihn nicht schon eher getroffen hatte!

Wenn man über diese Art zu fliegen spricht, stellen sich die Leute nur den schönen Teil davon vor. Sie sehen nur einen mehrstündigen Flug im Sonnenschein mit all den tollen Erlebnissen und Aussichten. Der Flug ist aber nur ein ganz kleiner Teil des Ganzen. Der Tag beginnt oft bereits am frühen Morgen und endet erst spät abends; und als Pilot hängt man immer auf Gedeih und Verderb von Land und Leuten ab.

Der Zöllner, der einzige, der meinem Flugzeug eine Exportgenehmigung ausstellen konnte, war heute pünktlich. Um 8 Uhr war er tatsächlich vor Ort und ich erhielt den notwendigen Stempel in meinen Pass. Dann ging es zum Bezahlen der Gebühren … Nach dem System in Brasilien muss der Pilot für alles bezahlen. Der Preis für die Kommunikation mit dem Tower hing davon ab, wie lange man mit dem Controller gesprochen hatte. Wenn der Pilot nicht lang genug kommunizierte, sprach der Controller umso länger, um die Gebühren in die Höhe zu treiben, weil dies so von ihm verlangt wurde.

Sicherheit steht außer Frage und kommt selbstverständlich zuerst! Piloten zahlen für Navigation, Anflug, Landung, Aufenthalt und anderes. Die Beträge sind abhängig von der Flugplatzkategorie. Boa Vista war ein Flugplatz der zweiten Kategorie. Natal gehörte zur ersten Kategorie, war also viel teurer. In Natal kostete es ca. 100 $. In Boa Vista, wo es billiger sein sollte, wurden aber 300 $ verlangt. Ich empörte mich, ich werde doch nicht dreimal so viel blechen wie in Natal! Was erst wie eine kurze Angelegenheit erschien, zog sich hin und dauerte fast eine ganze Stunde. Es wurde behauptet, der Grund für den hohen Preis läge darin, dass ich das Land verlasse! Wenn ich also ausfliegen wolle, müsse ich zahlen und könne mich dann ja später beschweren. Kein Bedarf für einen Kaffee, ich war jetzt aufgebracht und kochte innerlich!

Der Zöllner gab das Flugzeug erst nach einer Inspektion frei. Der Flugplan konnte nicht ohne den Stempel des Zolls aufgegeben werden, der Start konnte nicht 45 Minuten vor der Flugplanaufgabe erfolgen. Der Zoll benötigte etwas Zeit, sein Prozedere zu ändern: erst stempeln, dann Flugplanaufgabe. Und daaannn, platze ich heraus: "In diesen 45 Minuten checken Sie das Flugzeug und wenn es Ihnen nicht gefällt, dann machen Sie das Ganze rückgängig – biiittte!" Er zögerte kurz, aber stimmte mir dann doch zu. Endlich konnte ich um 09:25 Lokalzeit abheben.
"EC XLL, after Take Off, turn left to AKTUM, climb to FL 130, squawk 6472."

Endlich war ich wieder in der Luft! Bald würde ich erfahren, wie es mit dem Einflug nach Venezuela, dem Flug zu den Angel Falls und der Genehmigung für Kolumbien stünde sowie auch mit der Andenüberquerung. Es gab einen – recht seltsamen – Weg, die Genehmigung für Venezuela zu erhalten. Man füllte den Flugplan aus und flog einfach los! Die kolumbianische Einfluggenehmigung hatte man damit aber noch nicht. Ich bevorzugte einen anderen Weg, die Informationen an die Flugsicherung zu melden und dann die erteilte Genehmigungsnummer in Feld 18 des aufzugebenden Flugplans einzutragen. Für Venezuela schien das jetzt zwar auch ohne die Nummer in Ordnung zu gehen, dennoch fühlte ich mich ohne etwas Schriftliches in der Hand ausgesprochen unsicher. Als ich in Venezuela einflog, erhielt ich die Frequenz von Maiquetia, aber genau ab diesem Zeitpunkt konnte ich weder mit Maiquetia noch mit Canaima Flugplatz kommunizieren. Erst zwei Stunden später gelang es dann zum Glück doch.

Der Flugstrecke von Boa Vista über die Angel Falls nach Medellín beträgt etwa 1 100 nm. Um Medellín zu erreichen, musste ich auf meiner Route riesige Gebirge queren. Ich würde versuchen, IFR (Instrumentenflug) aufzuheben und IFR (I Follow Roads) weiterzufliegen. Straßen sind von Vorteil, wenn man vorhat, über ein Gebirge zu fliegen, denn sie verlaufen zumeist entlang von Tälern. Waren die Anden erst mal geschafft, würde es einfacher werden. Aber man sieht, die Flugvorbereitung musste genau durchdacht werden!

Jetzt kamen die ersten riesigen Tepuis, Tafelberge im Dschungelgebiet des Nationalparks Canaima, in Sicht, die aus dieser Höhe überaus eindrucksvoll aussahen. Leider war die Luft etwas diesig, so dass dieser wunderbare Anblick wie unter einem Schleier lag. Von dem 700 km^2 großen Auyan-Tepui stürzen sich die Angel Falls 979 Meter in die Tiefe. Der gewaltige Wasserfall wurde im Jahr 1910 vom Venezolaner Ernesto Sánchez la Cruz entdeckt und 1933 von Jimmie Angel wiederentdeckt und nach ihm benannt.

So schön die Angel Falls sind, der Tepui selbst ist ein wahres Wunder, so hoch und unvorstellbar steil, dass die Wände über 4 500 Fuß bzw. 1 500 m senkrecht herabstürzen. Die Oberfläche des Tepui ist ebenfalls unglaublich. Ganz wenig Plätze, um runterzugehen, wie Jimmie Angel es machte. Diese Tepuis sind in der Tat Orte, an denen die Götter wohnen, wie die Einheimischen sagen.

Mein zweiter Vorname Angel erschien mir da wie ein Omen, meine Flügel von den Angel Falls benetzen zu lassen, um nochmals getauft zu werden! Ich freute mich auf diesen wunderbaren Moment. Ein Lebenstraum erfüllte sich, ich stand kurz davor, die Flügel meiner lieben RV-8 unter das unberührte Wasser der Angel Falls zu tauchen. Aber dies war schwieriger, als ich mir vorgestellt hatte. Es gab nicht gerade viel Platz am Wasserfall, und enorme Wassermassen stürzten um diese Jahreszeit ohnehin nicht herab. Daher war es unbedingt nötig, zunächst sehr nahe aufzuschießen und dann rechtzeitig scharf abzudrehen, bevor das Flugzeug an die Felswand prallte.

Als ich in den Luftraum von Venezuela in 13 000 Fuß ohne Sauerstoff einflog, erhielt ich keine Antwort auf meine Funksprüche. Der Transponder blinkte kein einziges Mal, als ich mich dem Auyan-Tepui näherte. Er blinkt nur, wenn vom Boden ein Radarsignal zur Abfrage eintrifft und eine Antwort gesendet wird. Kein einziges Blinken? Sahen die mich nicht? Blinken bedeutet, sie sehen mich. Kein Blinken, sie sehen mich nicht.

So entschloss ich mich, tiefer – und tiefer abzusteigen. Aber Tepuis sind riesig, den Abstieg musste ich daher bald beenden. Der Himmel war klar, aber dieser Auyan-Tepui – er wollte wohl nicht, dass ich erscheine und sein stilles Reich störe? Dennoch, er hatte wohl geahnt, dass ich komme und er tat es, der Gott der Wolken – er öffnete einen schmalen Spalt und ließ mich hinein. Da, ganz dicht an der senkrechten Wand war ich fast hinter den Wolken versteckt. Es war wunderschön! Dann drehte ich nach links ab, genau auf die Lücke zu und fand mich knapp über dem Gipfel des Tepui. Zerklüftete Felsen und eine fremdartige Landschaft, anders als alles, was ich bisher gesehen hatte. Ich drang in sein Herz vor und folgte den Klippen, bis ich die Angel Falls gefunden hatte. Das Triebwerk hatte nicht mehr viel Leistung, die Geschwindigkeit war niedrig, aber es gab ein kleines Schlupfloch unter mir, um mich abzufangen, falls nötig.

Ein erster Blick, um Größenverhältnisse, Räume, Wasser, den Anflug und einen Fluchtweg zu erkunden. Und dann ließ ich es geschehen: geradeaus in die Wand, dann eine leichte Drehung nach rechts, dichter und dichter, und dann hinein.

Sei vorsichtig, hatte man mich gewarnt. Starre die Wand nicht zu lange an, wenn du das tust, wirst du am Fels zerschellen! Ich hielt mich daran – als ich das Wasser spritzen sah – wie geplant links abdrehen und runter in die Mitte des Tals. Hitze stieg von unten auf und erzeugte Auftrieb, nah an den Wänden herrschte Abwind. Fahrt aufholen und steigen auf 13 000 Fuß. Der Canaima Airport war nah und ich sollte besser die erforderliche Höhe einhalten.

Über Canaima drehte ich nach Westen, weg von den Angel Falls. Die Täler des Auyan-Tepui sind von dichtem Dschungel bedeckt, der sich südlich von Venezuela bis Puerto Carreño hinzieht. So dicht, dass kein Unterschied zum Amazonasgebiet bestand, das ich zuvor überflogen hatte. Der einzige Unterschied: Es fehlten Flüsse oder Straßen. Es gab nichts. Da runter zu müssen, wäre fatal!

Das Triebwerk lief ein wenig rau und ich beschloss, seinen Klang etwas zu ändern, rein psychologisch, aber gerade darum ja wichtig. Ein Flugzeug der Copa Airlines war in der Nähe und diente mir als Kommunikationsbrücke zwischen Argentina 1376 und Maiquetia. Ich bat Copa 254 darum, dem Controller meine Message zu senden. Später gelang es mir endlich, selbst Kontakt mit der Frequenz herzustellen, die man mir zwei Stunden vorher genannt hatte. Das war mehr als lästig, denn nun fragten sie mich meine ganze Flugroute ab. Brav sagte ich alles auf, verstand aber den Sinn nicht, weil das ja schon im Flugplan stand. Dann musste ich erneut meine Einflugnummer nach Kolumbien nennen. "Stellen Sie sicher, dass Sie die haben, denn sonst müssen Sie umkehren." Es kamen mir erste Bedenken. Diese seltsame kolumbianische Clearance Nummer war gar keine Nummer. Für alle Fälle gab ich das Datum, den Namen und Rang der Person an, die sie ausgestellt hatte. Das half zum Glück, und ich wurde in Kolumbien willkommen geheißen.

Der Wald verschwand erneut. Zuvor sah ich viele Waldbrände, ob sie sich selbst entzündet hatten oder absichtlich gelegt worden waren, blieb unklar. Unter mir zeigte sich höchst eindrucksvoll der Orinoco. Ich erhielt eine Sinkfreigabe auf 8 000 Fuß, was sich für meine Lunge viel besser anfühlte. Später hatte ich auf Höhen mit noch niedrigerem Sauerstoffdruck zu klettern. Für die Sauerstoffsättigung des Blutes zählt neben der Höhe auch der Zeitfaktor. Als die Anden näher kamen, wurde ich aufgefordert auf 15 000, dann auf 17 000 und schließlich auf 19 000 Fuß zu steigen.

Meine Entscheidung in der Nacht zuvor, Medellín von Norden her anzufliegen, erwies sich als genau richtig. Riesige Gewitter standen nicht nur südlich meiner Flugroute, sondern auch vor mir. Ich hatte mich entschlossen, die Anden im Sichtflug zu überqueren und den Straßenverläufen zu folgen. Aber das erwies sich leider als unmöglich.

Wird es mir gelingen, da unversehrt durchzukommen? Vielleicht? Hoffentlich!

Wie es der Teufel will, fiel die Höhenkodierung meines Transponders aus. Das passiert ja natürlich meist zur unpassenden Zeit, wie man sich vorstellen kann. Sauerstoff, Leistung, Höhe, Sicherheit – und Vertrauen! Wir Spanier sagen: *Siempre hay un hueco para un piloto honrado*, was mehr oder weniger bedeutet, für einen anständigen Piloten gibt es immer einen Ausweg. Das habe ich mir oft gesagt, bis jetzt hat es auch geholfen. Aber es war nicht einfach und ich verließ den Airway nach Norden (Ich verstehe ehrlich gesagt nicht, dass diese immer über die höchsten Erhebungen verlaufen!) und flog nach der Karte auf meinem iPad. Das lief gut, inklusive der *Steine* auf dem Weg, denen ich über Fluchtwege ausweichen konnte. Ich hatte Glück: Es gab keine Turbulenzen oder Abwinde. Diese können zuweilen die Steigleistung eines Flugzeugs übertreffen, sogar bei Airlinern. Geschafft! Ich war auf der anderen Seite angekommen!

Freigabe zum MRN VOR in 12 000 Fuß, dann Radarvektoren auf das ILS, Runway 01. ILS ist ein elektronischer Trichter, der mit drei Grad Neigung zur Piste führt. Man fliegt von diesem präzise geführt bis kurz vor die Piste. Da das Rio Negro ILS zwischen Bergen liegt, ist es wichtig, das Verfahren äußerst korrekt abzufliegen! Viele Flugzeuge und ständige Kommunikation …! Ich landete auf dem 6 967 Fuß hoch gelegenen Flughafen und freute mich darauf, ein bisschen auszuruhen. Nur ein kleines bisschen!

Nach dem frühen Aufstehen, einem Flug von sieben Stunden und 25 Minuten, den vielen Herausforderungen unterwegs, standen jetzt die Flughafen- und Einreiseprozeduren in Medellín an. Das Flugzeug war wieder zu importieren, was geschlagene fünf Stunden dauerte. Erst sieben Stunden nach der Landung erreichte ich erschöpft mein Hotel. Das war die andere Seite der Medaille oder der zu zahlende Preis dafür, die Welt in Freiheit zu erfliegen. Dennoch – diese Art zu fliegen, war ein wahres Geschenk für den Piloten und den Menschen

Michel. In meinem kleinen Cockpit befand ich mich wie unter einer Glasglocke, die herumtrieb. Es kam mir der Song *Eye in the Sky* von Alan Parsons Project in den Sinn.

Nach der Landung kontaktierte mich die Venezuela Civil Aviation, um mich zu informieren, dass mein gesamter Flug verfolgt worden wäre ... und wir plauderten eine Weile. Ich bedankte mich für die Unterstützung und die Freundlichkeit der Controller. Zuletzt wollten sie wissen, ob ich die Wasserfälle gesehen hätte? "Hm, eigentlich nicht so richtig gut!"

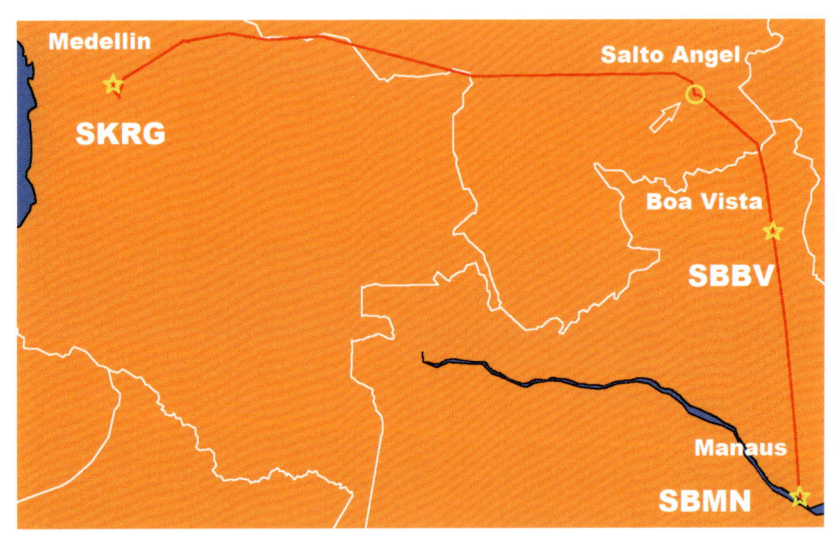

Flugstrecke	Datum	Etappe, nm	Gesamt, nm
Manaus – Boa Vista	09.03.2016	362	5 229
Boa Vista – Medellín	11.03.2016	974	6 203

Mit Peter - Vor Michels MCR01 in Chambley im Jahr 2003

Mit Coautorin Rita – Schnupperflug mit Rolle musste schon sein!

Igendwo über Marokko

Angehender Linienpilot Maodo im Cockpit, unermüdlicher Helfer in Dakar

Zwischen Natal und Belem in Brasilien – Sattes Grün reicht bis zum Horizont

Riesige Flusslandschaften unterwegs nach Belem in Brasilien

Mit Seil und Machete – Gut gerüstet für eine Bruchlandung im Dschungel!

Einsiedler am Amazonasufer

Immer wieder – Faszination Amazonas

Keine guten Aussichten für den Weiterflug nach Manaus

Tiefflug über Kühen und Piranhas …

… und weiter im Tiefstflug über den Amazonas!

Der Amazonas bei Manaus ist bis zu 22 km breit

Comandante Messias und seine Petrel – Im Wasserflugzeug unterwegs zum Rio Negro

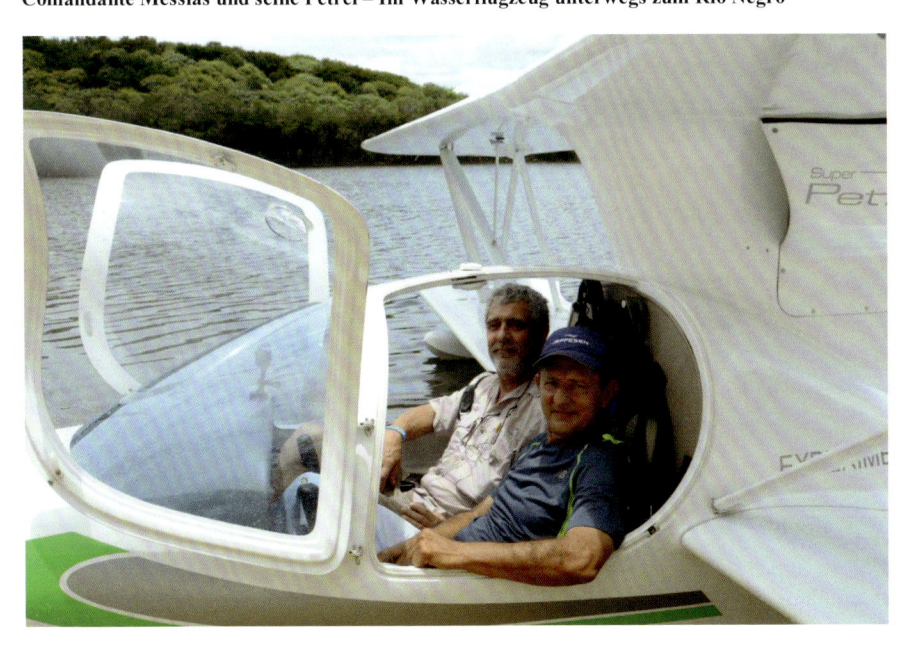

Bei Manaus

Tankschiffschubverband auf der Wasserstraße Amazonas

Fisch unter den Füssen …

… für die tropische Grillparty

Gut 'behütet' im Hangar des Flugplatzes Flores in Manaus

Von Manaus nordwärts um riesige Gewitterzellen herum

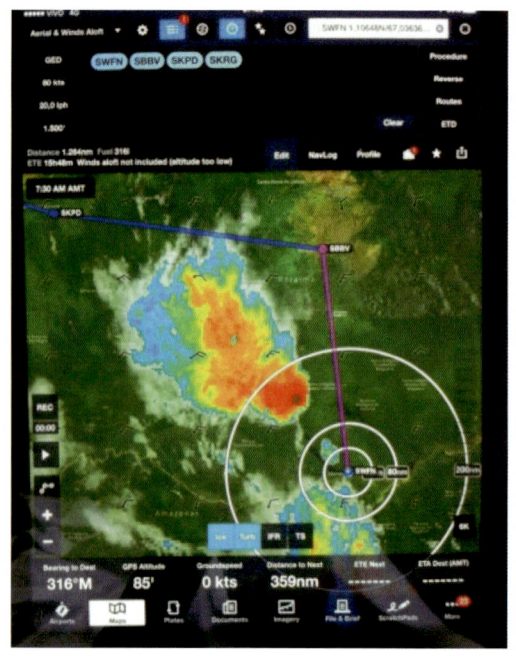

Wolkengeister am Auyan-Tepui mitten im Dschungel von Venezuela

Notlandung auf den Tafelbergen? – Extrem schwierig!

Angriff auf den Salto Angel …

… und juuuhuuu – Flug durch den Wasserfall!!!

Messflug im Smog getrübten Tal von Medellín, Kolumbien

Auf dem Weg von Kolumbien nach Guatemala – Vulkan Conception voraus

Gastfreundschaft in Guatemala City – Ein Abend mit Tomas, Marguerite, Clemente und Nikki

In Formation mit Clemente – Volcan de Agua voraus!

Volcan de Agua in Guatemala

Nasse Begrüßung auf Toluca Airfield in Mexiko, 4. April 2016

Anflug auf die Pyramiden von Teotihuacan – Wie Gott Ehécatl-Quetzalcóatl mit ausgebreiteten Flügeln

In Formation über der Mondpyramide von Teotihuacan in Mexiko

Überflug in der Dämmerung über Lakeland, Florida

Vorbeirasend – Daytona Race Course in Florida

Auf dem Weg nach Windsor in Kanada – Da kommt die Schneefront!

Hochprozentige Vereisungswahrscheinlichkeit – Da geht's nur außen rum

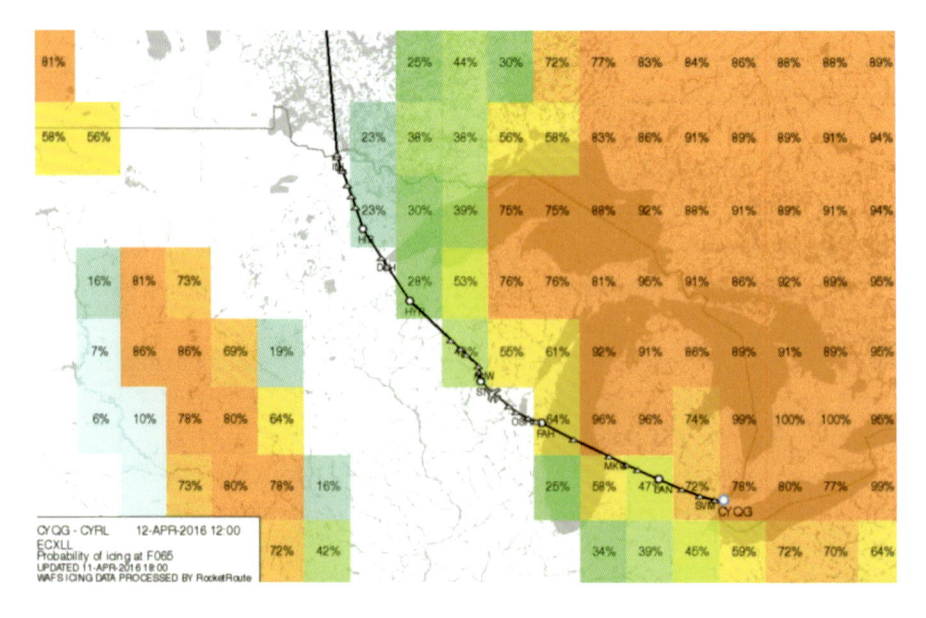

Über einem der vielen Seen in Kanada

Unendliche Schneelandschaft zwischen Rankin und Resolute auf dem Weg nach Norden

Teures Aufwärmen des Triebwerks bei 'Kenn Borek' in Resolute

Über dem polaren Packeis – Wer sagt denn, dass es da keins mehr gibt?

Vorbei an Ellesmere Island, der nördlichsten und größten Insel der Königin-Elisabeth-**Inseln**

Nordpol erreicht und mehrmals umkreist!

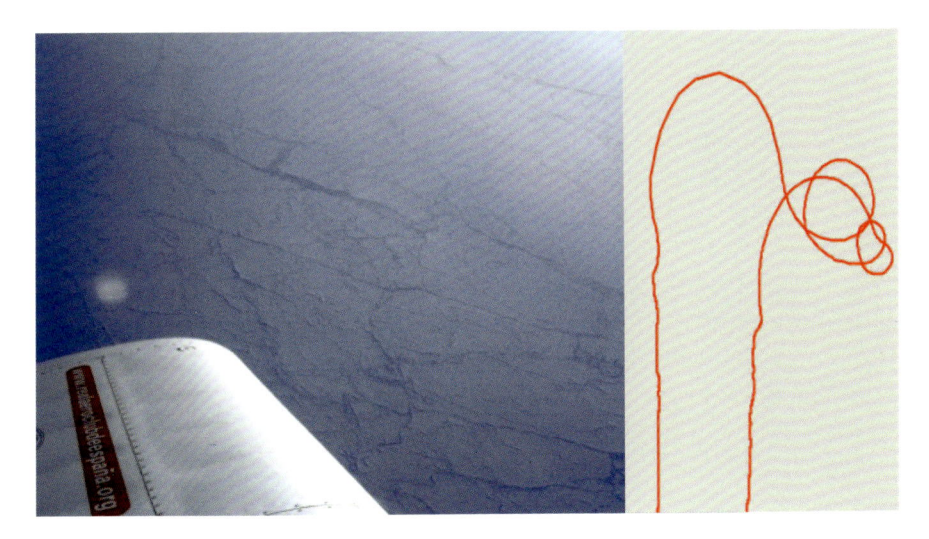

Unterschlupf im warmen Hangar von Longyearbyen auf Spitzbergen

Abschied von Spitzbergen

Norwegens Festland erreicht – Vesterålen im Gleitwinkelbereich

Tiefflug vor der Küste Norwegens

Der Nordpol ist bezwungen – Relaxen ist jetzt angesagt über dem Fjord bei Ålesund!

Bei Stavanger

Norwegische Küstenlandschaft in grauschwarzem Licht

In Würzburg wird der Amazonasschmutz endlich abgewaschen

RV-8 trifft Zeppelin in Friedrichshafen

Holzindustrie in Norddeutschland

Richtung Heimat – Unterwegs nach Madrid

Überglückliche Tochter – Der erste Teil des Rekordfluges ist geschafft!

Die 'Offiziellen' sind jetzt überzeugt vom Gelingen des Projekts

Globale Erwärmung auch hier: Süd- und Mittelamerika

Das Jahr 2016 war ein Rekordjahr. Kein positiver Rekord, sondern einer der zu grundlegend negativen Veränderungen der Lebensbedingungen der Menschheit führen könnte. Rund um die Welt sind Wissenschaftler wegen der globalen Erwärmung alarmiert. Die NASA stellte fest, dass die Durchschnittstemperatur im Jahr 2016 seit den letzten hundert Jahren um 1,35 Grad Celsius angestiegen ist. Das Problem ist also in der Tat ernst, denn Arktis und Antarktis schmelzen! Hauptursache hierfür ist der Treibhauseffekt, der bis zu 25 Prozent auf dem Effekt von Kohlenstoffpartikeln beruht.

Inzwischen hatte ich viele Messungen von Kohlepartikeln in entlegenen, menschenleeren Gebieten gemacht, die hoffentlich gute Daten für wissenschaftliche Auswertungen ergeben werden. Finanziert von ACCIONA, einem globalen Unternehmen mit einem auf Nachhaltigkeit beruhenden Geschäftsmodell, unter wissenschaftlicher Federführung der Universität von Granada, untersucht die Studie des Skypolaris Projekts das weltweite Emissionsproblem. Es geht letztlich um die Erschließung sauberer Energiequellen und damit um die langfristige Reduzierung von Emissionen. Mit den Messungen des sensitiven Aethalometers (und mit Hilfe einiger Kohlepartikel in meinem Kopf, die mich verrückt machen), lassen sich so wertvolle Daten gewinnen, die nach ihrer Auswertung Wissenschaftlern und Regierungen zur Verfügung stehen.

Das Skypolaris Projekt soll aber nicht nur Daten aus entlegenen Regionen sammeln, es sollen auch die Gegenden studiert werden, über die es bisher noch keine Daten gibt. Nur aus diesem Grund befand ich mich in Medellín, einer Stadt in einem langgezogenen Tal zwischen zwei Andengebirgszügen, Hauptstadt der Provinz Antioquia und zweitgrößte Stadt Kolumbiens. Die etwa 2,4 Millionen Einwohner sind einer hohen Feinstaubkonzentration ausgesetzt. Während meines Aufenthalts hier bekam auch ich diese Auswirkungen zu spüren!

Die Staatliche Universität von Medellín besitzt zwar ein LIDAR-System sowie weitere Instrumente, jedoch kein Aethalometer zur Feinstaubmessung. Bisher konnte in der Stadt daher noch nie die Feinstaubkonzentration bestimmt werden! Skypolaris liefert hierzu erstmals Daten. Man erhofft sich, dass die Ergebnisse beeindruckend genug sind, um der Universität die Beschaffung einer eigenen Messausrüstung zu ermöglichen.

Mit dem Vertreter der Universität von Medellín, Dr. Alvaro Bastidas, besuchte ich die Controller des Medellín Rio Negro Airport. Vom internationalen Airport aus würde ich starten und in das Medellín-Tal einfliegen. Da zwischen internationalem Airport und Tal der große nationale Flughafen liegt, war Koordination und Unterstützung erforderlich. Ich hoffte, dass man die Bedeutung der Datensammlung erkennen würde und zur Kooperation bereit wäre. Allerdings war die Sicht wegen des Smogs extrem eingeschränkt, nicht gerade günstig für mein Vorhaben.

Auch in Medellín begann mein Tag wieder mal mit dem Kampf mit der Flughafenbürokratie. Zwar waren alle freundlich und hilfsbereit, aber Bürokratie bleibt Bürokratie, und so dauerte es geschlagene vier Stunden, um alle Prozeduren abzuschließen. Bereits zwei Stunden vor dem Abflug traf ich am Flugzeug ein. Man hatte mir freundlicherweise erlaubt, zu Fuß über das Vorfeld zum Flieger zu gehen, so musste ich wenigstens keinen Bus bezahlen. Dort empfingen mich Regen und niedrige Wolken. Zum Glück hatte ich meinen *Luftfahrtzertifizierten* Regenschirm dabei.

Der Spritwagen kam erst spät, so hatte ich etwas Zeit für ein Schwätzchen mit Airliner-Piloten. Verzögerung! Schon 45 Minuten über der Zeit! Dafür entschädigte mich der Spritpreis von 3 $ pro Gallone. Ein Polizist erschien mit einem Spürhund, der natürlich nichts Verdächtiges fand, auch mein Sandwich nicht. Noch etwas Öl nachgefüllt, jetzt war alles bereit. Der Messflug, mit den Controllern am Vortag abgesprochen und vorab genehmigt, konnte beginnen. Der Flugplan war wegen des schlechten Wetters IFR, aber ich musste VFR westlich über die Berge ins Medellín-Tal. So würde ich IFR starten, den IFR-Plan auf Standby legen, mit VFR die Berge ins Tal 1 500 Fuß über Grund absteigen, die Messungen machen und dann auf 14 000 Fuß steigen, um den Airways zu folgen.

Ich war etwas zu schwer, aber nicht allzu viel. Volles Rohr und wie üblich auf 60 Knoten beschleunigen. Der Platz liegt auf 7 000 Fuß, die Dichtehöhe bei 8 200 Fuß. Die Nadel war bei 60 Knoten wie festgefroren! Keine Beschleunigung! Ich wurde stutzig, es tat sich nichts. Ich beschloss, im Bodeneffekt abzuheben. Das half! Ich erreichte 90 Knoten und endlich stieg ich, wenn auch nur mit einer Steigrate von 300 Fuß pro Minute. Der Controller ließ mich zum Sichtflugpunkt Santa Elena fliegen, um festzustellen, ob das Wetter in Medellín sicher genug war. Aber dazu musste ich erst noch einmal 1 500 Fuß höher klettern. Dies gelang bei dieser müden Steigrate nur durch einen Vollkreis. Da unten warteten Dr. Alvaro Bastidas mit Mannschaft und Instrumenten. Ich überquerte den Bergrücken und schaltete auf Medellín Turm um.

"EC XLL, steigen Sie sofort auf 14 000 Fuß!"
"Medellín Turm, ich möchte auf 6 500 Fuß sinken!"

Der Controller war verwirrt, er wollte wohl verhindern, dass ich an den Berghängen den Kühen beim Grasen zusehe, aber der verrückte EC XLL Pilot wollte stattdessen sinken? Netterweise hörte er mir zu, ohne in Panik zu geraten, als ich ihm erklärte, wir hätten das doch vorab besprochen. Nach dem spiralförmigen Messflug nach unten sollte ich dann wieder auf 11 000 Fuß steigen. Aber es war unmöglich, bei einer Dichtehöhe von 12 400 Fuß höher als auf 10 000 Fuß zu kommen. Ich entschied mich daher, den IFR-Flugplan aufzuheben und im Sichtflug irgendwie einen sicheren Pfad über die Anden zu finden, denn in den Wolken versteckten sich gefährliche Berggipfel, die ich nicht unbedingt erwischen wollte. Es gelang mir wieder einmal, passende Wege zu erkunden und die Ebene dahinter wohlbehalten zu erreichen. Da das Wetter nach wie vor schlecht war, setzte ich meinen Flug nun über den Wolken fort.

Weder von dieser Ebene noch von einem Großteil Panamas bekam ich viel zu Gesicht. Panamakanal leider verpasst! Bald schon befand ich mich über dem Pazifik. Die Küste näherte sich wieder und ich hatte aus 6 500 Fuß Sicht nach unten. Dichter Wald in der Nähe von Colon und kurz danach schon wieder Küste, aber diesmal nicht am Pazifik, sondern am Atlantik! Traumhafte einsame Strände, keine Piratenschiffe. Das Wetter verschlechterte sich, so dass ich auf 1 500 bis 2 000 Fuß über eine graublaue See sinken musste. So niedrig war Kommunikation unmöglich. Es dauerte sehr lange, bis ich jemanden erreichen konnte. Ich flog bereits über Nicaragua, wo man meine Clearance Nummer erfragte, damit ich weiter nordwärts fliegen dürfte. Nicaragua verlangte dafür 100 $ im Voraus. Riesige Wolken zwangen mich zu einem Slalom, manchmal durchschnitt ich sie einfach spaßhalber mit den Flügeln! Vor mir tauchte der riesige Nicaraguasee auf, den ich natürlich dicht über der Oberfläche besuchen musste. Rechts und links stiegen zwei konisch geformte Gipfel aus dem See und ich entschloss mich, bei klarer werdender Sicht, einen zu erfliegen.

"EC XLL, Sandino, ich sehe sie weit links von Ihrem Flugweg!"
"Sandino, EC XLL, ja Sir, ich sehe einen wunderbaren Berg vor mir, den ich besuchen möchte, wenn Sie nichts dagegen haben!"
Es war nett, mit dem Controller zu plaudern.
"Sie nähern sich Ometepe Island, dem Vulkan Conception", erklärte er mir.

Vulkan? Hm, klingt gut. Da der Gipfel 5 285 Fuß hoch ist, musste ich vorsichtshalber etwa 100 Fuß höher steigen. War das Rauch? Ja, er stieß tatsächlich Rauch aus! Unglaublich, was für ein überwältigender Anblick! Der Conception liegt wie der Vulkan Maderas auf der 270 km^2 großen Ometepe-Insel, der weltweit größten vulkanischen Insel, im Nicaraguasee, einem Süßwassersee, und ist ein sogenannter Stratovulkan. Zuletzt 2010 ausgebrochen ist er gefährlich aktiv.

Ich konnte ihm mitten in sein dunkles Herz sehen. Nur ein einziger Überflug war doch nicht genug! Also, das Ganze nochmal! Was für ein grandioser Moment: Wüste, Dschungel, Ozean und jetzt auch noch Feuer. Aber – bald schon würde es bitterkalt werden!

Richtung Nordwesten war ich schon wieder über dem Pazifik. Endlose Strände, zahlreiche Brände, vielleicht aber auch vulkanischer Rauch. Dann kam Guatemala und plötzlich stand ich vor einer Wolkenwand. Ich stieg auf 6 500, dann auf 8 500 Fuß, nicht genug. 10 500 Fuß, bitte! Nicht genug! 12 500 Fuß, reicht nicht! Aber ich entschied, da zu bleiben, frei von Felsen und Kühen. Um einige Gewitterzellen herumfliegend erreichte ich schließlich Aurora VOR.
"EC XLL, haben Sie Sichtkontakt oder ziehen Sie IFR vor?"
"La Aurora, EC XLL, ich ziehe IFR vor."

La Aurora ist der größere Flughafen von Guatemala City und ein außergewöhnlich schöner dazu. Wegen des hohen Flugverkehrsaufkommens musste ich eine Weile über dem VOR in 12 000 Fuß kreisen. Dann erhielt ich Freigabe zum Anflug auf Piste 20. Kein wirklich schöner Anflug, da die Piste zwischen hohen Gebäuden schlecht auszumachen war. Nach sieben Stunden und 45 Minuten kam ich endlich an. Was für ein Unterschied zu Brasilien: Gerade mal 80 Meter vom AIS entfernt wurde ich zum Parken eingewiesen! Dort ging es erstaunlich schnell und man leitete mich zum nächsten Büro, keine 40 Meter weiter. Es bestand aus exakt vier Tischen mit vier Repräsentanten: Immigration, Polizei, Zoll und Agrikultur. Vier Stempel auf einmal und – alles war erledigt!

Was für ein Willkommen, welch ein Land! Der Flugplatz, so groß wie die Stadt La Aurora selbst, ist umgeben von Hangars für die allgemeine Luftfahrt. Alle Arten von Fliegern standen wie selbstverständlich nebeneinander, Hubschrauber, Kleinflugzeuge und die größten Airliner. Dazu flexible, verständnisvolle, aufgeschlossene Controller; ein Labsal für meine strapazierte Pilotenseele. Was für ein Traum für viele von uns! Hier ließe sich eine Menge lernen!

Nach Erledigung des Papierkrams durfte ich zu *Bombas* rollen, das für die Spritversorgung errichtet wurde, schön gestaltet und, zu meiner Überraschung, genau vor dem Guatemala Aeroclub. Dort erwartete mich bereits Clemente Ros, ein Kamerad aus der Luftwaffe. Welche Wiedersehensfreude! Clemente war Phantom F4 Pilot der spanischen Luftwaffe und Iberia Airlines Kapitän, bevor er sich nach seiner Pensionierung in La Aurora niederließ, wo seine Familie lebt. Untergebracht in seinem Haus fühlte ich mich bestens aufgehoben und geborgen.

Bald darauf tauchte auch Tomas Hirschmann auf, ein erfahrener Pilot und guter Freund der Earthrounder Gerard Moss und Jorge Cornish. Er besitzt eine schöne Seneca Twin und zog sie gerade aus dem Hangar, um meinem Flieger Platz zu machen! Während meines gesamten Aufenthaltes unterstützte er mich und lud mich in sein unglaublich schönes Heim in La Antigua ein. Die Old Guatemala City, La Antigua, wurde durch den nahegelegenen Vulkan vor 200 Jahren zerstört.

Was soll ich sagen? Es kamen viele Leute im Aeroclub zusammen und man überreichte mir ein vom Papst gesegnetes Bild der *Virgen del Loreto*, der Schirmherrin der Luftfahrt. Was für ein ganz besonderes Geschenk; ich fühlte mich zutiefst geehrt und anerkannt. Dafür revanchierte ich mich mit einem Vortrag über meinen bisherigen Flug und dann – gab es eine Riesenparty.

Obwohl ich extrem müde war, freute ich mich sehr über diesen Tag und die Begegnungen mit vielen außergewöhnlichen Menschen. Vom Restaurant im oberen Stock des Aeroclubs hatte man einen vollständigen Überblick über die nahe gelegene Startbahn und alle Flugzeuge. Den ganzen Tag trafen sich am Tisch Nummer 8 viele erfahrene Piloten, vertieften sich natürlich ins Fliegerlatein und kommentierten Starts und Landungen anderer. Ein Geist, der vielerorts bereits verloren gegangen ist, wie leider auch in Spanien.

Es wurde allmählich Zeit für die 50-Stunden-Kontrolle, die Clemente Ros beim Wartungsbetrieb Aeronaves netterweise für mich organisierte. Er hielt das für einen geeigneteren Ort als den Hangar, was sich als richtig erweisen sollte. Das erfahrene Team wechselte Ölfilter, Öl, reinigte die Kerzen und checkte das Flugzeug auf Herz und Nieren. Sie entdeckten dabei eine Ölleckage an der vorderen Kurbelwellendichtung und montierten den Propeller ab. Nach einiger Nachforschung fand sich die korrekte Teilenummer, um die Dichtung auszutauschen.

Es brauchte viele Arbeitsstunden, aber – das Flugzeug war jetzt wieder flugtauglich! Nebenbei bemerkt, Aeronaves machte den exzellenten Job auch noch unentgeltlich zur Unterstützung des Skypolaris Projekts. Ein wahrlich großzügiges Geschenk! Danke Alejandro! Alejandro Vizcaino, der Manager, ist nicht nur ein überaus aktiver Pilot, sondern auch einer dieser Jungs, die auf dem Laufenden sind mit jeglicher Art von Instandhaltung und mit allen Flugverfahren. Es war nicht nur interessant, sondern auch nützlich, sich mit ihm auszutauschen.

Um 01:30 Zulu war Michel in Richtung Guatemala gestartet. Seine Route führte ihn über Panama, Costa Rica, Nicaragua und El Salvador. Nach sieben Stunden Nonstop zeigte ihn das Trackingsystem in der Nähe der Grenze nach Guatemala, um 08:48 war nach der Stadt Ahuachapan in El Salvador keine weitere Bewegung mehr darauf erkennbar. Es herrschten große Sorge und Rätselraten. Alle, die den Tracker in Google Earth verfolgten, hofften, dass Michel nichts zugestoßen war und er bald wieder über den Fortgang seines Flugs berichten konnte.

Flugstrecke **Datum** **Etappe, nm** **Gesamt, nm**
Medellín – Guatemala City 18.03.2016 1 016 7 219

Feuchtfröhliche Begrüßung: Landung in Mexico City

Das nächste Leg führte Michel von Guatemala City zum mexikanischen Port of Entry Tapachula, nur einen kleinen Hüpfer von 108 nm. Von dort sollte es 234 nm zu einem Zwischenstop in Huatulco gehen, wo ihn einige Reporter und das mexikanische Fernsehen erwarteten. Nach einer Übernachtung sollte der nächste Stop nach 284 nm Toluca bei Mexico City sein, auf einer Höhe von 8 490 Fuß gelegen! Ab Huatulco funktionierte der Tracker glücklicherweise wieder.

Am 23. Februar 2016 ist der Flug nach Tapachula, dem mexikanischen Port of Entry, geplant. Alle machten sich lustig über mich, weil ich es immer *Patachula* aussprach. Nach der Einreise soll es weiter nach Huatulco gehen und am nächsten Tag zum Flugplatz Toluca bei Mexiko City. Wenn das Wetter gnädig ist, werden Tomas und Clemente mit mir in Formation entlang der teilweise aktiven Vulkane fliegen. Hoffentlich sind sie nicht wolkenbedeckt, und wir haben volle Sicht darauf, ohne allzu viel Asche abzukriegen! Mein Aufenthalt hier gefiel mir ausgesprochen gut.

Mit Sorgen sah ich allerdings den kommenden Tagen entgegen mit Flügen in extremer Kälte in die nördlichen Breiten der USA und Kanadas. Rankin Inlet und Resolute meldeten minus 25 Grad Celsius Maximal- und minus 35 Grad Celsius Minimaltemperatur. Das Gute daran: kein Eis an Flügeln und Propeller. Schlecht daran: Vereisung bei mir selbst! Vielleicht werde ich zu Eiskrem.

Mexico erwartete mich, 95 Grad West, schon ein Viertel des Erdumfanges Richtung Westen hatte ich geschafft. Frühes Aufstehen war angesagt. Mein Wecker war auf 05:30 gestellt, denn um 05:45 sollten wir uns bereits auf den Weg machen. Ich war seit 5 Uhr wach und wartete darauf, dass Clemente endlich aufstand. Um 05:25 hörte ich irgendwo ein Telefon klingeln, aber Clemente schlief weiter. Die Zeit verging und ich dachte, Clemente muss wirklich sehr müde sein, wenn er nicht aufsteht, obwohl ich den Weckruf in seinem Zimmer hören konnte. So beschloss ich, weiter zu warten, bis mein eigenes Telefon klingelte. Um 05:42 hämmerte Clemente gegen meine Tür und rief: "Aufstehen!" Das Läuten, das ich vorher gehört hatte, war mein eigenes Telefon gewesen, nicht das von Clemente! Das war ein böses Erwachen! Ich brauchte gerade mal fünf Minuten, um auf der Matte zu stehen, inklusive Dusche.

Um 06:10 bestellten wir das Frühstück im Restaurant des Guatemala Aeroclubs. Alejandro vom Guate Fly Magazine setzte sich zu uns; er wollte mein Flugzeug in enger Formation mit der schönen Twin von Tomas filmen. Clemente begleitete Tomas und Alejandro. Wir hatten die Absicht, hoch aufzusteigen und die Vulkane zu umkreisen. Der Volcan de Agua spuckte mit kleinen Explosionen immer wieder Feuer und Asche.

Die Abflugprozeduren inklusive Zoll verliefen schnell. Ein wahres Vergnügen, an einem Flughafen wie La Aurora in Guatemala City zu sein! Jetzt abheben und am Himmel zusammentreffen! Clemente übernahm das Steuer, als Fighterpilot wusste er nur zu gut, wie man eine Formation fliegt. Ich schloss auf und wir hatten viel Spaß, machten tolle Bilder und Videos. Das Wetter war perfekt dafür.

Es wurde Zeit zum Abschiednehmen und jeder flog seines Wegs. Die Seneca verschwand bald und ich stieg ein wenig höher. Also – so nah an einem Feuer spuckenden Vulkan und nicht dahinfliegen? Nichts wie hin, aber kurz vor dem Einflug in die Aschewolke musste ich abdrehen, denn im Cockpit roch es stark nach Rauch!

Ich begann den Abstieg zu meinem Zwischen- und Einreisestop, Tapachula Airfield in Mexiko, und hatte schon Angst wegen der dortigen hohen Gebühren, fand aber überraschenderweise richtig nette Controller und freundliches Bodenpersonal vor. Das Flugzeug musste wieder importiert werden, aber was für ein Unterschied zu Brasilien und Kolumbien! Es war nicht nur günstig, ich durfte sogar mit den Büromitarbeitern der Civil Aviation frühstücken!

Auf Meereshöhe war es extrem heiß. Vor meinem Start nach Huatulco geriet ich in meinem Cockpit fürchterlich ins Schwitzen, als ich auf Fallschirmspringer warten musste, die über meinem Kopf endlos Spiralen zu drehen schienen. Erst als der letzte gelandet war, durfte ich endlich das Triebwerk starten. Ein paar Minuten später war ich schon auf 4 500 Fuß und folgte der schönen mexikanischen Küste.
  Meine Nase klebte an der Haube, um alles besser sehen zu können. Vielleicht war Moby Dick da unten, aber ich konnte ihn leider nicht entdecken, auch keinen Hai oder eine Meerjungfrau! Die Gegend war es auf jeden Fall Wert, mit einem kleinen Wasserflugzeug oder Boot wiederzukommen. Viele schöne Plätze, um für ein paar Tage abzutauchen. Die Strände glichen einem extrem langen Runway. Ich dachte daran, mal kurz zu landen, blieb aber ein artiger Junge und flog weiter. Huatulco lag im Dunst. Viele Brände entlang der Flugroute verdeckten den Himmel. Das Aethalometer wurde sicherlich verrückt vor lauter Daten.

Ein langer gerader Anflug und ein wirklich schöner Flughafen erwarteten mich in Huatulco. Wieder traf ich auf nette Leute und angenehme Landegebühren wie am Tapachula Airport. So sollte es in der Luftfahrt sein. Heute gab es nichts Besonderes, keine Kontakte zu Außerirdischen, keine Kampfflugzeuge, keine Meerjungfrauen!
  Ich machte mich auf den Weg nach Huatulco, um den Ort ein wenig zu erkunden. Im Hafenbecken sah ich einen Zeppelin navigieren. Ich staunte nicht schlecht, wie der im Hafen von Huatulco herumschwimmen konnte. Er besaß einen riesigen Kopf, nahezu keine Flossen und einen winzigen Schwanz. Was für ein kurioser Fisch! Auf den kann ich locker zum Abendessen verzichten, selbst wenn er gut schmecken sollte.
  Beim Mittagessen in einem kleinen Restaurant bemerkte ich eine mystische Botschaft direkt vor mir: Heute *Micheladas*, eine Mischung

aus Bier und Limonensaft. Auf Spanisch bedeutet das Wort *Michelada* aber auch so etwas wie *Michels verrückte Dinge, mal zwei!* Ich ignorierte die Botschaft und bestellte lieber einen Orangensaft.

Der kleine Stadtstrand war voller Leute; es war schön, zwischen mexikanischen Familien spazieren zu gehen. Leider war mein Aufenthalt in diesem Urlaubsparadies am Pazifik nur kurz. Mein Hotel hatte eine etwas seltsame oder, wenn man so will, auffallend originelle Atmosphäre, mein Zimmer hatte riesige Dimensionen.

Wie ich jetzt erst erfuhr, war der Tracker ausgefallen. Dies tut mir leid und ich hoffe, er lässt sich bald reparieren. Immerhin erreicht das Skypolaris Projekt mehr als 7 000 Follower im Internet! Das ist fantastisch. Wenn jeder davon 10 $ spenden würde, wäre der Flug in die Antarktis gesichert!

Der nächste Morgen verlief ruhig. Auf dem Flug heute muss ich steigen, steigen und nichts als steigen. Das Ziel ist Toluca bei Mexico City. Die Piste dort liegt in einer Höhe von 8 466 Fuß. Vorsichtshalber werde ich mit wenig Gewicht fliegen! Ich plante, um 14:00 Ortszeit in Toluca zu landen. Dort sollten der Earthrounder Jorge Cornish, seine Frau Malu und mein Freund Javier Rayes aus Madrid gemeinsam mit Journalisten auf mich warten. Nachdem ich am Tag zuvor an einem internationalen Rennen der Taxifahrer teilgenommen hatte, entschied ich mich heute lieber für den Bus zum Flughafen. Es ging familiär zu bei den Buspassagieren. Man stellte mich sogar als Onkel eines der Busangestellten vor! Am Flughafen verlief alles glatt und es war oberdrein auch noch billig. Das Terminal im Huatulco Airport sieht gut aus, ich war recht froh über meinen kurzen Stopover hier.

Die Flugzeit von Huatulco nach Toluca bei Mexico City sollte nur zwei Stunden betragen. Ich beschloss VFR zu fliegen und, wenn nötig, die Wolken zu umgehen. Die Freigabe war auf 12 500 Fuß. Die RV-8 war leicht, also kein Problem! Bald darauf ging es in die Berge, um hohe Gipfel herum, über karge Hänge. Es gab viele Schotterpisten; wenige verstreut liegende – nur durch Stromleitungen verbundene Anwesen – zierten die Gegend. Kein guter Platz für einen Motorausfall. Ich gab meinem Flieger ein Küsschen. Lass mich nicht im Stich! Es blieb ruhig auf der Frequenz, so konnte ich alles entspannt betrachten und nach ein paar perfekten Wolken Ausschau halten.

Aber es gab ein kleines Problem: Ich traf zu früh ein! Deshalb nahm ich das Gas raus auf etwa 100 Knoten. Gleich begann mein Kopf von einer Seite zur anderen zu tanzen. Eine Stunde lang wurde ich von einer leichten bis mäßigen Turbulenz geschüttelt, bis der riesige Vulkan Popocatepetl in Sicht kam. Pech für mich: Er liegt innerhalb einer Flugverbotszone. Der Grund dafür ist seine unvorhersehbare Aktivität. Die Behörden haben beschlossen, dass spanische Erdumrunder oder andere Flugzeuge nicht von ihm abgeschossen werden sollen. Schade! Ich erreichte das Toluca Gebiet und kontaktierte Approach.

"EC XLL, fliegen Sie Radial 125 inbound Toluca."

Das hatte ich vor vielen Jahren das letzte Mal gehört. Aber es machte Spaß und bald erhielt ich die Freigabe in den linken Gegenanflug auf Piste 15. Ich drehte knapp vor der Pistenschwelle ein und landete mit mehreren Aufsetzern. Zum Glück waren die Kameraleute weit genug entfernt.

"EC XLL, verlassen Sie über Echo!"
"Toluca, EC XLL Piste 15 verlassen, erbitte kreuzen von Alpha bei Echo."

Genehmigt, aber ich wunderte mich darüber, was die zwei großen Feuerwehrautos da machten. Da stand ein Airbus an einem Anlegerfinger, vielleicht ist Treibstoff ausgelaufen? Die müssten eigentlich in gleicher Richtung stehen, standen sich aber gegenüber. Hm? Jorge Cornish wartet auf mich, aber irgendwas stimmt hier nicht? Vorsichtshalber schloss ich die Haube wieder. Das war eine gute Entscheidung!!! Die Sintflut war nichts gegen den Angriff dieser großen Wasserwerfer. In meiner kleinen *Arche Noah* blieb ich aber trocken. Ich war zum Rollen unter IFR gezwungen, ein Stoßgebet, instinktive Reaktion. Welch ein Glück und Spaß! Ein fantastischer Willkommensgruß! Jorge Cornish, seine Frau Malu und mein Freund Javier Reyes nahmen mich netterweise auf.

Wir planten, den Pyramiden von Teotihuacan einen Besuch im Formationsflug abzustatten. Der Tag war perfekt dafür, nur der Wind war etwas böig. Nachdem wir mit dem Auto einen Hügel in 12 500 Fuß passiert hatten, hoben wir ab und trafen uns über dem Flugplatz Atizapan. Mit voller Unterstützung der Mexico DF Air Traffic Controller flogen wir direkt zu den Pyramiden.
"Bleiben Sie niedriger als die maximalen Sichtflughöhen!"

Die Todesstrasse innerhalb des Pyramidengeländes ähnelte aus der Luft einer Landebahn. Wir flogen zunächst von Norden im Gegenanflug in das Gelände ein, dann drehte ich in den Queranflug direkt auf die Mondpyramide zu. Die Sonnenpyramide war querab vom Endanflug und unter mir wimmelte es nur so von bunten Ameisen. Ameisen? Oh, Verzeihung, nein, das waren Touristen! Jetzt kam unser grandioser Augenblick. Wir fühlten uns wie Gott Ehécatl-Quetzalcóatl, der seine Flügel über diesen lebendigen kleinen bunten Ameisen ausbreitet. Dann erklommen wir den Himmel und tauchten im Westen in den Horizont. Vielleicht werde ich mit etwas Glück am 3. April schon in den USA sein. Gott Ehécatl-Quetzalcóatl wartet auf Skypolaris und macht günstigen Wind, wie er es immer getan hat.

Als Europäer hat man es gut, denn man braucht für die Einreise in die USA kein Visum mehr. Es wird nur noch das ESTA Dokument benötigt, das für einen Aufenthalt von 90 Tagen gültig ist. Dieses hatte ich natürlich vor Beginn des Flugs bereits beantragt und erhalten. So konnte ich also problemlos in die USA einreisen. Problemlos? Nein!!! Denn auch mein Flugzeug brauchte eine Genehmigung. Eine Registrierung über das eAPIS (electronic Advance Passenger Information System) war erforderlich, den DTOPS (Decal and Transponder Online

Procurement System)-Aufkleber des US-Zolls für den Import des Flugzeugs, der 29 $ kostet, nicht zu vergessen. Jorge rief mich am Vorabend an und wollte wissen, ob ich mein Visum habe. Ich klärte Jorge auf, dass wir Europäer doch kein Visum für die USA brauchen.

Dooooch! Europäer brauchen dann ein Visum, wenn sie mit dem eigenen Flugzeug einreisen!!! ESTA ist eine Prozedur nur für Personen, die mit einem Linienflug einreisen. Schlagartig verdüsterten schwarze Wolken meine Stimmung und ich fühlte mich ausgesprochen niedergeschlagen, denn es bedeutete, ich war in Mexiko gestrandet! Was für ein bitterer Moment! Jorge empfahl mir, die spanische Botschaft aufzusuchen, was ich umgehend tat. Online beantragte ich das erforderliche Visum für 160 $! Dann standen weitere Prozeduren an: die Aufnahme biometrischer Fotos, die Abnahme meiner Fingerabdrücke und zuletzt ein Interview. Mit einem Wort, Prozeduren, die zu lange für mich dauerten, denn ich musste schon am 3. April in die USA einreisen.

Die spanische Botschaft brachte den ganzen Morgen damit zu, das Visum-Verfahren zu beschleunigen. Keine Neuigkeiten bisher und morgen, am 1. April, erhalte ich erst die, hoffentlich positive, Rückmeldung. Natürlich zermarterte ich mir mein Hirn nach Alternativen. Zum Glück haben meine Freunde und Paula noch genug Verstand, um sicherlich einen Ausweg zu finden.

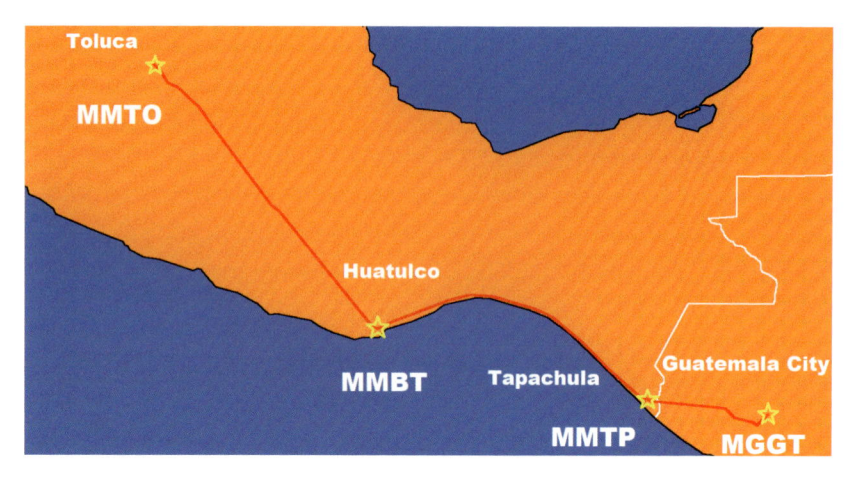

Flugstrecke	Datum	Etappe, nm	Gesamt, nm
Guatemala City – Tapachula	23.03.2016	128	7 347
Tapachula – Huatulco	23.03.2016	281	7 628
Huatulco – Toluca	26.03.2016	285	7 913

Zwischen Hoffen und Bangen: Gestrandet an der US-Grenze

Dies war eine unmögliche, um nicht zu sagen skandalöse Situation. Michel hatte sich von Mexico City nach Reynosa verholt, nur ein paar Meilen von der US-mexikanischen Grenze entfernt. Wie zuvor erklärt, benötigte er für sich und das Flugzeug ein Visum. In Reynosa hoffte Michel, das Problem lösen und rechtzeitig Sun 'n Fun in Lakeland, Florida erreichen zu können. Man kann sich vorstellen, wie enorm komplex ein Flug um die Welt ist angesichts der verschiedenen Vorschriften und diversen Genehmigungen der einzelnen Länder, wobei manche zudem noch extrem teuer sind. Der Flug selbst scheint dabei noch das Einfachste. Es wundert daher nicht, dass nur äußerst wenige Piloten diesen Versuch unternehmen.

Michel wurde das US-Visum mit der Begründung verweigert, er sei kein Bürger Mexikos. Die Organisation von Skypolaris bat die Organisatoren von Sun 'n Fun, ein Schreiben an das US Department of Homeland Security und das US-Konsulat zu richten und persönlich für das Projekt und Michel zu bürgen. Man reagierte zwar umgehend, dies hatte jedoch keinen Einfluss auf die Haltung der US-Regierungsstellen. Es musste nun anders weitergehen. Nur wie? Michel war in Lakeland zu einer Pressekonferenz und zu Interviews eingeladen. Es war äußerst schade, dass es hierzu nicht kommen würde. Die USA waren zum Greifen nah und doch so fern!

Hagel, Winde, Böen, Vereisung und Blitze. Auch der Flug an sich ist nicht immer ein leichtes Unterfangen. Aber bürokratische Hürden erweisen sich oft als noch unüberwindbarer. In Mexico City erfuhr ich, dass ich ein Visum bräuchte, um mit meinem Flugzeug in die USA einreisen zu dürfen. Eine mögliche Lösung wäre, bis in Grenznähe nach Reynosa in Mexico zu fliegen und mit meiner 90-Tage Genehmigung in der Tasche zu Fuß die Grenze nach Texas zum McAllen Airport zu überschreiten. Danach sollte das Flugzeug vorgeführt werden, um doch noch ohne Visum einreisen zu können.

Würde dies klappen, könnte ich Verzögerungen vermeiden. Ich telefonierte daher mit dem Zoll in Laredo, der mir riet, genau so zu verfahren. Mit dem Zoll von McAllen Airport war dies ebenfalls schon vorab telefonisch geklärt. Dennoch näherte ich mich dem Grenzfluss Rio Bravo mit einem mehr als mulmigen Gefühl. Jede Menge Leute waren unterwegs, um die Brücke zu Fuß zu überqueren. Zu meiner Überraschung stellte man mir ohne weiteres eine Visumbefreiung für meinen Flieger aus und ich kehrte erleichtert zum Flugplatz nach Reynosa in Mexico zurück. Jorge Cornish und Malu, die bereits ein Visum besaßen, landeten auf McAllen Airport und erwarteten mich schon in Texas.

Nachdem ich auch die mexikanische Prozedur für ausfliegende Flugzeuge erfolgreich hinter mich gebracht hatte, hob ich zu dem fünfminütigen Flug von Reynosa nach McAllen Airport ab. Nach der Landung wurde ich zur Zollrampe dirigiert, die isoliert vom Haupt-Vorfeld lag, und ging durch die vorgeschriebenen Prozeduren. Beide, der Zollbeamte und ich, waren mehr als überrascht, denn es war derselbe, der mich gestern an der Brücke über den Fluss abgefertigt und meine 90-Tage Genehmigung bestätigt hatte. Es gefiel ihm aber ganz und gar nicht, dass ich am Vortag nichts von meinem Flugzeug erwähnt hatte. Umgehend informierte der Zollbeamte seinen Supervisor und als er zurückkehrte, genehmigte er dann doch, zu meiner Erleichterung und Überraschung, die Einreise mit dem Flugzeug und stempelte meinen Pass mit dem 90-Tage Visum. "Damit werden Sie keine Probleme haben", sagte er. Sein Sohn wolle auch Pilot werden und wir unterhielten uns noch eine Weile überaus freundlich. Aber gerade, als ich gehen wollte, rief ihn sein Supervisor Mr. Erick an und befahl ihm, Genehmigung und Visumbefreiung einzuziehen und mich nach Mexiko zurückzuschicken. Mr. Erick wollte mir nichts erklären, er war abweisend und aggressiv im Tonfall und knüpfte mich fast auf. Der Zöllner versuchte zwar, seinen Supervisor zu beruhigen, hatte aber keinen Erfolg; dieser änderte seine Meinung nicht.

Am folgenden Tag suchte ich erneut das Gespräch mit dem Zöllner. Ja, sein Supervisor habe überreagiert, er könne sein Verhalten nicht verstehen. Ich suchte deshalb den Vorgesetzten von Mr. Erick, Mr. Efrain de los Santos, auf. Er gab mir zu verstehen, ich hätte gegen US-Gesetze verstoßen, als ich ohne Visum mit einem Flugzeug in die USA einzureisen versuchte. Auch er wollte mir nicht helfen.

Aber es kam noch schlimmer: Als Don Pearsall, der Webseiten-Projektleiter, ihn später anrief und dafür fast erhängt wurde, kündigte Mr. Efrain de los Santos an, dass er mich bestrafen wolle! Mich bestrafen? Ich dachte, es sei Aufgabe des Zolls für Sicherheit zu sorgen und nicht willkürlich Strafen zu verhängen. Das Widersprüchliche daran war, dass Mr. Efrain de los Santos mich fragte, wieso ich nicht direkt nach McAllan Airport geflogen sei. Also, wer übertrat hier Gesetze? Ein anderer Beamter informierte Don Pearsall später, dass es durchaus möglich gewesen wäre, nur mit der ESTA Genehmigung nach San Antonio in Texas zu fliegen. Sollte ich das tun und dann dafür ins Gefängnis wandern? Ich wollte alles korrekt machen, aber wenn ich diese Vorschläge befolgte, würde ich doch bestraft!? Das war wirklich alles andere als verständlich!

Die USA sind ein souveränes Land und ich erlaube mir daher keine Kritik. Dem Zöllner könnte ich dankbar sein, DER EINZIGE, DER GENAU WUSSTE, WAS PASSIERT WAR UND MIR DIE GENEHMIGUNG ERTEILT HATTE! Hagel? Blitz? Nein, das Wetter war nicht der schlimmste Teil meines ganzen Flugs, sondern der Versuch, mit einem kleinen Flugzeug ohne Visum in die USA einzureisen.

Es war kurz vor 19 Uhr am McAllan Airport. Viele Dokumente wurden geschrieben, Fotos gemacht, Fingerabdrücke genommen, Gewicht, Haarfarbe und so weiter dokumentiert. Reynosa Flughafen schloss bereits, daher riet man mir, von McAllan Airport nach Laredo oder Matamoros zu fliegen. Ich entschied mich für letzteren, da dieser Flugplatz nicht so weit entfernt war. Es war ja schon spät. Starker Gegenwind war nicht gerade das, was ich jetzt auch noch brauchte, aber mit Vollgas im Tiefflug, nah vorbei an den riesigen Lichtermasten und kurz vor Schließung des Flugplatzes landete ich endlich auf Matamoros. Das war ein äußerst bitterer Tag, der doch so schön mit Rückenwind und gutem Wetter begonnen hatte.

Jetzt stellte sich meine Situation folgendermaßen dar: Ich konnte weder in die USA einreisen noch mit einem Linienflug zu Sun 'n Fun nach Florida fliegen. Mein Antrag in Mexico City für ein US-Visum würde nicht vor dem 7. April bearbeitet sein. Selbst wenn er vielleicht vordringlich behandelt würde, müsste ich hier ausharren, bis die Unterlagen per Post einträfen. Alternativen?

Umgehend studierte ich mehrere Ausweichrouten, für den Fall, dass die USA auch keinen Überflug ihres Territoriums erlaubten. Die erste Alternative wäre, entlang der Grenzen der Flight Information Region zwischen Kuba und den USA zu fliegen, um die Bahamas zu erreichen. Die zweite Möglichkeit wäre ein Überflug der USA ohne Landung, falls ich hierfür eine Genehmigung erhielte. Aber all dies war mehr als unsicher und auch der Überflug über Lakeland stand damit auf der Kippe. Dazu kam, dass die FAI akzeptieren musste, dass Lakeland als Checkpoint vom Projekt und Rekordversuch gestrichen würde. Und – ohne Zwischenlandung zu den Bahamas zu gelangen bedeutete einen 14-Stunden-Flug! Oder sollte ich auf das Visum warten, falls es denn gewährt würde? Aber eine Aberkennung der Visumsbefreiung könnte wiederum die Genehmigung gefährden.

Also, es sieht ausgesprochen schlecht aus für das Skypolaris Projekt. *Der Krieg ist verloren, es fehlt ein Nagel.* Das ist eine Geschichte, die davon erzählt, wie ein kleines Problem viele andere größere Probleme nach sich zieht und damit eine ganze Lawine ins Rollen bringt. Bis gestern erfuhr ich nichts Neues von der Botschaft in Mexico City! Schließlich informierte man mich, dass ein Visum nur für mexikanische Bürger ausgestellt würde!

Damit steht fest, dass ich nach Freeport auf die Bahamas fliegen muss. Ich weiß noch nicht, ob mir eine Überfluggenehmigung der USA ohne eine vorherige Landung auf einem Zollflughafen erteilt wird. Ich habe es so verstanden, dass eine Genehmigung auch ohne Landung in den USA erteilt würde. *Que sera, sera!* Das Realtime-Tracking wird es dann ja zeigen.

Wenn irgend möglich werde ich der Küstenlinie folgen. Ohne Überfluggenehmigung werde ich über dem Golf von Mexiko, zwischen USA und Kuba, fliegen, weit weg von der US ADIZ (Air Defense and Identification Zone) in ihrer Küstennähe. Diese Flugzone darf nur mit einem IFR oder Defense VFR-Flugplan durchkreuzt werden. Fliegt man dennoch ohne Genehmigung ein, steigen sofort Kampfflieger *zur Begleitung* auf. Trotz schöner Fotos von solch einer Begleitung zöge ich es vor, dies – wenn irgend möglich – zu vermeiden.

Wenn alles gut geht, überfliege ich Lakeland um 18 Uhr Lokalzeit, gerade zeitig genug nach der Airshow. Ich werde zum Dank an alle Freunde da unten mit den Flügeln wackeln und dann Kurs auf die Bahamas nehmen. Die FAI erteilte keine Erlaubnis, Lakeland auszulassen: Sollte ich darauf verzichten, würde der Weltrekord nicht anerkannt. So viel zu Politik und irren Supervisoren!

Die Nacht war seltsam. Ich ruhte kaum und traf früh am Flugplatz ein, um den Papierkram zu erledigen. Dann suchte ich den Flughafenkommandanten von Matamoros, Ramon Sanchez, auf. Am Vorabend war ich ein paar Minuten zu spät gelandet und wurde noch zu ihm zitiert. Das war nicht sehr angenehm. Aber nach ein paar Minuten zeigte er doch Verständnis und war dann freundlich und hilfsbereit (*Muchas gracias, Ramon, por tu gran apoyo!*). Er kam nun zum Abflug mit zu meinem Flugzeug und freute sich über das Probesitzen in meinem Cockpit.

Mein Flugplan wurde von der mexikanischen und auch von der US Air Traffic Control akzeptiert (so dachte ich zumindest). Als das Triebwerk lief und ich Rollfreigabe erhielt, meldete der Tower, dass er den Flug mit den USA koordiniere, um eine Genehmigung zu erhalten. Waaas??? Das war noch nicht geschehen??? Es lief mir eiskalt den Rücken hinunter! Am Rollhalt neben der Piste und nach dem Trieb-

werkscheck erhielt ich endlich die Startfreigabe. Grinsen in meinem Gesicht! Gott sei Dank! Vollgas, 5 kn, 10 kn, 15 kn, 20 kn.
"EC XLL CANCEL THE TAKE OFF, CANCEL THE TAKE OFF!!!"
Aaahhh! Herzattacke!
"EC XLL, es gibt ein Problem mit den USA, bitte kehren Sie zurück zum Rollhalt am Pistenende."
Man kann sich leicht vorstellen, wie die Gedanken in meinem Kopf Purzelbäume schlugen: warten, wieder starten, Plan B, Kuba, ADIZ oder?
Als ich erneut die Halteposition erreichte, "EC XLL, cleared for Take Off!!!"

Ich glaube, ich bin wirklich schon zu alt für so viel Nervenkitzel! Abheben war gut, schon bald war ich über US-Gebiet. Ich wusste, dass das Wetter, technische Probleme, oder etwas anderes, was mich zu einer Landung zwingen konnte, mich da unten in eine richtig brenzlige Lage bringen würden. Ich überlasse jedem selbst, sich das vorzustellen. Obwohl die Landschaft schön war, ich konnte sie nicht richtig genießen. Ich war viel zu gestresst und das war gar nicht gut.

Die Ankunftszeit in Lakeland verschob sich auf 19 Uhr. Ich schickte Don Pearsall eine Nachricht, dass er meinen späteren Überflug mit Lakeland ATC koordinieren solle. Aber von Don kam keine Antwort. Ich nahm an, dass das RedPort System mal wieder nicht richtig funktionierte. Als ich 40 nm von Tampa entfernt war, bat ich den Controller um Sinken auf 3 000 Fuß und Koordination des Low Pass mit Lakeland Tower. Initial erhielt ich Freigabe auf 5 000 Fuß, aber bald ertönte die Stimme des Controllers, der die Freigabe verweigerte.
"RV-8 Experimental, Lakeland says that you are not cleared for a low pass."

Don und die Bodencrew empfingen zwar meinen Anruf auf 123,45 MHz, aber ich konnte sie nicht hören. Das war jammerschade! Lakeland war so nah und doch so fern!

Von 58 Landeplätzen auf den Bahamas sind nur wenige für die Abfertigung eines internationalen Flugs zugelassen. Der für mich nächstgelegene Flughafen war Freeport auf Grand Bahamas Island. Neue Probleme tauchten auf. Freeport würde ich erst bei Nacht erreichen und – ich besaß keine Anflugkarte. Es war mir in der kurzen Zeit nicht gelungen, eine Karte aufzutreiben. Ich erhielt eine Freigabe für einen ILS Anflug, der sich für mich in einen PAPI (Precision Approach Path Indicator)-Anflug verwandelte, also Anflugbefeuerung mit Gleitpfad. Meine Landescheinwerfer aber sind armselig. Zwar ist das Licht an sich stark genug, aber beim Einbau geriet der Kegel so klein, dass der Scheinwerfer beim Anflug eher einem Laserpointer ähnelt. Ich stocherte da vor einer schwarzen Wand herum und suchte ein Schlupfloch, die Piste. So geriet meine Landung etwas holprig, aber ich überlebte sie.

Erfreulicherweise war der Zoll dann einfach und schnell. Ein geeignetes Hotel zu finden, war dagegen eine ganz andere Geschichte und erwies sich als extrem schwierig, denn es war gerade Hochsaison. Es dauerte unendlich lange, bis ich mich ausruhen konnte, ich war einfach nur erschöpft!

Die Bahamas, geprägt vom Tourismus, bestehen aus 700 Inseln, von denen jedoch nur 30 bewohnt sind. Ihren Namen erhielten die Bahamas von den spanischen Konquistadoren. Mein Aufenthalt in Freeport war ja eigentlich nicht geplant. Ich befand mich hier in einem absolut speziellen *Urlaub*, der mit dem touristischen Vergnügen wenig bis gar nichts zu tun hatte.

Alle Touristen dagegen waren auf Vergnügungen aus, wollten und hatten ihren Spaß. Ich sah sie auf der Promenade bummeln, auf dem Fahrrad kurven, lachend in Jeeps umherfahren, auf dem Lucaya-Markt farbenfrohe Kleidung einkaufen, an Imbissständen lokale Köstlichkeiten probieren und in Restaurants schlemmen. Gerne hätte auch ich den Strand von Lucaya gesehen, aber dafür blieb keine Zeit. Da die Internetverbindung im Hotel schlecht war, hielt ich mich den ganzen Tag am Flugplatz auf und beschloss den Abend mit einem kleinen Abendessen.

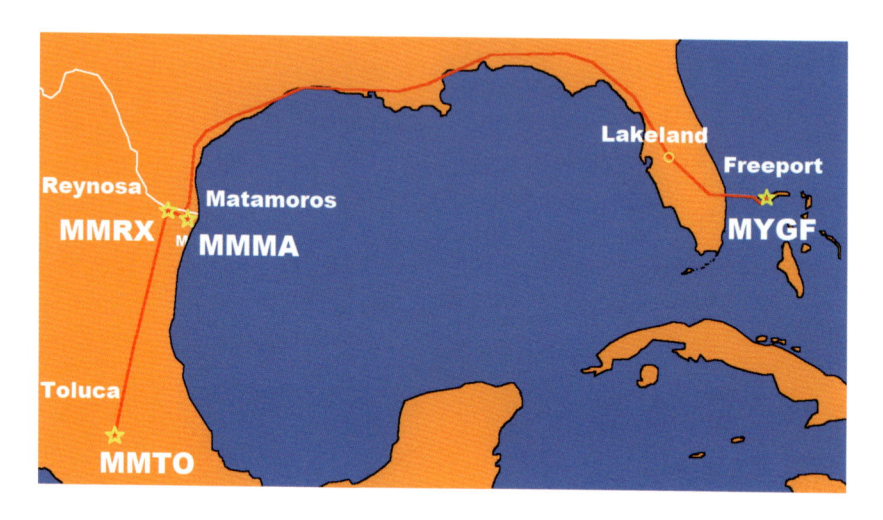

Flugstrecke	Datum	Etappe, nm	Gesamt, nm
Toluca – Reynosa	04.04.2016	415	8 328
Reynosa – Matamoros	04.04.2016	43	8 371
Matamoros – Freeport	07.04.2016	1 190	9 561

Im Nonstop-Flug: Über den Osten der USA

Skypolaris gelang es, eine Landung in den USA zu vermeiden und mit dem Überflug von Lakeland in Florida, die Anerkennung dieses Pflichtpunktes von der FAI zu erreichen. Michel den tiefen Überflug über die Versammlung der Experimental Aircraft Association (EAA) zu verweigern, war absolut unverständlich. Dies wäre wenigstens eine kleine Entschädigung für seine enttäuschten Freunde am Boden gewesen, die er auf diese Weise hätte grüßen können! Michel verließ Freeport, Grand Bahamas Island, um 13:58 Zulu bei 28 Grad Celsius zu einem Nonstop-Flug über 994 nautische Meilen nach Windsor, Kanada, vis-à-vis von Detroit, USA. Es gibt wenige Kleinflugzeuge, die eine solche Distanz ohne weiteres bewältigen. Könnte es das nicht, säße Michel weiterhin in Mexiko fest. In Windsor herrschten 0 Grad Celsius – am Boden. Es sollte wieder mal spannend werden!

Glück im Unglück, es gelang meinem Freund José del Peso den Fallschirm von Softie Parachutes, der von Paraphernalia gesponsert war, auf die Bahamas zu schicken. Er traf mit Hilfe seines Freundes Dirk mit einer King Air gerade noch rechtzeitig in Freeport ein. Danke, José und Dirk! Da war ich nun auf dem Flugplatz und wartete auf den Fallschirm, während ich mein Flugzeug mit Sprit, Öl und allem anderen Nötigen versorgte. Mir fehlte allerdings noch die große Signalpistole, die Don nach Lakeland mitgebracht hatte. Es war eine 25 mm Signalpistole, deren Munition den Körper durchdringt und damit eine Chance gegen Eisbären bot, falls die allzu hungrig und aufdringlich wären. Es gab jedoch keine Möglichkeit, sie hier in Empfang zu nehmen.

Das Riesenproblem war nach wie vor, ohne Zwischenlandung die USA bis nach Windsor in Kanada zu überfliegen. Von den Bahamas aus könnte es über Wasser gehen, weg von der ADIZ nach St. Johns in Ostkanada. Die zweite Nonstop-Route wäre ähnlich lang, jedoch entlang der US-Ostküste. Die große Reichweite der RV-8 würde dies durchaus ermöglichen. Dennoch, die Strafandrohung dieses Supervisors hatte weitreichende Konsequenzen für mich, die der Supervisor nicht ahnen konnte und die ihm wahrscheinlich auch völlig egal gewesen wären.

Ich wählte Windsor als Zielflugplatz aus, weil dies die kürzeste Entfernung von den Bahamas nach Kanada war. Das Wetter entlang der Route war anfangs gut. Aber 300 Meilen vor Windsor war starker Gegenwind zu erwarten, nicht gerade hilfreich! Die Front zog schnell Richtung Osten ab, eine spätere Ankunft war daher besser. Später zu landen, würde aber auch bedeuten: bei Dunkelheit. Und ohne Licht könnte ich Wolken mit Vereisungsgefahr nicht erkennen. Die Wettervorhersage war weiterhin ernüchternd: moderate bis schwere Vereisung. Aber es sollte doch irgendeine Chance geben, mein Ziel zu erreichen, ohne zu einem Eisklotz zu erstarren. Ich zögerte lange mit meiner Entscheidung, musste sie aber endlich treffen!

Keine Zeit zum Ausruhen. Schon um 3 Uhr war ich wach und konnte danach einfach nicht mehr einschlafen. Was würde geschehen? Würde ich problemlos eine Clearance über die USA erhalten? War ich auf den Bahamas gelandet, weil es die Entscheidung eines Controllers war oder entsprach das dem Standardverfahren?

"EC XLL, ready to copy?"
"Go ahead for EC XLL."
"EC XLL cleared to destination Windsor, via BR62V, climb and maintain 6 000, after Take Off, turn left and when reaching 1 500, call approach on 126,50."

Uuuuf, der erste Schritt war geglückt! Jetzt gab es eine kleine Verschnaufpause, Zeit zu fliegen und abzuwarten, was später passieren würde, wenn ich Ohio erreichte. Es stimmte, es war ungeheuer windig und der Gegenwind setzte ein, wie vorhergesagt. Ich versuchte, die Landschaft zu genießen, war aber zu gestresst und in gespannter Erwartung dessen, was noch auf mich zukommen würde. Viele Frequenzwechsel und verblüffte Controller, die nicht verstanden, wie eine

RV-8 eine derart lange Strecke fliegen konnte. Die zu erwartende niedrige Temperatur war ein weiteres Problem. Im Flugzeug gab es nicht genug Platz, um zusätzliche Kleidung anzuziehen. Ich verließ die Bahamas, vorbereitet auf vielleicht minus 5 Grad Celsius und schwitzte natürlich. Je weiter nordwärts ich vorstieß, umso stärker fielen die Temperaturen, gefühlt bis ins Bodenlose!

Miami, Jacksonville, Atlanta, Charleston, Cleveland und Detroit ATC verfolgten meine Flugroute und waren kooperativ, wann immer ich einen Höhen- oder Richtungswechsel erbat. Zuweilen wurde ich mit Vektoren von 80 Grad weg von meinem Kurs geführt. Um ehrlich zu sein, gefiel mir das überhaupt nicht, denn es war anders als erwartet.

Die Gegenwindkomponente stieg schon auf 50 Knoten und meine Geschwindigkeit über Grund sank auf magere 100 ab. Gelegentlich sah ich sogar 67 Knoten! Während des Flugs verschob sich meine geschätzte Ankunftszeit um ganze zwei Stunden. Über Georgia war der Wind leicht bis moderat turbulent, extrem unkomfortabel! Dann tauchten die Wolken vor mir auf: Bald würde ich mehr über meine künftige Route und mein Schicksal erfahren.

Erwartungsgemäß gelang es mir, in 12 000 Fuß frei von Wolken zu bleiben. Zuerst hatte ich noch versucht, darunter zu fliegen, aber die vorgeschriebenen Mindest-IFR-Flughöhen ließen dies nicht zu. So blieb mir nichts anderes übrig als zu steigen. Aber – zu steigen bedeutete, niedrigere Temperaturen! Die würde ich ja wohl aushalten! Oder? Wieder falsch: Die Temperatur betrug im Cockpit minus 17 Grad Celsius und ich begann rasch auszukühlen.

Wegen der niedrigen Temperatur setzte nun der Autopilot aus und das Engine Monitor Display gab Alarm: Überspannung aus dem Stromgenerator! Das Problem des Autopiloten löste ich durch Abschalten und Steuern von Hand. Aber auch die manuelle Steuerung war schwergängiger. Anschalten der Pitotrohr-Heizung als Stromverbraucher löste das Problem mit der Ladespannung. In der Kälte fingen meine Beine so stark zu zittern an, dass sich die Vibration auf das ganze Flugzeug übertrug. Also nahm ich die Füße von den Pedalen, wodurch der Flug ruhiger wurde. Etwa 70 Meilen vor dem Ziel entdeckte ich unter mir eine große Wolkenlücke. Daraufhin versuchte ich, meinen Flugplan zu ändern und zu meiner Überraschung wurde dies genehmigt. Jetzt war Eile geboten, um in Luftschichten mit etwas höheren Temperaturen abzusteigen.

Als ich auf 3 000 Fuß sank, überraschten mich immer wieder Schneeschauer, die die gleiche Farbe wie die Wolken hatten. Die weißen Säulen sahen aus wie Türmchen von Schlössern oder Burgen. Türmchen, die natürlich zu meiden waren! Das Durchkommen wurde jetzt wirklich enorm schwierig. Am Boden war alles mit Schnee bedeckt, sah weiß und schön aus, aber die Orientierung wurde dadurch mehr als knifflig. Ich querte endlich die kanadische Grenze und war überglücklich! Das Wetter wurde zusehends besser, der Himmel heller, er öffnete sich endlich, der Boden war nicht mehr nur weiß. Ich fühlte mich befreit und sehr erleichtert! Die Landung war nicht gerade meine beste, aber ich war da: in Kanada!

Es war ja klar, ein letztes Problem gab es noch. Der kanadische Zoll verlangte eigentlich, zwei Stunden vor einer Landung informiert zu werden. Ich hatte den Zoll mehrmals am Tag zuvor angerufen, aus dem Hotel und vor dem Flug, aber keinen erreicht. Paula, Andres und Don, meine Bodenmannschaft, war wieder mal gefragt, um diese Schwierigkeit, während ich flog, in den Griff zu kriegen. Als ich das Triebwerk abschaltete, erschien der Zoll, meine Bodenmannschaft war erfolgreich gewesen!

Die Beamten in Windsor empfingen mich freundlich, wickelten alles schnell ab, und nahmen mich mit in ihr warmes Büro, weil ich immer noch vor Kälte bibberte. Man reichte mir eine Tasse mit heißem Kaffee und eine warme Decke. Da war ich endlich, zwar müde, aber happy. Nun kann ich wieder frei fliegen und landen wo ich will. Oder etwa nicht???

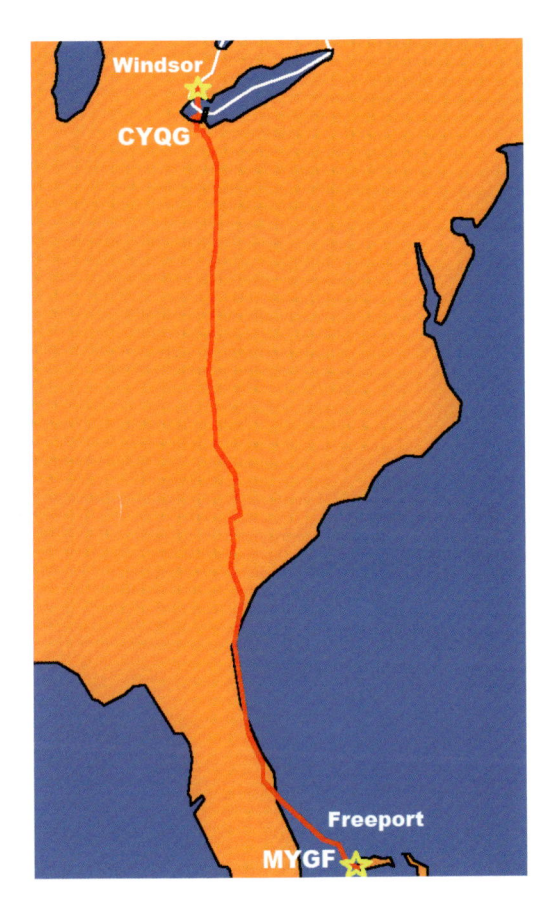

Flugstrecke	**Datum**	**Etappe, nm**	**Gesamt, nm**
Freeport – Windsor	10.04.2016	1 007	10 568

Härtetest für den Polflug: Kanadas hoher Norden

Windsor war wie ein Paradies für mich. Ich war unsagbar glücklich, diese Stadt erreicht zu haben und ging zur Feier meiner gelungenen Ankunft in ein kleines Restaurant. Die Barbecue Ribs schmeckten vorzüglich, der hausgemachte Käsekuchen könnte nicht besser sein. Ich fühlte mich nach langem wieder pudelwohl und ausgeruht. Pudelwohl? Ausgeruht? Das konnte nicht sein!

Am folgenden Tag machte ich eine Einkaufstour. Ich brauchte ja immer noch die großkalibrige Signalpistole für 12 Gauge Signalraketen, die viel stärker waren als die kleinen, die ich mal in der Luftwaffe mitgeführt hatte. Die Raketen sind für Polarbären gedacht im Falle einer Außenlandung im Nirgendwo. Notwendig war auch eine Thermoskanne. Da die Temperatur im Cockpit so niedrig war, dass das Wasser schnell gefror, kaufte ich gleich zwei Thermoskannen, um für unterwegs genügend heißes Wasser vorrätig zu haben. Mir fehlten zudem leichtere Handschuhe als die aus der Überlebensausrüstung sowie ein warmer Schal.

Am Wochenende fuhren in Windsor kaum Busse, daher musste ich vieles zu Fuß erledigen – in Regen und Schnee mit Polarjacke und Rucksack. An einer Ampel wollte ich einen Autofahrer nach dem richtigen Weg fragen, aber er bekam es mit der Angst zu tun und wollte mir keine Auskunft geben! Auch seine Familie im Auto schaute mich erschrocken und verängstigt an. Sie befürchteten wohl einen Überfall. Oder dachten sie, ich sei ein Bettler? Zurück im Hotelzimmer sah ich mich im Spiegel und verstand ihre Angst nur zu gut. Ich bekam ja einen Schrecken vor mir selbst!

Als ich später zum Flugplatz zurückkehrte, um das Flugzeug aufzutanken, traf ich im E.F.T.S. (Elementary Flight Training School) Hangar 7 der Canadian Historical Aircraft Association auf wirklich nette

Leute, die sich meiner annahmen. Sie leisteten jegliche Hilfe, fuhren mich zum Einkaufen, luden mich sogar zum Essen zu sich nach Hause ein und verständigten auch das lokale Fernsehen, das einen Bericht über meinen Flug sendete. Der Besuch in Hangar 7 gefiel mir überaus gut.

Dort befand sich auch eine de Havilland DH98 Mosquito, ein Juwel von einem Flugzeug, das hier gebaut wurde. Diese wunderbare Handwerksarbeit konnte ich stundenlang bestaunen. Nur schade, dass sie zwar flugfähig restauriert war, aber wohl nie abheben wird, es sei denn, jemand würde sie kaufen. Der Halifax World War II Bomber, ein gigantisches Flugzeug, faszinierte mich ebenso.

Man erteilte mir noch gute Ratschläge, wie eine zu starke Abkühlung des Triebwerks während des Flugs zu vermeiden sei: einfach etwas Klebstreifen über die Lufteinlässe der Cowling kleben! "Sei vorsichtig und warte auf die kalten Temperaturen, nicht diese hier in Windsor. Eine Verkleinerung um 25-30 Prozent sollte genügen."

Mit dem Ausruhen war es jetzt vorbei. Das Wetter war nicht vom Feinsten in Windsor, aber auch die Vorhersage sah nicht gerade vielversprechend aus. Wenn ich noch länger abwartete, war das Risiko zu hoch, hier festzusitzen. Morgen gab es eine Chance abzuheben, aber über welche Route? Ich saß wieder mal in der Zwickmühle: Die empfehlenswerte Route führte über Kanada, aber das RocketRoute Programm sagte Vereisung auf dieser Strecke voraus. Über den USA waren die Wetterbedingungen viel besser; flog ich aber über die USA, riskierte ich eventuell Probleme mit dem US-Zoll.

Die Vereisungswahrscheinlichkeit auf der Kanadaroute legte ein Ausweichen über die USA nahe, jedoch waren die Wettervorhersagen teilweise widersprüchlich. Vielleicht waren sie es auch nicht, mein Verstand war durch all die Informationen überfordert. Nach einer unruhigen Nacht, in der ich mir den Kopf zerbrach, beschloss ich, die sicherere Strecke zu wählen: nach Westen über eventuell verbotenes Terrain!

Letztlich glaubte ich, dass Informationen des Wettervorhersageprogramms Windy.com überzeugend und ausreichend genau waren. Es dauerte zwar etwas, bis ich diese verstand, aber ich war jetzt zuversichtlich. Ich wusste, was mich erwartete und wie ich damit umgehen konnte. Seither habe ich ohne Ausnahme erlebt, dass die Realität mit den Vorhersagen von Windy.com übereinstimmte. Wenn Wolkenobergrenzen von 6 000 Fuß an einem bestimmten Punkt angegeben waren, dann fand ich sie tatsächlich dort. Wenn eine *Lücke vom Dienst* von 0 bis 500 Fuß vorhergesagt war, dann war die Lücke auch da. Die gewählte Route zur Umgehung des schlechten Wetters nördlich von Windsor erwies sich im Nachhinein als richtig.

Es war ein frühes Aufstehen in Windsor. Das Hotel befand sich fußläufig zum Flugplatz. Nach dem Frühstück und der Zubereitung von ein paar Sandwiches als Reiseproviant verwandelte ich mich wieder in den Bettler der vergangenen Tage. Der Fixed Base Operator (FBO), der Flughafenbetreiber, hatte schon offen und ich zog mich für das kalte Wetter an. Ich wollte nicht noch einmal so erbärmlich schlottern wie auf der letzten Etappe!

Die Freigabe zum Überflug der USA beunruhigte mich erneut. Erst als sie erteilt war, war ich erleichtert. Wir sprechen von VFR-Flugplänen. Ich stieg auf 4 500 Fuß und freute mich über die Schönheit der Landschaft. Es waren zwar Spuren im Schnee über den zugefrorenen Seen zu sehen, aber nach Tieren suchte ich vergeblich. Wind und Schnee kreierten auf den Oberflächen der Seen wirklich kunstvolle Muster. Schade, dass Kameras das alles nicht so einfangen können.

Die Zeiger der Uhren drehten sich rasch und bald war ich in vertrauter Gegend: Lake Winnebago, dann genau über Oshkosh in Wisconsin. Welch ein Unterschied das gegenüber dem geschäftigen Platzrundenverkehr während des EAA Meetings war! Das EAA Museum war da unten und auch die Orte, wo Prime Ribs und Lobster meine Luftfahrterlebnisse ergänzt hatten! Doch an diesem Tag beschloss ich weiterzufliegen, solange es das Wetter ermöglichte. Duluth zog unten vorbei und ich erinnerte mich an meine Landung dort im Jahr 1998 und, dass meine Kitfox neben einem F16 Kampfflieger stand. Schöne Erinnerung an den Flug damals! Fort de France, dann Kanada, große Erleichterung! Etwa sechs Stunden nach dem Start landete ich zu einem Zwischenstop in Red Lake, Ontario.

Das Wetter war gut, so – schnell die Flügeltanks randvoll mit Sprit füllen! Schnelle und aufmerksame Versorgung, gute Preise und nicht zu vergessen, heißer Kaffee! Und schon ging es ohne unnötige Verzögerung weiter nach Norden. Das Gelände war nicht gerade außenlandetauglich, aber die zugefrorenen Seen eigneten sich gut als eventuelle Notlandeplätze. Ich befand mich bereits am nördlichen Ende der Welt. Die Zivilisation entschwand und ich hatte das Gefühl *Lost in Universe*. Ein eisiges Universum voller Magie. Worte können dieses Gefühl nicht beschreiben. Alles war so riesig, so weit, so extrem, so schön.

Das Triebwerk lief gut. Die Tapes hatte ich vorerst noch nicht angebracht, die Temperaturen der Zylinderköpfe betrugen 290 Grad Fahrenheit (F), das Öl hatte 110 F. Meine Augen klebten wie gebannt an der Landschaft. Mein nächstes Ziel war Churchill in Manitoba, aber da das Wetter gut war, flog ich, meiner Müdigkeit zum Trotz, weiter nach Rankin Inlet, Nunavut, dem nördlichsten Gebiet Kanadas. Churchill, mein Einflughafen in die Hudson Bay, lag tief verschneit, vereist und isoliert unter mir. Die See war zu Eis erstarrt, sie türmte sich zu Packeis. Ich folgte in etwa der Küstenlinie, um Robben oder Wale zu sichten, hatte aber kein Glück.

Endlich tauchte Rankin Inlet auf. Mein VFR-Flugplan war irgendwie seltsam: kein einziger Flugplatz wollte Positionsmeldungen. Man antwortete nur: "EC XLL, Sie fliegen mit einem VFR-Flugplan, Positionsmeldung nicht notwendig." Ich dachte, es wäre doch eigentlich nett, wenn sie wüssten, wo sich mein Flugzeug gerade befand, aber ...

Die Landung in Rankin Inlet war eine ganz neue Erfahrung. Ein großartiges Gefühl. Der Aufenthalt dort, ein ganz anderes. Dies war meine erste Landung überhaupt auf einem so eisigen Platz. Das Rollen des Flugzeugs fühlte sich an, als befände ich mich in einer völlig anderen Dimension. Ich war müde, aber dennoch hellwach und aufgeregt. Als ich die Piste verlassen hatte, stand ich mitten im – Nichts. Keine Rollanweisung. Auf meine Nachfrage teilte man mir mit, ich könne meinen Flieger abstellen, wo ich wolle. Ich parkte das Flugzeug, schaltete alles ab und öffnete die Haube, um mich auf dem Platz umzuschauen, auf dem alles in klirrender Kälte erstarrt schien. Ich stieg aus und ging ein paar Meter, fragte einen teilnahmslosen Typen, wo ich meinen Flieger in den Hangar stellen könne. Es herrschte immerhin etwa minus 35 Grad Celsius tagsüber, nachts noch weniger. "Schau einmal da drüben", meinte er nur achselzuckend.

Da drüben, das war ein riesiger Hangar der Calm Air, einer kleinen 1962 gegründeten Gesellschaft mit nur 19 Flugzeugen, die hauptsächlich ATR 72 Turboprop Flugzeuge nutzt. Der Hangar war beheizt und sauber und bot reichlich Platz für meinen kleinen Flieger. Zwei junge freundliche Mechaniker arbeiteten da. "Sicher", meinten sie, "kein Problem, deinen Flieger da reinzustellen, aber wir müssen erst unseren Boss fragen." Der Boss wiederum musste erst seinen Boss fragen. Dieser BB, Boss vom Boss, war weder freundlich noch engagiert, sagte zwar nicht nein, machte mir aber auch nicht wirklich Hoffnungen. Er erzählte mir, er könne keine Verantwortung für Schäden an meinem Flugzeug übernehmen und nannte eine riesige Summe, die das Unterstellen kosten würde. Nachdem ich ihm erklärte, dass ich kein Millionär sei und auch kein Geschäftsflugzeug flöge, vertröstete er mich auf später. Er würde sehen, was er für mich tun könne. Ich fühlte mich unbehaglich und verließ den Hangar auf einen Kaffee im Flugplatzgebäude.

Am nächsten Hangar, an dem ich vorbeikam, probierte ich es erneut. "Klar, geh mal nach oben und frag da." Geht ja doch! Dort war ich willkommen und Annette Burnham kümmerte sich zuvorkommend um mich. Sie stellte mich *PJ* vor, der für die Flugzeugwartung zuständig ist. Die Keewatin Air, eine kleine seit 1971 bestehende Airline, operiert vom Rankin Inlet Airport aus. Sie betreibt hauptsächlich Super King Air, Pilatus PC 12 und Learjets. Eine ihrer Hauptaufgaben besteht in MedEvac (Medical Evacuation)-Diensten. Tag und Nacht gibt es viel zu tun. Ich fühlte mich dort gut aufgehoben.

Letztlich war es jedoch schwierig, wegen der häufigen Nachteinsätze meine RV-8 im Hangar unterzubringen. Aber sie versprachen, das Flugzeug am nächsten Tag aufzuwärmen und mir beim Auftanken zu helfen. 100-130 LL Avgas gab es nur aus Fässern und der Händler hatte keine Pumpe. *PJ* stellte mir netterweise seine zur Verfügung! Annette fuhr mich zum Rankin Hotel. Die Unterkunft war teuer, aber ich hatte keine Alternative.

Das Wetter für den nächsten Tag sah vielversprechend aus und in Rankin Inlet länger zu bleiben, um mich auszuruhen, war sowieso keine Option! Früh am Morgen wurde ich zum Flugplatz mitgenommen und lief zur Keewatin Air hinüber. Annette war auf dem Weg nach Vancouver, schaffte es aber zum Abschied noch vorbeizukommen. *PJ* unterstützte mich bei allen Vorbereitungen. Es dauerte viele Stunden, das Triebwerk aufzuwärmen und den Flieger aufzutanken. Dadurch wurde mir deutlich, dass ich in keiner Weise autark war, aber auf diesem Flug durfte ich nicht zu sehr von anderen abhängig sein. Ich sollte in der Lage sein, mein Triebwerk selbst aufzuwärmen! Die Flügel waren auch etwas vereist. Zum Glück haftete das Eis nicht fest an. Ich nahm mir vor, in Zukunft die Flügel und das Leitwerk abzudecken.

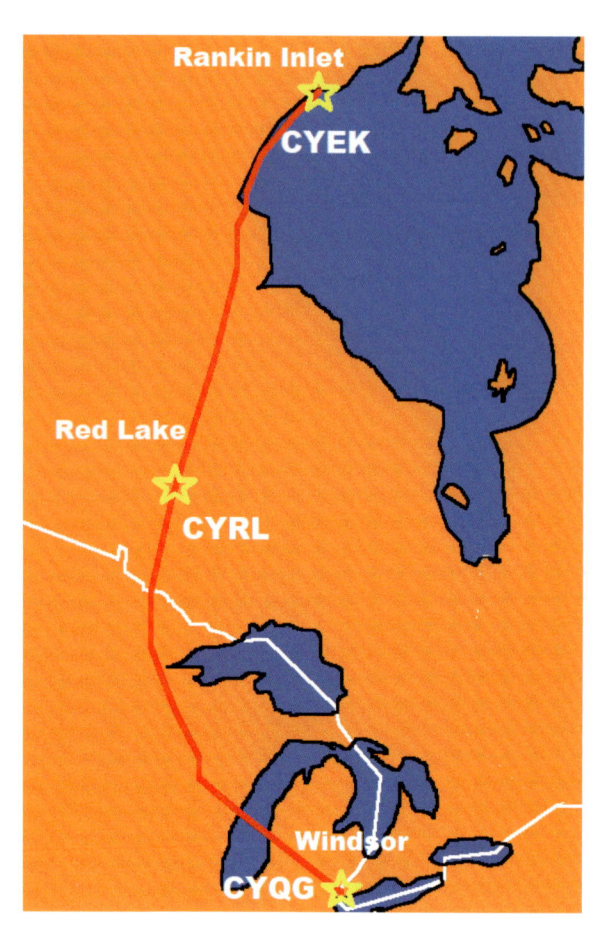

Flugstrecke	Datum	Etappe, nm	Gesamt, nm
Windsor – Red Lake	12.04.2016	725	11 293
Red Lake – Rankin Inlet	12.04.2016	734	12 027

Nur eine Richtung: Weiter nordwärts

Als alles bereit war, zog ich meinen Überlebensanzug fürs Wasser an. "*PJ*, was habe ich zu bezahlen?" "Nichts." Mir fehlten die Worte, um PJ, Annette und Keewatin Air für ihre Unterstützung und Freundlichkeit zu danken. Zum Abschied überreichte mir Annette noch Verpflegung für meinen Weiterflug! Dafür kann ich nur herzlich Dankeschön sagen!

Es wurde ein sehr kurzer Flug nach Resolute, Nunavut, gerade mal viereinhalb Stunden. Die Szenerie war unglaublich. Es ging mit etwas Rückenwind über eine hügelige Gegend. Die Welt, die ich kannte, war weit weg. Ich war umgeben von Unendlichkeit. Diese grandiose, unwirkliche Weite – wie über dem Ozean oder der Wüste. Es war zugleich wundervoll und irritierend. Die Isolation war allgegenwärtig und ein wahres Privileg.

Meine liebe RV erhielt viele Streicheleinheiten. Aber was war das? Meine GPS-Information veränderte sich. Die Kartendarstellung fehlte plötzlich! Gar nicht lustig! Die beiden GPS-Geräte zeigten auch noch unterschiedliche Informationen! Ich war alarmiert. Der Kurs des Garmin 430 stimmte mit dem des Autopiloten überein, aber der Kurs von Garmin 496 wich davon ab, obwohl ich ja denselben Weg flog! Was zum Teufel war da bloß los??? Erst nach zwei Nächten kam mir die Erleuchtung – immer, wenn ich mal darüber schlafe, finde ich die richtige Lösung. Aber das erkläre ich erst später.

Ich versuchte mein Schlechtwettergerät B zu benützen, um meinen Blaseninhalt *abzuwerfen*. Das besteht aus einem Urinsammelgefäß mit einem Abflussrohr. Es ist klar, dass wir Männer gegenüber Kälte ziemlich empfindlich sind. Das Gerät, das für Innentemperaturen entworfen wurde, ist da ja brauchbar, aber in der eiskalten Umgebung funktionierte es gar nicht. Es ist etwa so, als zöge ein Kind die Schuhe seines Vaters an. Zum Glück funktionierte das Gerät A, aber das war auch nicht einfach …

Nur ein Flugzeug der Luftwaffe mit Ski flog in die Einsamkeit von Resolute. Dies war mein einziger Kontakt auf dem ganzen Flug. Es gab ein paar Wolkenschichten und es war nicht ratsam, sich allzu sehr zu entspannen und diese C130 auf sich zukommen zu lassen. Ich flog in 3 000 bis 6 000 Fuß, wo die Temperaturen wärmer als am Boden waren. Wie viele Eisbären habe ich wohl gesehen? Exakt – gar keinen.

Wenn Rankin Inlet eine kleine Stadt mit etwa 2 600 Einwohnern ist, dann hat Resolute gerade ein Zehntel davon. Die Landung war interessant, der Platz war nicht kontrolliert; mein Gefühl der Leere und Einsamkeit vergrößerte sich dadurch noch. Ich erkannte den Kenn Borek Hangar gleich, weil eine rote Twin Otter davor stand. Ich rollte oder schlitterte mehr oder weniger dorthin. Was würde passieren?

Samo Cebul und sein Freund der Earthrounder Matevz Lenarcic standen seit Monaten in Kontakt. Er half mir seither und ich war recht entspannt, denn ich wusste, dass mein Flugzeug einen Hallenplatz bekäme. Aber als ich hier ankam, fühlte ich mich allein und verlassen wie ein Einsiedler, weil keine Menschenseele da war und natürlich auch, weil mein Bart immer länger wurde.

Nach einer Weile holte mich dann doch noch ein Truck ab und brachte mich zum Terminal von Resolute, wo mich Tom, Manager von Kenn Borek, empfing. Er war nicht besonders freundlich und beschwerte sich zuallererst darüber, dass er nicht vorher kontaktiert worden sei. "Nun, ich habe Ed de Luca kontaktiert und ihm sogar per E-Mail angekündigt, dass ich heute eintreffen würde. Man informierte mich auch, dass ich mein Flugzeug in Ihrer Halle einstellen könnte!" Ich war jetzt nicht zum Streiten aufgelegt und so versuchte ich ruhig zu bleiben, ließ die Zeit für mich arbeiten und trank außerhalb seines Büros erst mal einen Kaffee.

War wohl nicht der richtige Moment gewesen, als ich vorher bei ihm erschien, denn Tom war gerade furchtbar beschäftigt. Es dauerte eine Weile, bis er sich beruhigte. Schließlich wurde mir ein Hallenplatz in dem riesigen Hangar zugestanden, aber: "Er kostet dich 1 800 $ pro Tag." Matevz hatte mir mitgeteilt, dass der Hangar bis zu 500 $ kosten könne, aber das hier war schon unglaublich! "Tom, ich habe weder einen Airliner noch bin ich reich. Du verlangst meine monatliche Pension pro Tag, das kann ich mir nicht leisten!" Tom versuchte seinen Boss in Calgary zu erreichen, aber es war schon spät. Daher beschloss er, ihm eine E-Mail zu schreiben, um doch noch eine niedrigere Gebühr durchzusetzen.

Es gab jetzt bis zum nächsten Tag nicht viel mehr zu tun. Daher betankte ich das Flugzeug und wollte es in den Hangar stellen. Aber Tom erklärte, dass bereits das Öffnen des riesigen Hangar-Tors 500 $ koste, weil der Preis für die Elektrizität hier einen Dollar pro Wattstunde betrage (richtig: pro Watt-, nicht Kilowattstunde!). Auch der Preis von 1 100 $ pro Fass Avgas war horrend, daher tankte ich Autobenzin. Die Avgas-Fässer schienen ziemlich alt zu sein, sahen aus wie Requisiten aus der Zeit von Ozzy Osbourne! Eine schwierige Entscheidung! Mein Triebwerk, ein Superior XP IO 360, war für den Betrieb mit Autobenzin geeignet, das ich nur im Reiseflug benutzen würde. Es war das erste Mal, dass mein Flugzeug bis auf 50 Liter fast randvoll wurde. Die Reichweite betrug nun enorme 18 Stunden! Das war auch nötig, da ich sicher gehen wollte, notfalls bis nach Tromsö in Norwegen zu kommen, wenn das Wetter eine Landung in Longyearbyen auf Spitzbergen verhinderte.

Das Flugzeug wurde nun endlich in den Hangar geschoben, aber nicht in den beheizten Bereich. Das Triebwerk musste deshalb am nächsten Tag aufgewärmt werden. Für 1 800 $ in einem eisigen Hangar? Ich war mehr als verärgert. Der 250-Seelen-Ort Resolute liegt einige Meilen vom Landeplatz entfernt. Ich wurde zum ATCO Hotel (dem ATCO-Konzern gehört hier anscheinend alles!) gebracht und stellte fest, dass mein Dinner schon reserviert war: ein riesiges Prime

Rib Steak, genau das, wovon ich träumte! Das Zimmer war mit 325 $ überaus teuer, aber gut und sauber. Nachts wurde es hier nicht richtig dunkel, es herrschte lediglich eine Art Zwielicht; das war günstig für den Flug zum Nordpol, weil ich die Wolken sehen und so Vereisung vermeiden konnte. Wölfe heulten – oder waren es vielleicht nur Hunde? Ich versuchte sie zu erspähen, sah aber keine.

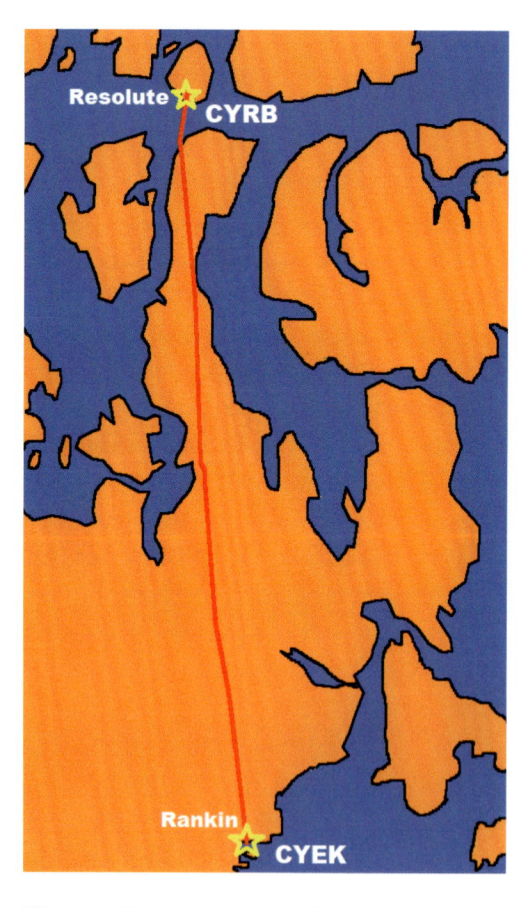

Flugstrecke	**Datum**	**Etappe, nm**	**Gesamt, nm**
Rankin Inlet – Resolute	14.04.2016	717	12 744

Alea jacta sunt: Es gibt kein Zurück!

Das Wetter war nicht das allerbeste: Richtung Norden leichter Gegenwind, Richtung Spitzbergen bewölkt. Ich war hundemüde und hätte gern ein oder zwei Tage ausgeruht, aber das Wetter würde sich noch weiter verschlechtern. Die Vorstellung, hier für eine Woche festzusitzen, bei 1 800 $ pro Tag, das wirkte wie ein Aufputschmittel für meinen Körper und Geist. Die Entscheidung fiel mir daher leicht: Bereits am nächsten Tag würde ich weiterfliegen.

Aber ein neues Problem tauchte auf. Ich hatte die Öffnungszeiten des Longyearbyen Airports nicht gecheckt und ich würde viele Längengrade, das heißt Zeitzonen überqueren. Verdammter Mist, sorry, Käse, Käse und nochmals Käse! Ich rief daher Tom Are auf Spitzbergen an. Tom ist ein Freund von Atle Langlo, der im norwegischen Alesund lebt und mit Peter Schneider aus Würzburg in Deutschland befreundet ist. Tom war ausgesprochen freundlich und hilfsbereit: Er brachte den Controller dazu, meine Ankunft abzuwarten, auch wenn der Airport offiziell schon geschlossen wäre. Welche Erleichterung! Was für nette Leute! Ohne eine Genehmigung hätte ich viele Stunden auf den Abflug warten müssen. Es sollte ein sehr langer Flug werden mit Wetterverschlechterung über Spitzbergen. Ich war aufgeregt und es war keine gute Nacht für ruhigen Schlaf.

Am folgenden Tag gab es erst mal ein reichhaltiges Frühstück und ein großes Chicken Sandwich als Reiseverpflegung, dazu noch ein paar Kekse, natürlich Marke *Survival*. Ich wurde zum Flugplatz gebracht, wo mich Tom bereits empfing. Er war nun etwas entgegenkommender und entschuldigte sich sogar für seinen gestrigen Auftritt. "Gestern hielt ich dich für ein Monster", grinste er. "Mach dir keine Gedanken wegen des Hangars, du musst die 1 800 $ nicht bezahlen." Du bist ein

Engel! Das dachte ich, sagte es aber nicht. "Du musst nur 500 $ bezahlen plus Steuer, macht zusammen 550 $." Zum Glück hatte ich das mit dem Engel nicht gesagt. Wer das mit dem Preis hingekriegt hat, weiß ich nicht, Tom, Samo oder beide? Nach Begleichung meiner teuren Rechnung wurde ich zum Hangar gefahren und schob das kalte Flugzeug zum Aufwärmen des Motors nach draußen. Die Wartungsleute waren weder hilfsbereit noch freundlich, lediglich korrekt. Vielleicht kühlt die eisige Temperatur ihre Laune ab, keine Ahnung. Sogar die Piloten, die ich antraf, waren distanziert und gaben weder Kommentare noch Ratschläge für meinen bevorstehenden Flug. Ich hatte deutlich mehr von den Kenn Borek Leuten erwartet. Das waren schon ungewöhnlich unhöfliche Kerle!

Triebwerk aufgewärmt, Freigabe zum VFR-Flug, Überlebensanzug angelegt, Gashebel zurück, Mixture reich, elektrische Benzinpumpe an, Benzindruck 35 psi, Mixture mager, Magnetos auf Start, Triebwerk 1000 rpm, dann Gemisch reich und zurück auf *Lean of Peak* (LOP). Avionik On, beide GPS Direct to N89 59 999. N90 ist keine gute Option für mein GPS.

    Checkliste abgearbeitet. War ich sicher, dass alles lief? Jaaa, auf geht's! Alea jacta sunt! Ich rollte langsam an. Der Flieger war schwer, jeder Stress auf die Struktur musste daher vermieden werden. Klappen auf 10 Grad, bei dieser Stellung ändert sich vieles bei diesem Gewicht. Die Kommunikation mit Resolute bestand nur aus Informationen, keine Freigaben. Es zeigte sich eine dünne Wolkenschicht am Himmel, etwas Eis steckte da drin, aber nur ganz wenig.

    Ich habe gelernt, meine liebe RV-8 nicht unnötig zu befragen. Ich werde lediglich das Gas reinschieben und sie entscheiden lassen, was sie tun will. Nach dem Triebwerkscheck richtete ich das Flugzeug auf der Piste aus und schob den Gashebel bis zum Anschlag. Der Motor kam gut auf Drehzahl und beschleunigte das Flugzeug. Ich ließ den Steuerknüppel fast los, meine Hand war nur da, für den Fall der Fälle. Die RV-8 beschleunigte brav, hob den Schwanz und beschleunigte weiter, dann beschloss sie abzuheben.

Rundherum war es weiß und ich stieg bis zur Wolkenbasis auf. Aber wo genau befand sich diese Wolkenbasis? Nun, es fühlte sich an wie im Rückenflug knapp am Boden entlang: Wenn wir glauben, dass der Boden ganz schnell am Kopf vorbeizieht, dann sind wir dicht dran. Ich beschleunigte noch ein wenig (hatte vergessen, die Klappen voll einzufahren) und zog am Steuerknüppel. Bald darauf war ich wieder *aufrecht* über dem neuen Boden und freute mich über den blauen Himmel. Klappen eingefahren? Verflixt, nächstes Mal setzt es was!

Das Wasser in den Thermosflaschen war kochend heiß. Ich konnte es nicht gleich trinken, sondern musste davon immer wieder ein paar Kubikzentimeter eingießen und es abkühlen lassen. Sehr viel später wurde es dann endlich kalt.

Etwa 5 000 Fuß bei 140 Knoten über Grund, leichter Gegenwind. Wie beim vorherigen Flug magerte ich das Triebwerk auf 50 Grad Fahrenheit LOP ab. Wenn man abmagert, steigt die Abgastemperatur an, bis der höchste Punkt, der Peak, erreicht ist. Wenn man dann den Gemischhebel etwas vorschiebt, wird das Gemisch reicher (*Rich of Peak* oder ROP). Stattdessen zieht man ihn leicht zurück und befindet sich bei LOP. Normalerweise fliege ich LOP, aber diesmal zog ich es vor, die Zylinderköpfe bei einer gesunden Temperatur zu halten. Ich befolgte deshalb den Rat, 50 Grad Fahrenheit ROP einzuhalten, um die höchste Zylinderkopftemperatur (Cylinder Head Temperature, CHT) zu erzielen. Die höchste Leistung erhält man bei 100 Grad F ROP, den geringsten Spritverbrauch bei 50 Grad F LOP.

Die Haupttanks waren mit Avgas gefüllt, die externen Flügeltanks mit Autobenzin, der hintere mit einer Mischung aus beiden. Zuerst schaltete ich den hinteren Tank für ein paar Stunden auf, damit der Schwerpunkt nach vorne wanderte. Dann kamen die äußeren Flügeltanks dran. Den Schwerpunkt im zulässigen Bereich zu halten, ist bei diesem Flugzeug einfach. Die Temperatur war vergleichsweise angenehm, gerade mal minus 17 Grad Celsius. Ich war vorbereitet. Der Nordpol konnte kommen!

Ein klein wenig Eis verschleierte meine hintere Videokamera. Die Geschwindigkeit putzte aber bald die Linse blank und ich konnte die Umgebung wieder filmen. Die Landschaft war unfassbar beeindruckend, kein Video oder Foto kann diesen Eindruck und meine Gefühle wiedergeben! Langsam zogen vorbei: die Cornwallis Insel, zugefrorenes Meer, die Cornwall Insel, offenes Meer, die unbewohnte Axel Heiberg Insel und zugefrorenes Meer. Was für eine unglaubliche Szenerie. Die Außentemperatur stieg jetzt sogar auf minus 8 Grad Celsius. Das Flugzeug mit den Knien zu steuern, war mittlerweile ganz normal. Die Hände hatte ich so für andere Dinge frei.

Der Autopilot funktionierte nicht hundertprozentig, das Flugzeug rollte immer wieder weg, auch wenn der Autopilot auf das GPS aufgeschaltet war. Die Höhe hielt er recht gut, so konnte es zumindest kein Temperaturproblem geben. Es lag am System selbst, das ein Magnetometer verwendet. Ich flog nordwärts (geographisch Nord), der Autopilot dagegen zeigte einen Kurs von 070. Wenn er sich also auf diesem Kurs befand, warum behielt er ihn dann nicht bei? Hm, mein Garmin 430 verfolgte auch 070, wie der Autopilot, es wird ja vom Autopiloten gefüttert – und mein Garmin 496 verfolgte 094. Was zum Teufel passierte da gerade?

Die Kurslinien auf den GPS-Bildschirmen verliefen wie erwartet: geradeaus zum Nordpol, dann im 70 Grad Winkel direkt nach Longyearbyen. Langsam drifteten aber die Kurswinkel beider GPS-Geräte auseinander. Es wollte nicht in meinen Kopf, wieso zwei GPS vom gleichen Hersteller unterschiedliche Kurse anzeigten. Dann passierte etwas geradezu Magisches: Die gerade Linie des Garmin 496 vom Nordpol (Verzeihung, von N 89 59 999) nach Spitzbergen war nicht mehr gerade. Sie war auch nicht gekrümmt, sondern es zeigten sich mehrere fächerförmige Linien. Je näher ich dem Pol kam, umso zahlreicher wurden die Linien, was mich wirklich noch mehr verblüffte!

Der arktische Ozean ist wunderbar, auch weil er zugefroren ist. Bei einem Motorausfall wäre kaum Wasser unter mir, lediglich ein paar

Risse im Eis, die blau schimmerten. Und die Temperatur stieg weiter auf unglaubliche minus 4 Grad Celsius! Es stimmt, dass die Pole sich erwärmen und abschmelzen. Je weiter ich nordwärts flog, umso häufiger zeigten sich Risse im Eis. Die Eisfläche war nicht statisch, sondern in ständiger Bewegung. Ich sah Verwerfungen mit kunstvollen Mustern. Mit etwas Phantasie erblickte ich Straßen, Häuser und ganze Städte in Weiß.

Der Nordpol war bereits recht nahe. Glücklicherweise stand die Sonne über dem Horizont und ich konnte dadurch die Wolken sehen und Vereisung vermeiden. Ich flog in etwa 7 000 Fuß und versuchte, das Flugzeug so exakt wie nur möglich über den Nordpol zu steuern, der – im Gegensatz zum Südpol – durch keine Landmarke gekennzeichnet ist oder ein Schild, auf dem steht *Willkommen am Nordpol*.

Es gelang mir immerhin, meine GPS-Bildschirme, wenn auch unscharf, zu fotografieren, um meinen eigenen historischen Rekord zu dokumentieren. Gleichzeitig flog ich das Flugzeug und sah aus dem Cockpit, um nach dem Nikolaus Ausschau zu halten. Nicht gerade der sauberste Flug, aber okay. Es war 22:50 Zulu, als ich den Nordpol passierte. Für dieses Ziel hatte ich gekämpft mit Entschlossenheit, einer zuverlässigen Maschine mit enormer Reichweite und meiner Passion fürs Fliegen. Ich kurvte mehrmals um den Nordpol als Tribut für die Sponsoren, die mich auf diese Weise zum Nordpol begleiteten. So konnte ich in wenigen Minuten die Erde mehrmals umkreisen!

Aber es blieb keine Zeit, mir auf die Schulter zu klopfen und mich über meinen Erfolg ausgiebig zu freuen. Denn mein Blick fiel auf den Kurs des GPS. Das Garmin 496 hatte sich mit einem großen roten Kreuz auf dem Bildschirm verabschiedet! Mein Garmin 430 hatte alle Informationen ausgeblendet bis auf eine einzige Message: Reset the system! Beide iPad Air Navigation Pro Apps versagten ebenfalls! Toll, knurrte ich – was nun? Das einzig Beruhigende war, dass jedes Heading nach Süden gehen musste. Aber beunruhigend war, dass ich überhaupt kein verlässliches Heading hatte. Oder doch? Aber sicher, ich hatte doch die Sonne! Ich flog in die Richtung, in der die Sonne zuletzt im gleichen Winkel links von mir gestanden hatte, von da aus etwa 70 Grad nach rechts. Dann wartete ich einige Minuten und startete das Garmin 430 neu.

Da sogar die Satellitenkonstellation verloren gegangen war, war der Neustart etwa so, als würde man in einem Land ein Gerät kaufen und es in einem anderen installieren. Der Reset dauerte unglaublich lange. Das Garmin 496 zeigte weiterhin keine Message, ich verfuhr aber damit gleichermaßen. Beide Air Navigation Pro Apps auf den iPads waren nicht wiederzubeleben. Die Software blieb tot, bis ich wieder zurück in Madrid war, sie gelöscht und neu aufgespielt hatte. Das Garmin 430 war wieder da, aber die dargestellte Linie war keine Gerade, sondern eine Kurve! Dasselbe beim Garmin 496. Da beide Einheiten keine Kartendarstellung der Erde zeigten, war ich mir nicht sicher, ob das Angezeigte überhaupt stimmte. Auch wenn das der Fall wäre, welchen Steuerkurs sollte ich setzen? Den ersten Teil der Kurve oder den letzten? Flog ich nach Spitzbergen, nach Alaska oder nach Sibirien?

Ich beschloss daher, so schnell wie möglich einen neuen Flugplan einzugeben. Der nächste Punkt sollte Madrid sein. Wenn die angezeigte Linie etwa so verlief, wie die nach Spitzbergen, dann wäre ich entspannt und alles würde ungefähr passen. Je südlicher meine Position wäre, umso besser würden die Systeme wieder funktionieren. Das stellte sich als richtig heraus, so dass ich allmählich ruhiger wurde.

Allerdings verschlechterte sich das Wetter je näher ich Spitzbergen kam. Die Wolkenobergrenzen stiegen und auch ich musste daher höher steigen. Etwa drei Stunden vor dem Ziel war ich auf 15 000 Fuß und es wurde verdammt kalt: Das Thermometer fiel auf minus 29 Grad Celsius. Mein Iridium Satellitentelefon versagte, die Nikon Kamera fror ein, erst der Autofokus, dann das ganze übrige System. Zum Glück gab es noch genug Licht, um zu sehen. Vor Spitzbergen suchte ich nach Wolkenlücken. Ich lauschte auch auf der VHF-

Frequenz, die mir Atle genannt hatte. "Du wirst keinen Empfang haben bis kurz vor dem Flugplatz", hatte er mich gewarnt.

An dieser Stelle muss man einfügen, dass der Tracker den Flug seit dem Start im Internet in Echtzeit darstellte, aber zwischen Nordpol und Spitzbergen um 12:12 Zulu einfror, als Michel auf über 15 000 Fuß steigen musste. Alle, die den Flug in Google Earth verfolgten, waren dadurch alarmiert. Auch das in Windy.com dargestellte Wetter ließ nur Böses ahnen. Alle Beobachter verfolgten über das Internet den Flug weiterhin, auch Atle in Alesund. Atle tauschte sich mit dem Controller auf Spitzbergen aus, als das eingefrorene Iridium die Daten des Trackers nicht mehr senden konnte.

Zugegeben, das Wetter war überhaupt nicht gut. Den Weg durch die Berge mitten durch dichte Wolken zu suchen, war irgendwie bedrohlich. Ich überlegte, ob ich hier doch nicht landen und weiter in den Süden nach Tromsö fliegen sollte. Wie eine Botschaft des Himmels blinkte das Empfangslicht auf dem VHF-Gerät auf und die magische Stimme des Controllers drang in meinen Kopfhörer.
 "EC XLL, Longyear, do you receive me?"

Das war natürlich genau der Moment, mit einer ruhigen festen Stimme, professionell und gelassen zu antworten. Bloß nicht aufgeregt klingen!
 Das Wetter am Flugplatz war viel besser als gedacht, ich musste nur darauf achten, nicht in eine Sackgasse ohne Ausweg einzufliegen. Der Himmel öffnete sich bald und ich erhielt Landefreigabe zur Piste 10 mit einem Willkommensgruß und *Gute Landung*. Ich drehte meinen Verstand auf Vollgas und versuchte eine sichere Landung. Ich wusste, dass es bei meiner Müdigkeit gefährlich wäre, allzu entspannt zu sein. Dass eine Landung hier möglich wäre, war nicht einmal sicher gewesen, deshalb war mein Einflug in den linken Queranflug letztlich fantastisch. Die Landung in einer wunderschönen Umgebung gelang. Da war ich nun, sicher angekommen und zufrieden. Jetzt konnte ich mich endlich etwas ausruhen.

Ich wurde zur Ostseite des Vorfeldes dirigiert. Ein langer Flug war vorbei, abenteuerlich und magisch, wenn nicht sogar *mystisch*. Als ich nach fast 12 Stunden das Triebwerk abstellte, die Kreiselinstrumente verstummten und ich die Haube öffnete, spürte ich eine überwältigende Ruhe und Stille. Die Szenerie war unglaublich. Wie versteinert saß ich einige Sekunden oder auch Minuten – ich weiß nicht mehr wie lange – einfach nur da. Es war Nacht, jedoch taghell.

Während ich meine Sachen ordnete, kam der Marshaller an. Ich muss schon sagen, dass alle Leute seit Beginn des Flugs wirklich nett und hilfsbereit waren – mit Ausnahme der Crew in Resolute. Vielleicht hängt die Freundlichkeit mit der Länge und Breite dieser Orte zusammen. Ich suchte den Controller im Turm auf, um mich bei ihm zu bedanken. Er meinte, sie seien kurz davor gewesen, die SAR Verfahren wegen mir einzuleiten. Unverständlicherweise hatte Kanada meinen Start in Resolute nicht weitergemeldet. Das Verfahren wäre also eingeleitet worden, ohne zu wissen, ob ich überhaupt gestartet war.

Tom Are sollte später noch zu einem Einsatz ausrücken. Er fliegt eine Dornier 228 für die A.S. Airline, eine Lufttransportfirma, die hauptsächlich Charterflüge zu Bergbaufirmen sowie Flüge für die Küstenwache und MedEvac-Einsätze durchführt. Als erstes fuhr mich Tom zu seinem kleinen, hübschen Apartment, damit ich ausruhen konnte. Ich fühlte mich nicht besonders gut, hustete und brauchte erst mal Medikamente. Nach seinem Einsatz holte mich Tom am frühen Abend ab, um die RV-8 in den beheizten Hangar zu schieben. Ein sauberer, aufgeräumter Hangar – und dazu noch ein warmer!

Als das Flugzeug versorgt war, ging es zum Dinner in ein nettes, gemütliches Restaurant. Tom hatte am nächsten Tag frei und lud mich zum Frühstück ins Hotel ein. Wir hatten uns während meines kurzen Aufenthalts viel zu erzählen.

Einen Eisbären sah ich während meines kurzen Aufenthalts auf Spitzbergen nicht. Es gibt sie zwar in der Umgebung, aber normalerweise bleiben sie dem 2 000-Seelen-Ort fern. Auf dem unter norwegischer

Verwaltung stehenden Spitzbergen sind auch andere Staaten unter einem besonderen Status präsent wie Russland und sogar Nordkorea. Jegliches Militär ist verboten.

Mein Sprit, 250 Liter (200+50) Avgas 100 LL, war von Tromsö per Schiff nach Spitzbergen geschickt worden. Der Flugplatz organisierte den Transport vom Hafen zum Terminal, wo ich vor dem Abflug tankte. Gebühren musste ich erfreulicherweise nicht bezahlen.

Auf Spitzbergen war das Wetter hervorragend, aber an meinem nächsten Ziel Alesund Vigra leider nicht ganz so gut. Sobald ich frei von den Bergen war, würde ich wegen Vereisungsgefahr äußerst niedrig unterhalb der Wolken fliegen müssen.

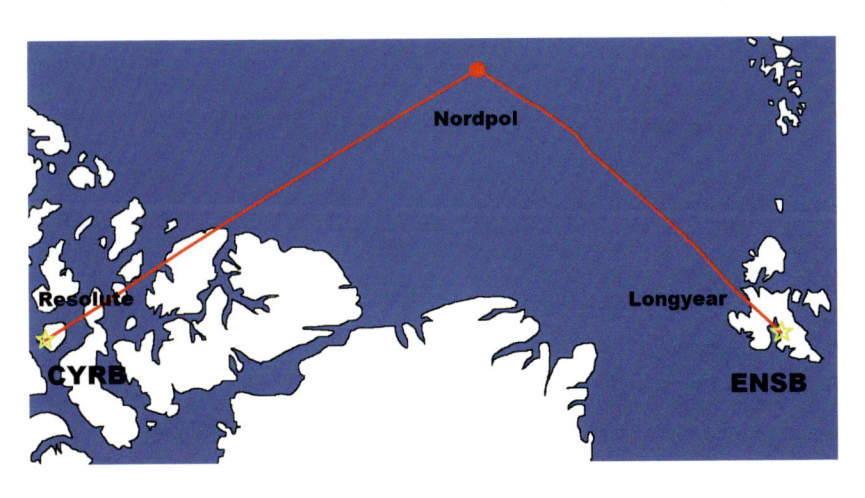

Flugstrecke	Datum	Etappe, nm	Gesamt, nm
Resolute – Longyearbyen	15.04.2016	1 640	14 384

Problem Himmelsrichtung: Wo ist Süden?

Über dem Nordpol war Seltsames passiert. Erst nach einiger Zeit begriff ich, was da mit den GPS-Geräten los war. Ein Hauptproblem hing mit der Datenbasis zusammen, wie einige der Diskutanten in meinem Blog bereits vermutet hatten. Das Garmin 496 hatte noch die Datenbasis von 2001. Wieso das? Ich hatte es nur als Backup für VOR-Positionen, Flugplatzkoordinaten, Höhe und Geschwindigkeit benutzt.

Der magnetische Nordpol ist seit 2001 um fast 1 000 km gewandert. Da ich etwa auf dem 95. westlichen Längengrad nach Norden flog, befand sich der magnetische Nordpol westlich von mir. Als ich die magnetischen Steuerkurse verglich, sah ich, dass sich der magnetische Steuerkurs des Garmin 496 mit 094 Grad von dem des Garmin 430 mit 070 Grad unterschied und zu verschiedenen Punkten wies. Auch wenn grundsätzlich die lokale Deklination zu berücksichtigen ist, war die Referenz zum Nordpol davon deutlich abweichend. Die Displays zeigten richtig an, so dass man jetzt verstand, was da nicht stimmte.

Beide Geräte funktionierten vor und nach dem Pol gut. Ich hatte keine Ahnung, wieso das Display nach Überquerung des Pols Kurvenlinien anzeigte, auch nicht, warum das Garmin 496 vor Erreichen des Pols einen Fächer in Richtung Spitzbergen angezeigt hatte. Besonders merkwürdig wurde es dann direkt am Nordpol. Die Zulu Zeit zeigte 22:46-40 nach insgesamt sechs Stunden und 45 Minuten Flug und 138 Knoten Geschwindigkeit. Acht Sekunden später, um 22:46-48 Zulu war die Flugzeit sechs Stunden und 46 Minuten, also eine Minute später, die Speed betrug auf dem Display 303 Knoten. Die schnellste RV-8 aller Zeiten! Fast 100 Fuß vom Nordpol zur Zulu Zeit 22:46-51,

also drei Sekunden später, war die Flugzeit sechs Stunden und 46 Minuten – okay, das stimmte wieder! Die auf dem Display angezeigte Geschwindigkeit betrug 3 112 Knoten! Das war FAI Geschwindigkeits-Weltrekord im Horizontalflug, was für ein tolles Flugzeug! Uijuijui!!!
Aber an der Flugzeugnase veränderte sich nichts, kein Tunnelblick, keine magischen Lichter, kein Warp (also hypothetischer Antrieb, der Reisen mit Überlichtgeschwindigkeit durch gezieltes Krümmen der Raumzeit ermöglicht, wie aus der Science-Fiction-Literatur bekannt). Und dann: keine Speed-Anzeige mehr, Zulu Zeit 22:46-52, eine Sekunde später, Flugzeit sechs Stunden und 42 Minuten, minus vier Minuten Flugzeit?! Das erinnerte stark an Superman's Zeitreise. Womöglich hatte mich auch Santa Claus verwirrt. Der Nordpol ist schon etwas ganz besonderes oder?

Das Phänomen führte zu ausgiebigen Diskussionen im Skypolaris Blog. Die Ursachen der Probleme lassen sich wie folgt beschreiben:
    Problem 1 ist die Tatsache, dass der magnetische Pol erheblich driftet. Die Garmin-Software berücksichtigt das aber nur statisch, eine Vorherberechnung der Drift ist physikalisch unmöglich. Solange man sich im WGS84 (World Geodetic System 1984) Satelliten-Koordinatensystem zum geographischen Nordpol bewegt, dessen Koordinaten das GPS errechnet, ist das kein Faktor. Ein magnetischer Steuerkurs benötigt aber die aktuelle Referenz zum magnetischen Pol, sonst ist er falsch.
    Problem 2 ist die Positionsberechnung im Raum (x, y, und z) in der Nähe des Pols. Dort zeigte sich die eingeschränkte numerische Präzision der Garmin-Prozessoren, je älter, umso mehr. Das resultierte in Abweichungen der Geräte untereinander. Garmin berechnete – wie jedes GPS-Gerät – aus den Zeitkoordinaten der Satellitenbahnen über die sphärische Trigonometrie die Position des Empfängers im Raum. Genau über dem Pol bei 90 Grad führte das dann zum Formelproblem der Division durch Null (Cosinus von 90 Grad = Null). Die Software wird eine Fehlermeldung produzieren, was auch geschah. Hinzu kam, dass die Satellitenabdeckungen am Pol schlecht sind. Satelliten bewegen sich dort flach am Horizont und die Position wird auch dadurch ungenauer. Solange man irgendeine Art von Koppelnavigation auf einer Karte führt und einen Kreiselkompass an Bord hat, lässt sich

diese Situation so lange überbrücken, bis sich die GPS-Rechner wieder außerhalb dieses Bereichs der numerischen Ungenauigkeit befinden und der Kreiselkompass nicht zu viel driftet.

Michel hatte zwar keinen Kreiselkompass im Panel – aber *im Kopf*. Indem er sich an der zum Glück sichtbaren Sonne orientierte, schätzte er die Kursänderung um 70 Grad nach rechts einfach ab und flog solange weiter, bis die GPS-Geräte wieder erwachten!

Willkommen auf Norwegisch: Alesund

Ich startete in den Fjord hinaus, beschleunigte und verabschiedete mich mit Flügelwackeln, um meinen Freunden auf Spitzbergen zu danken. Dann zog ich am Steuerknüppel und stieg auf wie ein heimwehkranker Engel. Wunderbare Landschaft und weiße Berge griffen nach mir. Ein paar Mal spielte ich mit ihren Gipfeln. Dann tauchte wieder der Atlantik auf mit vielen schönen zerbrochenen Eisschollen.

Ich beschloss, das Festland bei Andoya auf den Vesteraleninseln zu erreichen und dann die Küste entlang zum Flughafen Vigra bei Alesund zu fliegen. So konnte ich den Ausblick auf die Küste genießen und gleichzeitig waren auch meine Überlebenschancen besser. Ich sah die ersten Schiffe auf diesem Flug in der nördlichen Hemisphäre, viele Trawler.

Dies rief Erinnerungen an meine Zeiten mit der P3 in der Air Force wach; ich ging runter, um einen *Verdächtigen* zu identifizieren. Das geschah durch Ablesen des Schiffsnamens, also in kurzer Distanz im Vorbeiflug. Dabei musste ich mit dem Kurs vorsichtig sein, denn mit 45 Grad am Bug vorbeizufliegen bedeutete, dass dessen Kapitän dem Kurs des Flugzeugs folgen musste! Ich entdeckte auch ein Marineschiff, umringt von vielen Fischerbooten, das die Fischer kontrollierte.

Wie angekündigt wurde das Wetter schlechter und ich musste zahlreichen Schauern ausweichen. Die Temperatur stieg nun von minus 11 Grad Celsius auf angenehme plus 5 Grad Celsius in 1 500 Fuß an! Die norwegische Küstenlinie verläuft im Golfstrom und ist wirklich wunderschön. Viele bunte Häuser liegen malerisch verstreut in Fjordbuchten, umgeben von zahlreichen kleinen Inseln und unberührtem Wasser. Ein perfekter Platz, um tagelang aller Hektik zu entkommen, perfekt für Dichter, Fotografen und Träumer. Sicher komme ich zurück.

Die Freundlichkeit der Air Traffic Controller überraschte mich sehr, ebenso die Reichweite von Radar und VHF. Das schuf Vertrauen! Etwa siebeneinhalb Stunden später drehte ich auf die Piste 25 von Vigra ein und erhielt Landefreigabe. Was für ein wunderbarer Flug! Die norwegische Küste von Fjorden zerklüftet und mit vorgelagerten Inseln und Inselchen ist von atemberaubender Schönheit. Lange Zeit lagen die Inseln abseits und isoliert, jetzt werden sogar Fähren von Unterwassertunneln abgelöst. So ist das auch am Flughafen von Alesund auf der Insel Vigra. Auf diese Weise unter Wasser zu geraten, hatte ich nicht erwartet!

Atle, der mich in Empfang nahm, wurde als Kampfpilot in der US Air Force trainiert und machte damals seine Ausbildung mit dem späteren US-Präsidenten George W. Bush. Als F5-Pilot konnte er tausend und eine Geschichten über seine Flüge erzählen. Dazu kann ich nur sagen, Atle ist nicht nur ein Pilot, sondern ein richtiger Flieger! Es faszinierte mich, mir vorzustellen, wie er in enger Formation knapp über enge Fjorde flog und über einer Parkplatzfläche eine Landkarte für einen Freund abwarf. Die Karte war zwischen den eindrucksvollen Bremsklappen der F5 eingeklemmt, wurde aber dummerweise beim Abwurf in viele kleine Papierfetzen zerfleddert.

Während meines Aufenthalts in Alesund nahmen mich Atle, seine Frau Sonja und die ganze Familie überaus herzlich in ihrem Haus auf. Bisher durfte ich solch eine Gastfreundschaft nicht allzu oft genießen. Gerne wäre ich bei ihnen noch viel länger geblieben, denn seit Spitzbergen fühlte ich mich angeschlagen und krank.

Vor einigen Jahren als Atle noch für die Braathens Airline flog, bekam er von seiner Frau Sonja einen Kitfox Bausatz geschenkt. Als Peter Schneider aus Würzburg auf dem Flug zum Nordkap mit seiner Kitfox Vixen auf dem Vorfeld von Tromsö stand, klemmte ihm Atle eine Notiz mit seinen Kontaktdaten ans Cockpitfenster. Das war der ungewöhnliche Beginn ihrer Fliegerfreundschaft und der Grund, dass ich Atle und Tom überhaupt treffen konnte.

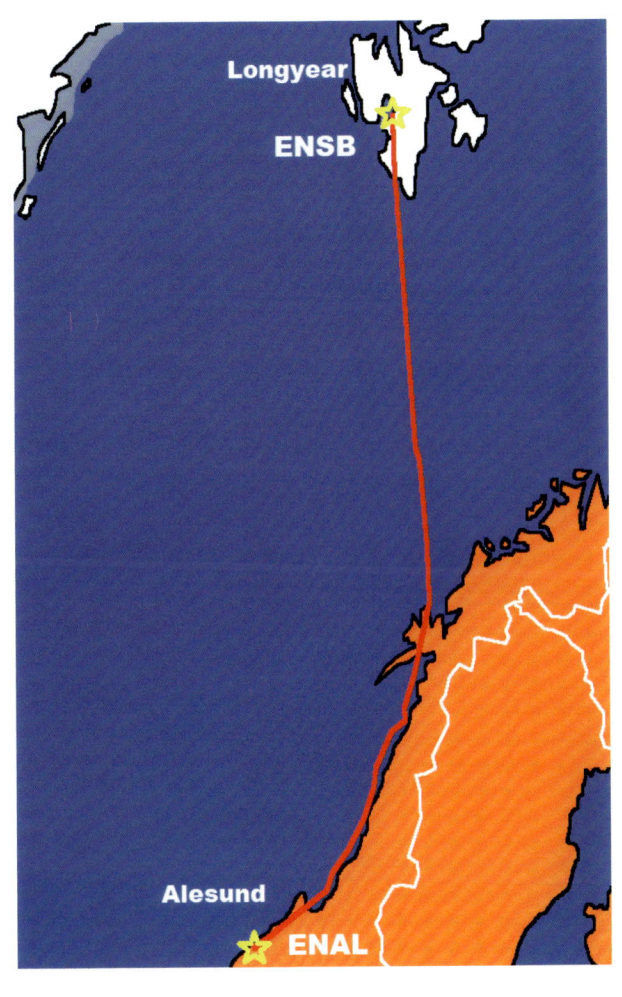

Flugstrecke	**Datum**	**Etappe, nm**	**Gesamt, nm**
Longyearbyen – Alesund	16.04.2016	1 006	15 390

Endlich die vorletzte Etappe: Durch Europas Mitte

Aber die Zeit lief mir erbarmungslos davon und ich wollte die AERO in Friedrichshafen, Europas bedeutendste und größte Messe für die Allgemeine Luftfahrt, rechtzeitig erreichen und davor noch in Würzburg Station machen. Das Wetter verschlechterte sich zusehends, daher schied ein Direktflug nach Deutschland aus. Die Wolken über Norwegen und dem Atlantik waren perfekt für Vereisung. Ich hatte aber keine Lust, in Eis verwandelt zu werden.

Nach langen Gesprächen mit Atle entschied ich mich für einen Aufbruch über Wasser entlang der norwegischen Küste. Das liebe Windy.com zeigte mir, dass ich ziemlich tief fliegen musste, unterhalb von 1 000 Fuß. Das war ein verdammt schmales Band. Dazu gesellte sich eine Wetterfront, die Deutschland von West nach Ost überqueren sollte. Wenn ich bis Würzburg kommen wollte, musste ich schnell fliegen, schneller als der Wind, um noch vor dieser Wolkenfront anzukommen. Der vorhergesagte Gegenwind war dabei keine Hilfe. Ich setzte als Ziel die deutsche Nordseeinsel Sylt ein. Zwar wäre auch ein direkter Flug nach Würzburg möglich, aber ein Tankstop war mir lieber. Nach Sylt mit seinem netten Inselflugplatz für Touristen könnte ich auch bei sehr niedriger Wolkenschicht unter Sichtflugbedingungen und Vermeidung von Vereisung gelangen. Nach kurzer Nacht bereitete Atle ein gutes Frühstück zu und wenig später waren wir am Flugplatz. Das Wetter war, wie erwartet, gerade noch flugtauglich. Atle, die Zeit bei dir und deiner Familie war einfach herrlich!

Ich flog nach Südwesten entlang der märchenhaft schönen norwegischen Küste. Viele Fischfarmen lagen verstreut, farbenfrohe Häuser, kleine Dörfer, dümpelnde Boote, leere Straßen, wenige Leute. Links von meinem Kurs lagen die Berge, rechts davon war der Himmel dicht. Nicht einmal eine Mücke hatte da Platz, auch vor mir war der

Himmel geschlossen und es schien kein Durchkommen zu geben. Viele Gewitter standen am Horizont, schwarzes Wasser unter mir und nur hier und da ein winziger Lichtschimmer im Grau. Ich versuchte daher, im Slalom kleine Wolkenlücken zu finden und dabei nicht in Wolken hineinzufliegen, denn darin konnte sich eine der vielen Felseninseln verstecken. Der Wind zerrte heftig an den Flügeln, die Groundspeed sank auf 96 Knoten, trotz einer Airspeed von 160 Knoten. Jetzt tauchten größere Ansiedlungen auf, Fabriken schossen empor und allmählich verschwand das Magische der unberührten Landschaft. Die Zivilisation hatte mich wieder. Ich war erleichtert und traurig zugleich.

Jetzt musste ich auf 500 Fuß sinken; die See war aufgewühlt. Das war beunruhigend, denn bei Motorausfall hätte mir der Fallschirm in dieser Höhe nichts genützt. Wasser ist bei hoher Geschwindigkeit hart wie Beton. Das Flugzeug ins Wasser setzen zu müssen, wäre alles andere als komfortabel. So gab ich meinem Flieger viele Streicheleinheiten und weiter ging es. Die offenen Gewässer der Nordsee mit diesen riesigen schwarzen Wellenbergen zu überqueren, war alles andere als ein Vergnügen, aber es half ja nichts, ich musste weiter gen Süden.

Als ich mich so umsah, wurden meine Befürchtungen größer. Würde ich von Sylt im Sichtflug mit einem VFR-Flugplan überhaupt noch wegkommen. Sooo – also wieder mal eine Flugplanänderung, diesmal mit Ziel St. Michaelisdonn, etwas südöstlich von Sylt gelegen. Eine kluge Entscheidung! Die vielen Windgeneratoren im Meer unterwegs überraschten mich. Das Wetter besserte sich erfreulicherweise rasch, als ich mich St. Michel (sorry, St. Michael …) näherte und in den rechten Queranflug ging. Mit einem Flugleiter auf Englisch zu sprechen, sollte wohl auch hier für Piloten okay sein.

Aber da war diese hässliche Ente, die es nicht juckte, dass EC XLL im rechten Gegenanflug war. Dieser große Motorsegler ging einfach in den linken Gegenanflug und vergaß dabei den Rest der Welt. Er tauchte genau vor meiner Nase auf. Sah er nicht, dass wir beide kurz vor einer Kollision standen!? Abrupt riss ich meine RV-8 nach links oben, um einen Zusammenstoß in letzter Sekunde zu vermeiden. Dann schickte ich ihm alle Flüche der Welt nach (nicht über Funk). Ich landete und rollte mein Flugzeug neben seines. Der Pilot erwiderte nicht einmal mein *Guten Morgen!* Ich entschied mich, es dabei bewenden zu lassen und zog meinen Überlebensanzug aus.

Überraschung! Mit hoher Geschwindigkeit brauste ein Polizeifahrzeug mit zwei deutschen Zollbeamten heran. "Guten Morgen, how are you doing?" "Schönes Wetter hier!" Diese Antwort hatten sie wohl nicht erwartet und entspannten sich ein wenig. "Sie durften hier nicht landen", erklärte der größere Zollbeamte. "Sie hätten auf einem Zollflugplatz landen müssen!" "Nun, ich komme aus Norwegen, das ist doch Europa und da muss ich doch nicht auf einem Zollflugplatz landen!" "Doch, das müssen Sie. Norwegen ist zwar Europa, aber es hat einen Sonderstatus. Sie hätten zum Beispiel nach Hamburg fliegen können." Die beiden sprachen nicht besonders gut Englisch und mein Deutsch war ja gar nicht vorhanden, die Verständigung klappte demnach nur mit größter Mühe. Beide blieben aber freundlich und zeigten großes Verständnis für meinen Fehler. "Da hatten Sie aber enorm viel Glück, es erspart Ihnen mehr als 70 € im Vergleich zu einer Landung in Hamburg", meinten sie augenzwinkernd. Nach Zollabfertigung und Auftanken tranken wir sogar noch einen Kaffee zusammen. Was für ein Unterschied zu dem US-Zöllner!

Flugleiter Uwe kümmerte sich in St. Michaelisdonn um mich, alles war recht einfach. Es tat ihm leid, dass der Zoll aufgekreuzt war. Der war sonst immer recht beschäftigt und überprüfte normalerweise nur Schiffe, die nach Sylt fuhren. Vermutlich gab es da verdächtige Transporte von Süd nach Nord.

Laut Vorhersage war eine Wetterverschlechterung zu erwarten, daher wollte ich nicht länger als unbedingt nötig bleiben. So verabschiedete ich mich von den Zollbeamten und Uwe. Sicherlich ein schöner Platz, aber Vorsicht vor Motorseglerpiloten!

Der Flug nach Würzburg dauerte nur kurz, die Landschaft änderte sich jetzt, auch die Häuser, Dächer, Fassaden sahen anders aus. Kleine Waldstücke, offene Felder, Hügel und Täler sausten unter meinen Flügeln vorbei. Egal wo man fliegt, immer gibt es gute Gründe, mit der Nase an der Haube zu kleben. Fliegen geht ja fast von selbst! Bald tauchte der Fluss Main auf und ich ging tiefer zu einem Überraschungsangriff! Der Flugleiter war auf Frequenz. Seine Stimme kam mir bekannt vor, irgendwie seltsam! Der spricht so ähnlich Englisch wie – Peter? Hm? In der Tat, es war Peter, der mich willkommen hieß! Das Flugzeug war bei 270 km/h fast schon über den Baumwipfeln. Ich zog die Maschine hoch in eine Steilkurve. Triebwerk auf Leerlauf, Propellersteigung ganz nach vorne, Gemisch reich, Benzinpumpe an, 80 Knoten, Klappen 10 Grad, Endanflug eindrehen, 75 Knoten und volle Klappen. Ich wusste, dass alle meiner Landung zuschauten – ich gab mir Mühe, damit mich keiner auslachte.

Ich war froh, mein Triebwerk endlich in Würzburg abstellen zu können. Vor wie langer Zeit hatte ich versprochen, den Besuch meines Freundes Peter zu erwidern? Endlich fand mein Gegenbesuch statt. Ich wusste, dass das nicht einfach würde: Ich brauchte Schlaf und das wird schwierig, wenn man einen Freund trifft und sich so viel zu erzählen hat! Auch ein Reporter der Lokalzeitung war zum Interview erschienen, um einen Bericht für die nächste Ausgabe zu schreiben. Es dauerte daher eine ganze Weile, bis wir den Flugplatz verlassen konnten. Alles war arrangiert, um die RV-8 zu hangarieren. Beide brauchten wir diesen Austausch. Ich und mein Flugzeug, das sich freute, lange Gespräche mit seinen neuen Freunden im Hangar zu führen, so wie in Disneys Fliegerfilm *Planes*. Später wurde mir klar, dass die Unterhaltung nicht einfach war: Deutsch ist manchmal doch etwas schwierig zu verstehen und erst recht zu sprechen!

Peter hat eine Kitfox Vixen mit herausragender Verarbeitung gebaut, die bei den FAI World Air Games 2009 in Turin in Italien einen Preis erhalten hatte. Damals war ich Preisrichter und erfreut darüber, dass meine Preisrichter-Kollegen mir zustimmten.

Ich konnte mich bei Peter von meinen Strapazen erholen. Auf einem Stadtrundgang in dieser bemerkenswert schönen Stadt besuchten wir auch die Residenz, ein Weltkulturerbe und Peter hatte viele lustige Geschichten aus seiner Studentenzeit parat. Sein Sohn Norman, der die gleiche Leidenschaft fürs Fliegen hat und Pilot bei der Luftwaffe der Bundeswehr wird, begleitete uns.

Am Abend trafen wir Peters Freund Alexander Zarikow, einen sehr interessanten, unterhaltsamen Maschinenbauingenieur, wie es sie nicht viele gibt. Er steckt stets voller Ideen für neue (Flug)projekte und entwickelt einen Nurflügler, ein interessantes Flugzeugdesign, das er hoffentlich weiter verfolgen wird. Über welche Themen sollten wir uns auch sonst unterhalten, außer uns über Flugzeuge und den Traum vom Fliegen heiß zu reden?

Am anderen Morgen schoben wir Peters Kitfox Vixen aus der Garage seines Hauses. Ja, in der Tat, sein Haus ist über dem Hangar erbaut! Den Flieger zogen wir mit dem Auto den kurzen Weg zum Flugplatz hinauf, klappten die Flügel auf und machten die Vixen startklar. "Willst Du ans Steuer, Michel?" "Nein, Peter, heute möchte ich einfach als Passagier den Rundflug genießen. Ich bin in letzter Zeit wirklich genug geflogen!"

Inzwischen vernahm ich die Beschwerden der anderen Flugzeuge, die den Hallenplatz mit meiner RV-8 teilten. Flüge über so weite Strecken, Landungen auf Schotter- und Schneepisten, überzogen von Salzspray, Vulkanasche und Insekten, das ließ die RV-8 alles andere als gepflegt aussehen. An seinen Abenteuern teilzuhaben und den Duft der großen weiten Welt zu schnuppern, war den anderen Flugzeugen nicht genug, sie wollten, dass die RV-8 frisch rasiert, geschniegelt und gebügelt, gebadet und wohl duftend aussah. Also, so blieb mir nichts anderes übrig, als meinen Flieger einer gründlichen Reinigung zu unterziehen.

Nach drei Tagen in Würzburg ging es wieder zum Flugplatz, um die RV-8 für die nächste Etappe nach Friedrichshafen startklar zu machen. Wir hatten noch etwas Zeit für einen Brunch in der Pizzeria am Flugplatz. Zu guter Letzt spendierte Peter noch den Sprit bis Madrid. Was soll ich dazu sagen, Peter? "Biiig Thaaanks!!!"

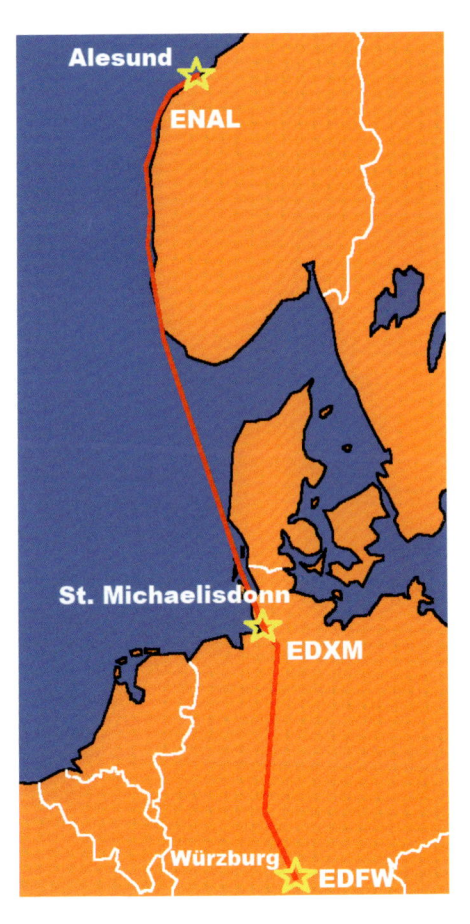

Flugstrecke	Datum	Etappe, nm	Gesamt, nm
Alesund – St. Michaelisdonn	18.04.2016	579	15 969
St. Michaelisdonn – Würzburg	18.04.2016	252	16 221

Ende erster Teil: Glückliche Heimkehr nach Spanien

Ich hatte Kontakt zur Organisation der AERO in Friedrichshafen, die mich schon erwartete. Alle, die mit eigenem Flugzeug anreisten, mussten sich an den vorgegebenen Slot halten. Der Flug von Würzburg nach Friedrichshafen dauerte nur etwa eine Stunde, der Slot zum Landen galt für genau zehn Minuten von 12:20 bis 12:30 Zulu.

Der Flug dahin verlief ruhig und ohne Probleme, bis ich mit Langen Information sprach. Das Senden funktionierte nicht. Das Kabel zwischen meinem Helm und dem Mikrofon hatte eine Macke. Wenn ich es verdrehte, gab es nur eine bestimmte Position, die mir zu sprechen ermöglichte. Man teilte mir mit, ich dürfe ohne funktionierenden Funk nicht in die Kontrollzone einfliegen. Oops, was jetzt? Aufgeben? Nach Sun 'n Fun nun auch noch die AERO Friedrichshafen verpassen! Nein, diesmal durfte es nicht noch mal ausfallen! Irgendwie schaffte ich es, Langen Info zu überzeugen, dass das Problem gelöst sei. Weitere Funksprüche vermied ich ab jetzt. Zehn Minuten vor der Landung musste das Ding aber unbedingt funktionieren! Ich nahm das Kabel so in die rechte Hand, dass das Funken klappte und behielt es eisern in dieser Position. Das Flugzeug flog ich mit links bis zur Landefreigabe. Alles ging gut! Wohin ich abrollen sollte, wusste ich bereits, ich stellte das Triebwerk ab und war erlöst.

Ich hatte es tatsächlich bis hierher geschafft; ich war das erste Mal auf der AERO. Auch meine RV-8 erfreute sich an der Gesellschaft so vieler Flugzeuge und – eines Zeppelins. Sie war stolz, sauber und kerngesund in Friedrichshafen am 21. April 2016 gelandet!

Die Organisation der AERO versorgte mich freundlich und gut. Nach der Airshow konnte ich mein Flugzeug vom südlichen zum nördlichen Vorfeld verholen und versuchte dann, das Mikrofonkabel zu reparieren. In dem großen Hangar verwies man mich an einen Avioniker, der in ein paar Minuten das verdammte Kabel ausgetauscht hatte und für den Job nicht mal was haben wollte! Das Beste bei solchen Flügen ist, dass man so tolle Leute trifft!

Als ich am Abend ein Taxi zum Hotel nahm, war ich ziemlich verblüfft, dass es wartete und erst abfuhr, als es voll besetzt war. Sammeltaxis kannte ich bislang nur aus Entwicklungsländern.

Am nächsten Morgen wurde das Flugzeug auf die Show-Fläche geschoben. Wie viele Besucher es umringten! Auch einigen meiner Sponsoren, die hier vertreten waren, musste ich einen Besuch abstatten. Den Chefredakteur des Aerokurier traf ich zu einem Interview, denn er wollte einen Bericht über meinen Flug veröffentlichen. Ich suchte auch den Stand der Firma Garmin auf, um ihnen die Probleme ihrer Geräte über dem Nordpol zu schildern. Sie waren erstaunt, aber ganz offen. Ich versprach ihnen einen umfassenden schriftlichen Bericht. Ich traf viele Spanier, auch Juan war da, der mir sein Iridium Satellitentelefon geliehen hatte.

Noch war das Wetter durchaus brauchbar, aber da es sich im Lauf des Flugs Richtung Madrid deutlich verschlechtern sollte, konnte ich mich in Friedrichshafen nicht so lange aufhalten wie ursprünglich beabsichtigt. Die einzige Möglichkeit war, noch am gleichen Abend zu verschwinden, aber wohin? Eine kleine Wetteröffnung wurde um Lyon herum vorhergesagt. Danach sollte wieder alles dicht sein. Frustriert füllte ich einen Flugplan für den Abflug um 17:30 Zulu aus. Obwohl das Triebwerk um 17:15 lief und ich die Graspiste akzeptierte, musste ich noch bis 17:30 warten. Die Controller hier waren streng und nahmen es ganz, ganz genau. Das sind sie auch in Oshkosh, aber wesentlich effizienter.

Ich flog wieder sehr niedrig, kratzte an den Berggipfeln und genoss die schöne Landschaft. Die schweizerischen Controller kamen auf die Frequenz und fragten nach meiner Absicht.

"Nun, vor mir sind Wolken, aber ich denke, ich komme da durch."
Dies gefiel ihnen überhaupt nicht und sie wiesen mich stattdessen an, östlich der Bergkette in niedrigerer Höhe zu fliegen.
"EC XLL, proceed from present position to SPR and then to Annemasse."

Keine andere Chance, dieser Anweisung war zu folgen. Der Flugplatz Annemasse liegt östlich von Genf. Vor etwa 15 Jahren flog ich mit meiner Kitfox einmal dorthin in Formation mit meinem Freund Guillermo Cabarcos und der Skyranger meines Freundes Miguel Garcia. Wir flogen in 7 000 Fuß über den Genfer Flughafen und schauten auf die landenden Airliner. Dann flogen wir Spiralen nach Annemasse hinunter. Es war so windig, dass wir außerhalb der Piste auf Gras gegen den Wind landen mussten. Was für unvergessliche Zeiten damals!

Im Anflug auf den Flugplatz erhielt ich einige Vektoren und die Freigabe bis zum Flughafen Lyon. Aber was war das voraus? Plötzlich stand eine Seilbahn direkt in meiner Flugroute im Weg! Der Berghang war extrem steil und ich konnte mir nicht vorstellen, dass ich mich schon so nah an diesen Seilen befand. Aus diesem Grund ist VFR eben VFR. Sehen und vermeiden! Überraschungen lauern überall!

Seit dem Nordpol konnte ich nicht mehr mit dem iPad navigieren, da das gesamte System ausgefallen war. Ich musste stattdessen auf Papierkarten ausweichen und meine Garmins benutzen.

Mein Ziel, Lyon-Bron, liegt sechs Meilen westlich des Lyon Satolas International Airport (nein, jetzt heißt er St. Exupery). Auf direktem Weg war da kein Hinkommen, ein riesiger von schwärzlichen Wolken gekrönter Felsen lag genau vor meiner Nase. Der Grand Colombiers war die letzte Bedrohung auf diesem Flug. Die Anflugkontrolle erteilte Freigabe direkt zum Bron Airport, und schon bald landete ich auf Piste 34. Alles war bestens, lokale Piloten tauchten auf.

Walter klebte überall Tapes auf sein Flugzeug. "Wozu soll das gut sein?" "Wegen des Regens, der dringt überall ins Flugzeug ein." Walter fliegt eine SIAI Marchetti SF 260. Er ist ein Himmelsschreiber, der mit speziellem Rauch Gefühle ins Himmelsblau schreibt, für all die, die sich freuen und andere, die weinen sollen. Netterweise fuhr er mich in ein Flughafenhotel und dann zum Aeroclub, wo ich weitere Piloten traf. Frankreich ist ein Land des Luftsports und Lyon war genau der richtige Platz.

Ich hatte schon erfahren, dass ich am Montag um 10:30 in Cuatro Vientos in Madrid erwartet wurde, unter anderem auch von der Ministerin für Entwicklung. Aber das konnte noch schief gehen. Jetzt war Freitagabend und der Samstag war wetterbedingt ein *No-Fly-Tag*. Nicht einfach, aber hier in Lyon auszuharren, war sicherlich klug.

Die erzwungene Wartezeit nutzte ich für eine kleine Stadtbesichtigung. Ich liebe es, einfach ohne Plan loszugehen und Straßen und Plätze zu entdecken, die ich sonst bei vorgegebenen Routen aus Reiseführern nie erkunden würde. Auf einmal stand ich vor einem Modelbaugeschäft für Flugzeuge. Es hieß *Jet*, war sehr alt und – was für ein einzigartiger Zufall – es war der erste Laden, bei dem ich als kleiner Junge nach Übersee etwas bestellt hatte, so etwa vor 46 Jahren. Ich glaube, die Rechnung von damals besitze ich noch immer.

Der Sonntag zeichnete sich als ein bedingter *Go-Tag* ab. Im Rhone Tal sah das Wetter nicht allzu schlecht aus, der Mistral, ein starker Wind, sollte von Norden her blasen. Ein Problem stellten jedoch die Pyrenäen dar, wo Earthrounder Flemming auf mich wartete. Dort war das Wetter mehr als lausig und ich war nicht sicher, ob ich es am Montag schaffen würde, zur verabredeten Zeit in Madrid zu erscheinen. Jammerschade, aber ich musste deshalb den Pyrenäenbesuch absagen. Mein neues Ziel war nun Requena, östlich von Madrid gelegen.

Doch jetzt war es an der Zeit, schlafen zu gehen. Am nächsten Tag würde ich endlich zurück in Spanien sein, also:
Lichter: aus.
Augentrimmung: unten.
Schnarchsystem: an.

Mittlerweile fieberte ich dem Ende des ersten Teils meines Flugs entgegen. Ich konnte es wirklich kaum erwarten, endlich zu Hause anzukommen. Aber, nichts ist vollendet, bis der Propeller am Zielort stillsteht, und daher war jetzt umso mehr Sorgfalt gefragt. Der Mistral blies, wie vorhergesagt, das Rhone Tal hinunter. Im Westen standen Wolken, ebenso im Norden und Osten. Die Entscheidung zur *Flucht* aus Friedrichshafen war also richtig gewesen. Nun galt es erneut, richtige Entscheidungen zu treffen: mit dem Rückenwind nach Süden und dann entlang der Küste zu fliegen oder nach Südwesten über die Berge zu klettern und mit den Wolken zu spielen.

Ich entschied mich fürs Spielen. Aber der Fehler dabei lag nicht an mir, dem Spieler, sondern am Spielzeug! Der Kurs führte direkt über Narbonne nach Requena in Spanien, etwa eine Stunde östlich von Madrid mit allerlei Einrichtungen und auch Unterkünften. Da der Auftritt der Ministerin für Entwicklung am Montag um 10:30 bestätigt wurde, wollte ich es keinesfalls riskieren, unpünktlich zu erscheinen.

Die Landschaft war wunderschön, aber es wurde ein ungemütlicher Flug. Meine Augen tanzten wild in den Augenhöhlen. Mein Kopf, mein ganzer Körper führten einen Veitstanz auf, alles um mich herum befand sich ebenfalls im Taumel. Wenn Turbulenzen als leicht, moderat und heftig bezeichnet werden, dann waren diese zweifellos: heftig hoch drei. Zum Glück war der Sprit bis auf ein Minimum verbraucht und das Flugzeug dadurch federleicht. Wenn ich eine längere Strecke vorgehabt hätte, wäre ich garantiert am Boden geblieben. Gut nur, dass sonntags in Frankreich die militärischen Flugbeschränkungszonen nicht aktiv sind. So konnte ich sie frei durchfliegen. Die Pyrenäen lagen vor mir und ich stieg auf 10 000 Fuß, um die Felsen loszuwerden. Dann, erreichte ich schließlich Spanien.

"EC XLL, Barcelona Control, wir alle gratulieren Ihnen zu Ihrer Leistung und heißen Sie zurück in Spanien herzlich willkommen."
Ich war überwältigt und wusste nicht, was ich antworten sollte.
Welch ein Moment! Danke Enaire!!!
"EC XLL, wohin wollen Sie fliegen?"
"Kann ich direkt nach Requena fliegen?"

"EC XLL, Freigabe direkt Requena!"

Jetzt war ich gelöst. Die Sonne schien, die Landschaft war malerisch. Nur der Wind spielte ab und zu über den Bergen und brachte mich immer wieder zum Tanzen. In Requena gab es ein Treffen für Oldtimer – Autos und Flugzeuge. Ich traf gerade zum Ende der Veranstaltung ein und gesellte mich zum Mittagessen zu den Besuchern. Wegen meiner Erkältung war ich aber doch recht angeschlagen und müde und zog mich schnell ins Hotelzimmer zurück, nachdem ich meinen Flieger im Hangar untergebracht hatte. Verdutzt stellte ich fest, dass meine Heckkamera nicht mehr an ihrer Halterung am Höhenleitwerk befestigt war. Wo war sie bloß? Seltsam, war sie ein Opfer der Turbulenzen geworden?

Das Wetter sollte am Montag gut werden und ich bereitete alles aufs sorgfältigste vor. Um ja keine Zeit zu verlieren, die später schwer einzuholen wäre, startete ich sicherheitshalber zu dem einstündigen Flug schon eineinhalb Stunden vorher. Ich flog tief mit 100 Knoten und brauchte dabei nur 21 Liter pro Stunde. Ich schoss die letzten Bilder und kurvte umher. Je öfter ich reise und unterwegs bin, umso mehr gefällt mir Spanien. Es ist zwar nur ein verhältnismäßig kleines Land, aber seine Vielfalt ist riesig, es gibt hier sogar tropischen Wald.

Ich bereitete mich auf einen tiefen Überflug um 10:28 vor und auf die Landung um 10:30. Während des Überflugs wollte ich eigentlich eine Victory-Rolle machen, aber ich entschloss mich, diese dem Ende des zweiten Teils meines Flugs vorzubehalten, sollte mir der Flug um beide Pole glücken. Hm, wieder versperrten diese Feuerwehrfahrzeuge mit ihrem Wasserspalier den Weg ... Also, Haube zu und durch!

Viele Freunde, Familie, Medienvertreter und natürlich Ana Pastor, die Ministerin für Entwicklung, erwarteten mich. Welch ein imposanter Empfang! Meine jüngste Tochter Marta sprang zu mir herauf, gerade als ich auf die Ministerin zugehen wollte. Ana Pastor sagte lächelnd:

"Das Wichtigste ist die Familie!" Ich war vollkommen überwältigt von dieser Begrüßung, bewahrte aber Haltung. Die Ministerin und der Präsident des Spanischen Aeroclubs José Luis Olías hielten Reden. Ich gab viele Interviews, führte unzählige Gespräche und beantwortete geduldig alle Fragen.

Erst nach und nach stellte sich das Gefühl ein, diese Herausforderung tatsächlich bewältigt zu haben. Dieser Flug war aber viel mehr als eine Herausforderung, er war ein Kampf – nicht allein mit Technik, Wetter oder Bürokratie, sondern vor allem mit mir selbst. Dieses Vorhaben war *das* Abenteuer meines Lebens. Die Aufgabe war oft nicht leicht gewesen. Ich hatte allen zu danken, die mir vertraut hatten. Sie saßen immer bei mir im Cockpit, waren in meinem Herzen und flogen mit mir durch Afrika, über den Amazonas, durch die Angel Falls und über den Nordpol wieder nach Hause. Danke euch allen!

Bevor es mit der Verwirklichung der zweiten Etappe, dem Flug über die Antarktis, weitergehen sollte, standen jetzt erst mal Erholung, Entspannung und Ausruhen an und dann nochmal Erholung, Entspannung und Ausruhen.

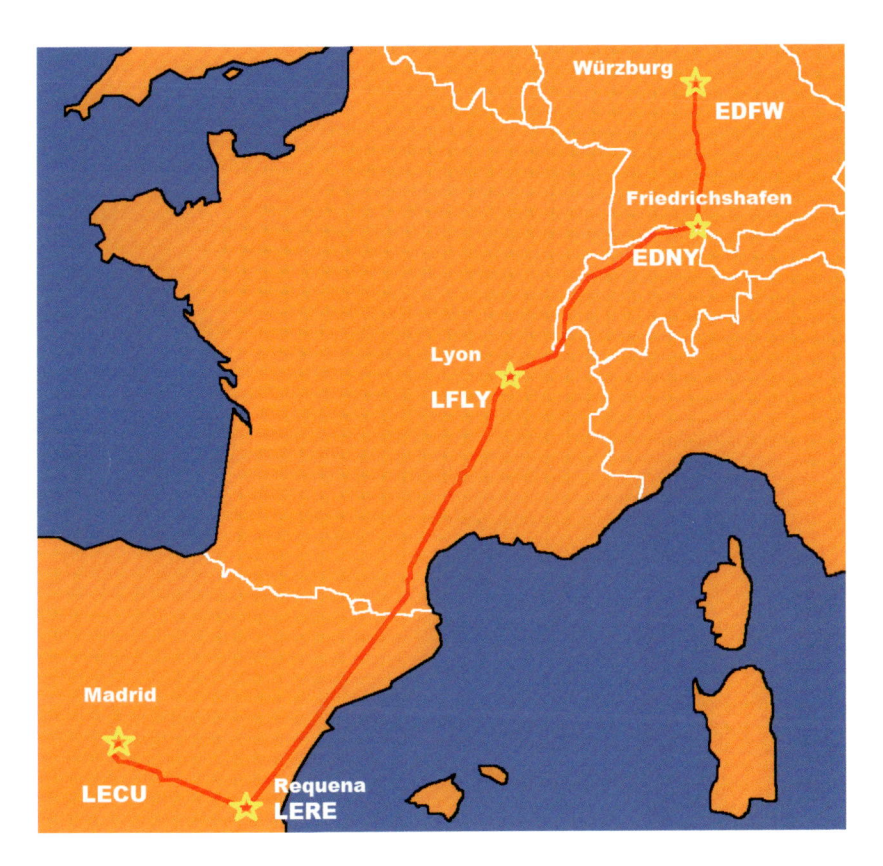

Flugstrecke	Datum	Etappe, nm	Gesamt, nm
Würzburg – Friedrichshafen	21.04.2016	143	16 364
Friedrichshafen – Lyon	23.04.2016	217	16 581
Lyon – Requena	24.04.2016	470	17 051
Requena – Madrid	25.04.2016	116	17 167

Teil 2   Anlauf Richtung Südpol

Geduld ist gefragt: Warten auf den Abflug

Der Flug in die Antarktis rückte unweigerlich näher. Falls die Finanzierung gelang, war für den 1. Oktober 2016 der Abflug über die Sahara in Richtung Hobart auf Tasmanien, der Ausgangsposition zur Antarktisüberquerung, geplant. Nach insgesamt fünf Monaten *Pause* sollte es endlich, endlich wieder weitergehen!

Für die Genehmigung des Antarktisflugs, die ich schon vor zwei Jahren beantragt hatte, ist das Spanische Polarkomitee, Comite Polar Espanol (CPE), verantwortlich. Der Sekretär des Polarkomitees arbeitete erfreulicherweise äußerst intensiv am Gelingen. Offen gesagt, war unser Verhältnis in der Vergangenheit nicht immer ganz einfach gewesen.

Endlich – gute Neuigkeiten! Das Warten hatte eine Ende, die viele Arbeit und nahezu grenzenlose Ausdauer hatten zu einem positiven Ausgang geführt: Die Genehmigung lag vor! Das waren wahrlich exzellente Nachrichten. Die erfolgreiche erste Etappe, der Flug über den Nordpol, hatte wohl auch zum Engagement der spanischen Regierung als Sponsor geführt. Das Entwicklungsministerium konnte von dem Projekt überzeugt werden. Dies war wirklich ein Meilenstein, denn damit stand ich nicht mehr allein da! Die logistischen Vorbereitungen konnten nun beginnen.

Als Folge boten nun auch die Länder des Antarktisprogramms ihre Hilfe an! Italien sagte die volle Unterstützung der Mario-Zucchelli-Station (MZS) auf der Antarktis zu, worüber ich höchst erfreut war. Das Ziel hieß also MZS. Aber welchen Ausweichplatz sollte ich wählen?

Leider stellten sich wieder mal die USA quer! Ihre Antwort an die spanische Regierung war ernüchternd. Die US Division of Polar Programs verweigerte die Unterstützung für mein Flugzeug auf ihrer McMurdo-Station. Sie lehnten sogar die Nutzung ihrer Station als Ausweichflugplatz mit der Begründung ab, dass nur mehrmotorige Flugzeuge mit Multicrew-Besatzung Unterstützung fänden. Das war eindeutig falsch, denn zuvor waren Flüge einmotoriger britischer Maschinen mit nur einem Piloten genehmigt worden. Es war geradezu paradox, da zukünftig eine Kollaboration zwischen amerikanischen und spanischen Programmen angestrebt, aber jetzt die Zusammenarbeit abgelehnt wurde! Um das nochmal klarzustellen: Wir sprechen von Unterstützung nur im Fall einer eventuellen Landung oder Notlandung. Es würde mir dort niemand helfen! Kein Sprit, keine Verpflegung, keine Unterkunft. Dennoch wäre eine Landung nicht grundsätzlich verboten. Wenn ich ausweichen müsste, wäre der US-Stützpunkt McMurdo wohl doch die erste Wahl, auch ohne dortige Unterstützung, denn die Antarktis gehört schließlich niemandem. Das alles kam mir mehr als bekannt vor, wieder mal war der Flug selbst noch der leichteste Teil dieser Erdumrundung.

Frankreich mit seinen zwei antarktischen Stützpunkten, Concordia und Durmont D'Urville, hatte seine Unterstützung freundlicherweise wie zuvor Italien zugesagt. Durmont D'Urville wäre eine Alternative, aber eine Landung auf Schnee mit Rädern wäre keine so gute Idee. Sollte ich tatsächlich dorthin fliegen, benötigte das Flugzeug auf jeden Fall Ski. Falls nötig, würde ich vorher anrufen und bitten, eine Piste von ca. 500 Meter verdichten zu lassen, damit das Flugzeug keinen Kopfstand macht. Vielleicht wäre es besser, ich würde von Tasmanien erst gar nicht starten, wenn ich von vornehrein damit rechnen müsste, mein Wunschziel nicht erreichen zu können! Der Ausweichlandeplatz Durmont D'Urville beschäftigte mich weiter, denn auch bei verdichtetem Schnee wäre ein Überschlag nicht ganz auszuschließen. Vor einigen Jahren wurde inmitten einer riesigen Vogelkolonie eine Schotterpiste gebaut, lang genug für C130 Flugzeuge. Nach einem Gewittersturm war die Piste teilweise zerstört und das Projekt wurde nicht weiter verfolgt. Aber ein kleines Stück würde sich dennoch für eine Landung eignen. In der Nähe befindet sich eine 300 Meter lange

Blaueisfläche, die zur Landung geeignet, aber nicht für einen Start zugelassen wäre. Letztendlich ließ ich diese Idee aber wieder fallen, denn zusammen mit dem Bauchtank waren Ski nicht hilfreich.

Wo mein zweiter antarktischer Landeplatz sein sollte, war immer noch nicht geklärt. Weder Argentinien noch England und Chile hatten bisher eine Genehmigung erteilt. Das Gleiche traf für die Antarctic Logistics Expeditions (ALE) zu, die von der US Environmental Protection Agency (EPA) als Voraussetzung eine Unbedenklichkeitsbestätigung verlangten. Dies hatte das Spanische Polarkomitee so festgelegt, und dann erst wollte ALE entscheiden, wie ihre Unterstützung ausfallen sollte.

Zwischenzeitlich arbeitete ich unermüdlich am Flugzeug, baute USB Steckdosen ein, einen neuen Lande- und Taxischeinwerfer, da die alten nicht viel taugten. Auch die Kamera erhielt einen neuen Sockel am Leitwerk und eine Bordstromversorgung. Zur Verbesserung der Kabinenheizung wurde eine zweite Heizungsmanschette entworfen und eingebaut. Ich schloss die parallele Luftführung an ein T-Stück an und führte sie durch den gleichen Durchlass im Brandschott, um die Heißluft hereinzuführen. Das war alles nicht ganz einfach, aber das Tüfteln an Details machte auch viel Spaß.

Die Arktis hatte mir viele Lektionen erteilt und vor Augen geführt, wie entscheidend Autonomie war. So erforderten extrem niedrige Temperaturen ein Vorwärmen des Triebwerks vor dem Anlassen des Motors. Einige Flugplätze verfügten über hierfür geeignete Geräte, aber längst nicht alle. Deshalb entwickelte ich ein Minigerät auf der Basis eines bei Buschfliegern in Alaska bewährten Coleman-Brenners. So konnte ich in der Antarktis das Vorwärmen stromlos und autark vornehmen. Das Gerät nutzt den Treibstoffvorrat des Flugzeugs und kann den Motor vor dem Start auf eine sichere Temperatur hochfahren. Das Skypolaris Projekt quert viele riskante Gegenden. Gefährlich nicht wegen Löwen oder Schlangen, sondern wegen instabiler politischer Verhältnisse. Da möchte ich wirklich nur mit einwandfrei laufendem Triebwerk darüber fliegen.

Für den Flug über den Südpol musste noch ein Kreiselinstrument her. Auf Probleme wie am Nordpol konnte ich getrost verzichten. Benito Baldominos, mein Freund vom Flugplatz Robledillo, schenkte mir großzügig das Kreiselinstrument. Lieber Benito, eigentlich hatte ich keinen Platz mehr in meinem Instrumentenpanel und keinen Plan, wie ich es ändern sollte. Ich musste den Einbau daher irgendwie improvisieren. Mit der Konsequenz, dass eine Improvisation der anderen folgte, was schließlich doch mit einem aufwändigen Umbau des gesamten Panels endete.

Das war aber bei Weitem nicht alles, es folgte die Prüfung des Bauchtanks, an dem noch kein Dichtigkeitstest durchgeführt worden war. Beim Test stellte sich heraus, dass er eher wie ein Sprinkler funktionierte, überall pissten feine Spritstrahlen heraus. Nicht gerade wünschenswert auf einem Langstreckenflug. Nach gelungener Abdichtung erprobte ich, ob die Benzinpumpe tatsächlich auch Sprit aus dem Tank förderte und füllte 40 Liter in den Tank. Robledillo liegt auf 3 000 Fuß. Ich kreiste in 4 000 Fuß über dem Flugplatz, schaltete die Hauptpumpe an, dann vom linken Flügeltank auf den Bauchtank. Ein paar Sekunden später stotterte der Motor, aber ich zwang mich, erst mal ruhig abzuwarten, ob die Pumpe ihren Job machte. Der Motor kam zum Glück wieder auf Touren und ich freute mich, dass der Bauchtank doch keine eigene Pumpe benötigte, obwohl eine eingebaut war. Auch nach Abschalten der elektrischen Hauptpumpe funktionierte alles weiterhin perfekt. Beruhigt flog ich zu einem Fliegertreffen nach Redburros in Portugal, um das System ausgiebiger bei voller Tankfüllung zu testen.

Noch 12 Tage! Albträume, Kämpfe, einige gute Nachrichten und eine gute Portion Hoffnung und Glauben. So vergingen die letzten Tage, denen eines gemeinsam war: keine Ruhepause.

Das Spidertracks 6 Iridium Satelliten Trackingsystem kam an. Die Firma sponserte den Flug. Das Gerät war wunderbar, es konnte sogar SMS-Texte vom iPad aus verschicken! Ich erhielt die Betaversion zum

Testen. Don Pearsall arbeitete daran, es nicht nur für die Follower in das Websystem einzubauen, sondern auch für Search and Rescue, womit meine Sicherheit wesentlich erhöht wurde. Auch viele Hubschrauber in der Antarktis nutzen dieses System. Der künstliche Horizont von Kanardia traf ebenfalls ein. Bei der Installation zerkratzte ich zwar gleich den Bildschirm mit dem Schraubenzieher ... aber die Qualität im Fluge war überaus gut.

Für Landungen auf der schneebedeckten Antarktis eignen sich nun mal eher Ski als Räder. Ich änderte erneut meine Meinung und bestellte jetzt doch einen Satz Ski für meine RV-8! Patrick Gilligan, Vizepräsident der Canadian Owners and Pilots Association, ist Designer dieser Ski und opferte seine Zeit für ihre Fertigung. Nun reisten sie um die halbe Welt und sollten mich in Tasmanien am Cambridge Airport, meinem Ausgangspunkt in die Antarktis, erwarten. Die Firma Par Avion wird sie so lange aufbewahren und mir bei der Montage helfen. Mehr Gewicht, mehr Widerstand ... das war nicht gut, aber Sicherheit geht nun mal vor. Damit wurden auch einige andere Flugplätze erreichbar! Sogar der Südpol wäre verfügbar! Die werden mich schon nicht auslachen, wenn ich in Hobart im Sommer Ski ans Flugzeug montiere. Patrick Gilligan bin ich dafür sehr zu Dank verpflichtet, ebenso Don Prairie vom Aeroclub of South Tasmania.

Die Spritversorgung auf der Route stellte noch ein Problem dar. Auf den Kokosinseln zum Beispiel gibt es Mogas, das mein Motor verträgt. Ich erfuhr aber, dass die dortigen Tankstellen keinen Sprit an Flugzeuge abgeben. Deshalb hatte ich in Australien Sprit bestellt, der zu den Kokosinseln verschifft werden sollte. Die Leute von den Kokosinseln sind eine große Hilfe und freundlich dazu, keine Frage, aber die Organisation ist schwierig und teuer.

    Probleme gab es weiterhin mit Afrika und betrafen nach wie vor die Spritversorgung, aber auch die Visa und die Kommunikation. Alles funktionierte wie mit der Flaschenpost – unwägbar bis gar nicht. Avgas ist in Afrika nur schwer zu erhalten, auch im Norden Kameruns, wo ich einen Zwischenstop einlegen wollte. Wegen der Qualität von Mogas in N´Djamena im Tschad hatte ich Bedenken, aber es gab guten Sprit von TOTAL. Avgas wollte ich von Douala nach Garoua transportieren lassen. Dazu schrieb ich insgesamt 14 Spediteure an, von denen mir nur zwei antworteten. Der eine verlangte 6 000 $ für den Transport von zwei Fässern Avgas über eine Strecke von 1 500 Kilometer. Hatte er sich vertan und meinte 600 $? Die Antwort war unfreundlich: Was würde ich denn bieten? Ich bot ihm nichts, später ging er mit dem Preis auf 1 200 $ herunter. Der andere wollte 3 000 $. Zu viel für mein knappes Budget. Auch ihm bot ich nichts, sein Endpreis betrug schließlich 1 500 $. Eventuell würde mir die französische Luftwaffe mit dem Transport von Sprit von der Tankstelle zum Flughafen helfen. Würde dies bestätigt und hätte ich das Visum, ginge es zunächst dorthin. Auch TOTAL überlegte noch, ob sie Avgas vom Tschad nach Kamerun transportieren könnten ("... wir rufen Sie zurück ...").

Daher plante ich eine neue Route von San Javier in Spanien direkt nach Tamanrasset in Algerien, von dort nach N'Djamena in den Tschad, danach quer über die Zentralafrikanische Republik zum Wilson Airport in der Nähe von Nairobi, Kenia. Tamanrasset hatte kein Avgas, das Flugzeug musste also voll betankt in die Zentralsahara fliegen, was mir überhaupt nicht behagte. Problematisch daran wäre, dass ich bei einem Motorausfall über dem Tschad oder der Zentralafrikanischen Republik wegen der dortigen militärischen Auseinandersetzungen nicht gerade herzlich willkommen wäre.

Jedes Land hat seine eigenen Regeln und selbst die fortschrittlichsten Länder können Schwierigkeiten machen. Bei manchen geht alles einfach, andere sind ein nie endender Albtraum. Afrika ist bezüglich der Visumerteilung nicht nur ein anderer Kontinent, sondern eine andere Welt. Algerien war weiterhin ungewiss und wollte für das Visum einen Touristenführer benannt haben, meine Hotelbestätigung sei nicht ausreichend! Ein algerischer Freund von Javier Alonso half beim Visum, vielleicht klappte es ja in einer Woche. Die Botschaft der Republik

Tschad befindet sich in Paris. Meinen Pass schickte ich per Post dorthin mit Rückumschlag und Geld für das Rückporto. Die 70 € Gebühren musste ich bar bezahlen. Kenia dagegen war mit einem elektronischen, einfach funktionierenden System gut organisiert.

Für Landegenehmigungen benutzen manche Länder keine E-Mail, was die Korrespondenz erschwert. Telefonanrufe sind als ein erster Schritt nötig, um die Dinge erst mal in Gang zu bringen. Da kann man sich denken, wieso die Rallye Paris-Dakar abgesagt wurde! Ugandas zivile Luftfahrt antwortete nicht, trotz vieler Sendungen per *Flaschenpost*. Tausende von Details könnte ich erzählen, sie trieben mich alle fast in den Wahnsinn. Aber es war keine Zeit mehr dafür.

Meinen Pass hatte ich von der US-Botschaft in Madrid zurückerhalten – ein schlechter Witz. Mein nagelneues Visum erlaubte mir nun, auch mit meinem Flugzeug in die USA einzureisen. Leider kam das Visum jetzt *etwas* zu spät und nützte mir gar nichts mehr. Die Botschaft teilte mir mit, alles sei nur ein *Missverständnis* gewesen. Das Bild, das der Supervisor an der mexikanischen Grenze abgeliefert hatte, war so oder so ein beschämendes.

Die Uhr tickte unaufhaltsam Richtung 1. Oktober 2016, also Ärmel hochkrempeln und zupacken! Vieles sah schon ganz gut aus mit Ausnahme der weiter bestehenden Unterfinanzierung. Die Antarktisoperation würde teuer, sehr, sehr teuer werden. Bisher hatten nur wenige Unternehmen die Finanzierung des Flugs zugesagt. Aber es gab noch einige weitere Chancen für die finanzielle Unterstützung. Ich freute mich über alle Maßen, dass die spanische Regierung, die Enaire Fundation, der spanische Pilotenverband COPAC und das große Unternehmen ACCIONA diesen Flug sponserten. Auch Enrique, Aviación Digital, und Javier Alonso, Geographic Society, leisteten einen Beitrag zu diesem Projekt.

Das Flugzeug war nun fast startklar. Die allerletzten Schwierigkeiten und Fehler wurden behoben und eine neue HF-Antenne installiert.

Der lästige Luftstrom durch die Lücke hinten an der Haube war beseitigt. Die Heizung war nun verbessert und funktionierte perfekt, so dass es mir in der Antarktis besser gehen würde als in der Arktis.

Ich befand mich mitten über einem überhitzten Ozean, hohe Luftfeuchtigkeit, Wolken schossen überall empor wie Blasen. Tatsache war, ich flog ja noch gar nicht, sondern sah aus dem Fenster in meinem Haus, stellte mir den Ozean vor und malte mir lebhaft aus, wie ich mit verschiedenen Situationen auf dem zweiten Skypolaris Flugabschnitt umgehen würde. Die Zeit zerrann und die vielen Rädchen in meinem Kopf drehten sich immer schneller und schneller.

Ich war unendlich müde und erschöpft vor dem Start. Alle, die dies schon durchgemacht haben, wissen, was ich meine. Viele denken, wir Piloten seien doch privilegiert, weil wir die Welt von oben betrachten und dabei so viel entdecken können. Das stimmt zwar, aber der Preis für dieses Privileg ist recht hoch. Die Vorbereitungen dauern eine Ewigkeit, verschlingen enorme Geldsummen und obendrein stellen sie einen immer wieder vor eine Geduldsprobe.

Um auszuruhen, blieb nun wirklich keine Zeit mehr. Aber gerade Ruhe brauchte ich dringender denn je, da der letzte Rest meines Hirns ständig damit befasst war, neu auftauchende Probleme zu lösen. Ich tröstete mich, bald wird die Freiheit der Fliegerei vorherrschen. Sprithähne, Temperaturen, Spritfluss, Kommunikation in unterschiedlichem Englisch, Turbulenzen, Winde, Vereisung – kurz: Entspannung pur!

Flug mit Hindernissen: Aufbruch in den Süden

Die Schmerzgrenze des Wartens auf eine Antwort aus Algerien und dem Tschad war endgültig erreicht, wenn nicht bereits überschritten. Die algerische Botschaft war zwar freundlich, das reichte aber nicht. Nichts half mehr, das Visum noch rechtzeitig zu bekommen. Somit musste Plan B, die Flugroute über Kamerun, in Kraft treten. Aber es gab weder eine Zusage zum Auftanken in N'Djamena im Tschad noch eine Genehmigung, Autobenzin in den Flughafen zu bekommen, nicht einmal eine Erlaubnis der französischen Firma TOTAL für ihren Sprit. Lokale Lastwagenfahrer in Kamerun verlangten 5 000 $ für den Transport, was mir nicht ganz geheuer war.

Die Beschaffung der Landegenehmigungen übertrug ich der Firma Fly, die zwar hilfsbereit war, die sich aber hauptsächlich mit Genehmigungen für Jets befasst, so dass ich mich letztlich an Eddie Gould von GASE wendete.

Es hakte jetzt überall, so dass ich Plan B durch Plan C ersetzte. Dieser führte über Malta nach Kenia mit einer Alternativroute über Korfu, Uganda und Tansania. Glücklicherweise kam die Genehmigung aus Kenia – aber für eine Extra Extra Large (XXL). Aber so groß bin ich doch gar nicht! Die Genehmigung musste in EC XLL umgeändert werden. Mit Malta könnte es noch bis Sonntag etwas werden.

Ich wurde allmählich wütend wegen der vielen Nachfragen; mein Flugzeug besaß doch keine intergalaktische Kommunikationsausrüstung wie Automatic Dependent Surveillance-Broadcast (ADS-B) Technologie und anderen Schrott.

Ich brauchte jetzt vor allem Ruhe und zwar so wie ich sie liebe: in Gewitternähe mit den Winden spielen, beim Pinkeln Aerobatik betreiben ... Morgen sollte D-Day sein. Teil zwei des Projekts sollte endlich starten – hoffentlich! Über Kenia, weiter nach Australien, und danach die größte Hürde, die Überquerung der Antarktis, die nicht von Pappe war.

Am Mittwoch war ich zum Lunch mit meinen Freunden vom Robledillo Flugplatz im Norden Madrids verabredet. Zwei von ihnen eskortierten mich nach Cuatro Vientos, wo weitere Freunde und die Hauptsponsoren warteten. Der Königlich Spanische Aeroclub (Real Aeroclub de España, RACE) brachte als Sponsor seine Logos am Flugzeug an. Der Adler mit der spanischen Flagge war außerordentlich beeindruckend. José Luis Olías, der Präsident des RACE, hatte wieder alles organisiert.

Am 1. Oktober gab ich noch eine Pressekonferenz, dann flog ich zum Casarrubios del Monte Airport etwas südlich von Madrid zum Auftanken und zum Mittagessen mit meiner Familie, danach sollte es weiter nach Menorca gehen. Ein verdammt langer Tag! Vom Casarrubios Airport wollte ich eigentlich um 16:15 abfliegen, aber es wurde 17 Uhr. Was für ein großer Fehler!

Ich wollte noch eine kleine Trimmkante installieren, weil die Kugel des Slip-Indikators halb aus dem Zentrum stand, das Flugzeug also seitlich schob. Dies ist ein alter Trick schlauer Piloten von 1930: man nehme ein kurzes Stück Seil, das an die Hinterkante des Seitenruders geklebt wird. Der Trick bringt die Kugel sehr effektiv auf die Gegenseite. Dann wird die Länge des Seils soweit reduziert, bis die Kugel zentriert ist. Schließlich nimmt man ein dreikantiges Stück Holz. So eines hatte ich aus 8×8 mm Balsaholz zum Ankleben an die Hinterkante des Ruders. Der Grund dafür ist, dass der Bauchtank ein wenig Slip – und damit erhöhten Widerstand – auf das Flugzeug induziert. Es war nicht gerade schön, die Kugel in einer unkoordinierten Position zu sehen. Aber die Korrektur war für die Zeit nötig, solange ich mit Bauchtank flog. Nur – mit einem angeklebten Hölzchen in Cuatro Vientos zum Aufbruch vor der versammelten Gesellschaft zu erscheinen, hätte wohl nicht eben vertrauenswürdig ausgesehen. Deshalb verschob ich das Ganze bis nach dem Mittagessen.

Nach einem Low Pass und Flügeln wackeln, um allen Tschüs zu sagen, begann ein ruhiger Flug. Linkskurve nach Osten und direkt zum San Luis Flughafen auf Menorca.

"EC XLL, Palma Control, Sonnenuntergang ist in 25 Minuten und ihr estimate nach San Luis ist eine Stunde?! Hm, was haben Sie vor?"

Ich wollte der Dame sagen, dass meine Absichten gut wären, aber ich hätte gelogen. "Nun, meine Absicht ist, nach Mahon anstatt nach San Luis zu fliegen."

"Okay, EC XLL, rufen Sie zurück, wenn Sie IFR wünschen."

Der verdammte späte Kaffee mit Nachtisch in Casarrubios! Jetzt musste ich wohl eine Unsumme für die Lande- und möglicherweise auch noch für die Handling-Gebühren blechen! Ich landete in rappelschwarzer Nacht auf Menorca. Meine Blase war voll, aber ich konnte nichts dagegen tun, bis ich auf dem Gleitpfad des Landekurssenders stabilisiert war. Als ich nach dem Aufsetzen den Parkplatz erreichte, sprang ich aus dem Flieger und flitzte zum Zaun. Was für eine Erleichterung! Nicht einmal das ankommende Fahrzeug störte mich. Als alles wieder verstaut war, drehte ich mich um – und sah die Handling-Dame! "Hm, nett Sie zu sehen …" Sie war so freundlich und begrüßte mich trotzdem. Dank ihrer Hilfsbereitschaft war schnell ein Hotelzimmer gebucht.

Diesmal war die Watch-Funktion des Spidertracks angeschaltet. Nach meiner Landung auf dem Flugplatz Mahon wurde zehn Minuten nach Abschalten der Stromversorgung eine SOS-Message an Tielers von Spidertracks gesendet. Diese wird üblicherweise per SMS verschickt. Spidertracks hatte zwar meine Landemeldung, aber nur per E-Mail. Wenn also jemand auf dem Telefon eine SMS erhält, bevor die E-Mail mit der Landemeldung ankommt – löst das einen Herzinfarkt aus! Das habe ich jetzt dazu gelernt. Ja, Spidertracks warnt eigens im Handbuch vor dieser Art von falschem Alarm!

Die Nacht war alles andere als erholsam und ich war nach dem frühen Aufstehen immer noch todmüde. Mikrofrühstück um 8 Uhr, am Flugplatz zum Abflug um 09:15. Alles war klar, jedoch musste ich noch einen Flugplan per Internet aufgeben, da er Mahon Tower noch nicht vorlag. Der Abflug war geradeaus, aber ich musste 1 000 Fuß Höhe über 20 Meilen einhalten. Bald wurde ich bei gutem Wetter auf größere Höhen in kältere Luft geschickt.

Mit der Kommunikation gab es ein kleines Problem. Die Sendeleistung war schwach, auch trat Rauschen beim Empfang auf. Ursache war der Bauchtank, der die Radiowellen abschirmte. Ein bisschen Herumspielen mit beiden Funkgeräten half da auch nicht viel.

"EC XLL, Barcelona Control, Marseille meint, dass Sie in die Algerien FIR einfliegen, wenn Sie Ihren gegenwärtigen Kurs beibehalten."

Naja, das Fluginformationsgebiet FIR (Flight Information Region) Algerien ist doch nicht deren nationaler Luftraum, aber wozu diskutieren: Linkskurve zur Vermeidung der FIR Algerien. Viel gab es nicht zu sehen über Wasser, nur ein paar Riesenschiffe auf gleichem Kurs. Etwas spielen mit Leistung, EGT (exhaust gas temperature) bzw. Abgastemperatur, Mixture, und so, bis ich endlich eine Kombination fand, die mir gefiel, dann tauchte schon Sardinien auf mit wunderschönen Klippen und Buchten. Aber, die würde ich bei Motorausfall nicht erreichen. Streicheleinheiten für das Triebwerk: Liebes Maschinchen, bleib bitte nicht stehen!

Endlich kam Gozo in Sicht, die zweitgrößte Insel des Archipels der Republik Malta. Ich bereitete mich für einen VFR-Anflug aus Süden über viele Meldepunkte vor, wurde aber zur Nordküste geschickt, was mir gar nicht passte!

"Wieviel wollen Sie denn in US-Dollar wechseln?" "Nun, für 1 000 €." "Ab 1 000 € erhöht sich die Wechselgebühr." "Also gut, dann möchte ich eben nur 999 € tauschen." Die Dame war verblüfft, aber ich blieb ernst, denn dies war kein Scherz. Ägypten und Sudan verlangten die

Bezahlung von Flughafengebühren und Sprit in US-Dollar. Würde ich dennoch in Euro bezahlen, würde ich 10 Prozent verlieren, da der Umtausch eins zu eins in Dollar erfolgt. Das machte doch keinen Sinn! Nun hatte ich die Dollars und die beste Nachricht an diesem Morgen war, dass mir die Clearance für den Sudan erteilt wurde, wie einige Minuten zuvor schon die ägyptische. Jetzt komme ich bis Argentinien, wofür ich aber noch eine Clearance brauche. Vergiss es, danach zu fragen, sagte mir ein einheimischer Pilot, und flieg einfach hin. Doch dorthin musste ich erstmal kommen – bis dahin wird es noch ein sehr langer, schwieriger Weg.

Die Insel Malta hat eine große Geschichte. Jährlich kommen zu den 400 000 Einwohnern noch viermal so viele Touristen dazu! Die Hauptstadt mit ihrem riesigen Hafen ist besonders gut geschützt. Es hieß, dass die Deutschen während des 2. Weltkriegs beschlossen, sie nicht von der Seeseite her anzugreifen. Auch der Einsatz von Fallschirmspringern war zu gefährlich, so dass Malta ein Stützpunkt der Alliierten blieb. Wo heute das Museum steht, operierten einst Hurricanes und Spitfires auf dem alten Flugfeld. Man sagte mir, dass dort 1938 eine spanische DC2 gelandet sei. Die Sammlung im Museum ist zwar klein, aber die Wertschätzung dafür groß.

Auf Lucca, dem einzigen Flughafen Maltas, gibt es gerade mal 20 Ultraleicht- und ebenso viele Kleinflugzeuge. Die teilen sich den Platz mit den großen Airlinern, was mich an Aurora in Guatemala erinnerte. Roderick Abela, der Sekretär des Aeroclubs auf Malta, empfing mich freundlich und fuhr mich später zum Museum. Er wusste erstaunlich viele technische Details über zivile und militärische Flugzeuge und deren Geschichte. Ich erwarte ihn gerne mal zu einem Gegenbesuch in Madrid.

Morgen geht es schon früh los. Die Flugstrecken werden von jetzt an immer länger und werden bald zehn Stunden betragen. Ich fühlte mich älter! Vor dem Start musste ich das Aethalometer überprüfen, die Zuleitung war irgendwo blockiert. Im Interesse der Universität von

Grenada sollte über der riesigen Wüstenstrecke alles gut funktionieren. Allein der Gedanke an Ägypten und den Sudan machte mir Angst.

Am Flugplatz ging alles zügig, die Handling-Agenten waren zuvorkommend. Die Rechnung passte zum guten Service, war aber weniger willkommen. Am Flugzeug sah ich mich kurz um. Als keine Fahrzeuge mehr in der Nähe waren, konnte ich mich bis auf die Unterhose ausziehen. Mein Kombi, den ich anzog, enthielt allerlei Survival-Tools, wie Notsender, Messer, Signalraketen, Spiegel und anderes Kleinzeugs. Diesmal war ich flugbereit ausgestattet mit einem Sandwich und einem Pflaumenkuchen, der zwar ernährungswissenschaftlich nichts Besonderes ist, aber immerhin zu einer besseren Laune verhilft.

Flugstrecke	**Datum**	**Etappe, nm**	**Gesamt, nm**
Madrid – Mahon	01.10.2016	357	17 524
Mahon – Lucca	02.10.2016	540	18 064

Irgendwo: In Afrika

Ich gab einen Zulu Flugplan auf: Zunächst flog ich VFR bis zur Ägypten FIR, dann ging es IFR weiter. Das machte es einfacher auf- und abzusteigen, um eine vertikale Partikelstudie der Gegend durchzuführen, wie von Dr. Lucas Alados gewünscht. Dann sollte es direkt zum Meldepunkt SALUN und von da zu meinem Etappenziel Marsa Matruh weitergehen. Auf dem ganzen Flug herrschte zwar günstiger Rückenwind, aber der Steigflug erwies sich wegen des hohen Flugzeuggewichts als schwierig. Zu allem Überfluss ging auch noch das Warnlicht für die Öltemperatur an, sogar in einem flachen Steigwinkel. Der Spaß sollte beginnen:

"EC XLL, Malta Control, Kairo möchte, dass Sie zum Punkt PATIX fliegen und vor Erreichen von ARLOS auf 8 500 Fuß steigen."

Das durfte doch nicht wahr sein! Das hieß, nochmal 100 Meilen über Wasser fliegen, um dann rechts vom Ziel nach Alexandria abzubiegen, danach wieder 50 Meilen zurück in westlicher Richtung zur Destination: eineinhalb Stunden mehr Flugzeit und keine Chance, diese Anweisung nicht zu befolgen! Der Controller schlug vor, ich solle meinem Flugplan folgen und Kairo um eine Flugplanänderung bitten. Nicht, dass ich mich über ägyptische Controller im Allgemeinen beklagen würde, aber über diesen einen schon. Er verstand nämlich überhaupt nicht, welche Schwierigkeiten er mir bereitete und von einmotorigen Kleinflugzeugen hatte er sowieso keine Ahnung!

Später erst gab man mir die Erklärung für den geforderten, großen Umweg. Militärische Aktivitäten waren auf dem Sinai im Gange. Die Controller handeln in so einem Fall äußerst restriktiv, obwohl der Sinai weit weg von meiner Route lag.

Der ägyptische Flugplatz Marsa Matruh wird sowohl zivil als auch militärisch genutzt, viele Kampfflugzeuge und Hubschrauber sind hier stationiert. Polizei, Militär, Treibstoffservice, Handling-Agenten, alle waren freundlich. Als ich fertig für meinen Striptease war, riefen sie höflich den Bus herbei. Zum Vertäuen des Flugzeugs wurden Bremsklötze als Gewichte herbeigeschafft, da keine Festmachpunkte am Boden vorhanden waren. Ich erklärte, dass dies so nichts würde, denn ein strammer Wind kann eine Kraft von 600 kg erzeugen. Man verstand mich und so wurde der Flieger zwischen zwei große Gepäckwagen angebunden. Das gefiel mir schon besser.

Das üppige Frühstück im East South Mediterranean Egypt Bellevue Hotel war im Zimmerpreis enthalten. Es gab europäisches und arabisches Essen zur Auswahl, Kaffee, eine Art Milch mit Müsli, Halawa, alle möglichen Brotsorten, Tee und künstliche Säfte. "Wo bitte ist das Wasser?" "Wasser? Das kostet extra, es ist nicht im Frühstückspreis enthalten."
  Wie ich zum As wurde? Kurz nachdem ich meinen Blog fertiggeschrieben hatte, begann eine feindliche Fliegenattacke von allen Seiten. Mit meinen guten spanischen Kampftechniken schoss ich gleich sechs von ihnen ab. Das machte aber keinen Eindruck. 15 Abschüsse mehr, noch immer keine Ruhe! Es musste eine andere Strategie her. Vor einem Nachbartisch stand ein großer Ventilator. Den drehte ich so, dass ein wahrer Tornado mit enormer Windscherung entstand und die Fliegen in die Ventilatorblätter gerieten. Am Ende verließ ich das Schlachtfeld als Sieger.

Ich verließ das Hotel, um mir am Strand etwas die Füße zu vertreten und dann Richtung Stadt zu gehen. Marsa Matruh ist eine touristische Gegend, die mich sehr an die spanische Ostküste erinnerte. Weißer Sand und klares Wasser, aber die Gebäude werden hier nur schlecht Instand gehalten und überall liegt Müll herum. Würde man das ein wenig ändern, käme der Tourismus wohl wieder besser in Gang. Regierungsgebäude wurden von vielen Soldaten bewacht, Frauen waren beim Einkaufen, Autos und Lastwagen fuhren mit endlosem Hupen. Sollten einem 3D Kinos gefallen, hier gibt's auch 9D! Wenn das nicht reicht, gibt es sogar 12D Kinos!

Morgen stehen siebeneinhalb Stunden Flugzeit in den Sudan an (plus eventueller Controller-Umwege!), bei neutralem Wind. Eine weitere Etappe, um Afrika hinter mir zu lassen. Das wird alles neu für mich sein und über Ägypten werde ich recht hoch in kühlerer Luft fliegen. Nun, da die ganze Last der vergangenen Tage langsam abfiel und ich neue Energie tankte, ging es mir deutlich besser. Dennoch, die Antarktis trieb mich weiter um, kein kleiner Brocken wie das Frühstück, das ich heute Morgen hatte. Aber ich war entschlossen, es anzupacken!

Ich musste früh am Flugplatz sein zur erneuten Kontrolle des Aethalometers, das nicht einwandfrei zu funktionieren schien und auch, um noch vor der großen Hitze in die Luft zu kommen. Das Taxi war glücklicherweise pünktlich. Der Flughafen ist für Airliner nur im Sommer offen. Airliner? Ja, einer pro Woche. Einige meist geschäftliche Privatflüge kommen hier auch an.

Der ganze Flugplatz wurde extra für mich aufgeweckt, um für Zoll und Immigration zur Verfügung zu stehen. Gürtel ausziehen, Taschen scannen usw., unverständlich für einen Piloten, der sein eigenes Flugzeug besteigt. "Sie mögen Fotografie? Sie besitzen zwei Kameras!" "Neeiin, ich habe noch mehr in meinen Taschen!" (Lieber vorher sagen, als eine falsche Antwort geben …). Alle waren bisher recht freundlich an diesem Flugplatz. Ich bedauerte, dass ich meine GoPro Kamera nicht schon vorher am Leitwerk befestigt hatte, weil mir berichtet wurde, dass ein Pilot nur wegen der GoPro Kamera für 30 Stunden festgenommen wurde. Es dauerte fast eine Stunde, bis der Pass abgestempelt war und man mich zum Flugzeug gehen ließ, immer begleitet von einem Polizisten. Zum Glück ging er für ein paar Minuten ans Ende des Vorfeldes und ich montierte die Kamera in Windeseile, um dann im Flugzeug als Unschuldsengel weiterzumachen. Zurück im Flughafengebäude lud mich der Polizeichef noch zum Tee und einem kurzen Plausch ein. Ich musste unseren Small Talk abbrechen, denn ich hätte schon vor zehn Minuten abheben sollen und mein Flugplan war nur noch 30 Minuten gültig! Tee hin, Tee her, kurze Umarmung und ich wurde wieder von vier Polizisten zum Flugzeug eskortiert. Gerade als ich dabei war, ins Cockpit zu steigen, sagte einer zum anderen: "Das ist ja eine Kamera!" und zeigte aufs Leitwerk. Mir blieb für einen Moment die Luft weg! Umarmungen, sogar noch ein Küsschen. Die waren wirklich freundlich, die Kamera wurde nicht mehr erwähnt und bald erhielt ich Startfreigabe Richtung Alexandria.

"Freigabe auf Flugfläche 150", sagte Kairo.
"Kairo, EC XLL, Flugfläche 150 ist nicht möglich, erbitte Flugfläche 90."
"EC XLL, frei zur Flugfläche 90."

Die Öltemperatur machte mir mal wieder Sorgen, so dass ich diesmal nur mit 300 Fuß pro Minute stieg. So vermied ich ein Überhitzen des Öls, dessen Temperatur auf 230 Grad Fahrenheit kletterte. Seitlich war die Kommunikation schlecht, nach vorn gut, und viel besser, als die Station hinter mir lag. Querab von Kairo drang über 100 Meilen nichts zu mir durch. Gar nicht gut! Die Controller waren aber geduldig, es kamen keine Beschwerden. Ich hatte schon darauf gewartet:
"EC XLL, Kairo, wie ist Ihre geschätzte Flugzeit nach Khartum?"
"Kairo, EC XLL schätzt Khartum 14:15 Z."
"EC XLL, haben Sie die Reichweite, um Khartum zu erreichen?"
"Ja, Kairo, um Khartum zu erreichen und drei Stunden Reserve ..."

Mehrere Frequenzwechsel waren nötig, um die Controller von meiner Reichweite zu überzeugen. Die Temperatur in meiner Flughöhe betrug 22 Grad Celsius. Die 9 000 Fuß Höhe entsprachen einer Dichtehöhe von 11 500 Fuß. Das ist die Höhe, die für meine Motorleistung und meine Lungenfunktion relevant ist.

Eine unglaubliche Wüste! Nichts als Leere. Manchmal führte eine Straße von irgendwo nach nirgendwo. Sie kreuzten meinen Weg wie Radspeichen, mancher Straßenbelag war von Sand bedeckt. Ist wohl schwierig, diese Straßen zu unterhalten. Bald geriet ich in ein Gebiet mit thermisch aufgewirbeltem Sand. Der Wind reduzierte meine Geschwindigkeit um 15 Knoten. Die Sicht war horizontal schlecht, nur vertikal einigermaßen okay.

Ich könnte mich, auch ohne mit einer Rakete in den Weltraum zu fliegen, an dieser Marslandschaft unter mir jahrelang erfreuen. Die Aussicht war fantastisch, Hügel, Trockentäler, flache Stellen. Wenn jemand für den Mars trainieren möchte, könnte er das auf dieser Flugstrecke tun. Wenn wir uns weiterhin keine Gedanken über die globale Erwärmung machen und endlich gegensteuern, werden auch wir auf solche Wüsten zusteuern. Im Sand landen zu müssen, würde wohl bedeuten, einen Kopfstand zu riskieren. Dies machte mir Sorgen, also eine weitere Streicheleinheit für mein Flugzeug.

Nach El Kharga tauchten bald Abu Simbel und der Nil unter mir auf, die sudanesische Grenze kam näher. Man erkannte die vorherrschenden Winde am Boden. Lange Sandrücken entstanden durch den Wind an hervorstehenden Hindernissen. Aber bedauerlicherweise herrschte auf meinem Flug kein Nordwind. Ich war versucht, abzusteigen und knapp über Bodenniveau zu fliegen. Aber da wäre es extrem heiß und ein Wiederaufstieg so schwierig, dass ich den Gedanken sofort wieder verwarf.

Der Einflug in den Sudan war wie in ein ausgetrocknetes Flussbett, total flach, ab und zu nur ein paar schwarze Hügel. Sogar die Farbe des Sandes veränderte sich mehr ins Weiße. Ich flog in ein riesiges Gebiet mit Thermik ein. Die Ablösungen in 9 000 Fuß waren so groß, dass ich mit der Geschwindigkeit vorsichtig sein musste. Die Abrissgeschwindigkeit steigt mit der Höhe. Ein Autopilot ist zwar nett, aber bei vertikalen Strömungen soll er die Höhe halten. Das geht, wenn es Aufwind gibt. Dabei ist zu beachten, dass sich die Geschwindigkeit nicht überhöht. Gefährlich wird es, wenn es Abwind gibt. Der Autopilot will die Höhe halten und der Anstellwinkel steigt, die Geschwindigkeit wird langsamer bis zum Stall oder sogar zum Trudeln. Man sieht, es gab kein Ausruhen!

Die Sonne ging bereits unter, als ich mich Khartum näherte. Die Kommunikation war mau, aber ich entnahm aus den Funksprüchen der anderen Flugzeuge in etwa die Landerichtung. Es gab zum Glück nur einen Standardapproach von Norden her. Auf den bereitete ich mich vor, falls sich die Kommunikation weiter verschlechtern sollte. Beim Näherkommen erhielt ich eine Freigabe direkt auf das ILS der Piste 18. Die Hitze im Cockpit wurde unerträglich und etwa 1 000 Fuß über Grund zeigte mein Temperatursensor 45 Grad Celsius Außentemperatur an. In dieser dünnen heißen Luft hieß es mit etwas mehr Power schneller anzufliegen, halbe Klappen, ein kleiner Hüpfer und ich war sicher am Boden.

Ich rollte eine riesige Strecke auf der Piste zurück mit den Landescheinwerfern eines anfliegenden Airliners im Final gegen mich gerichtet. Das führte zu einem beschleunigten Rollen meinerseits, ohne abzuheben. Aber wenn nötig, hätte ich den Airliner mit Sicherheit auch zu einem Durchstartmanöver gezwungen.

Ich wurde von einem Tankfahrzeug mit meinem Sprit empfangen. Das war ein schöner Augenblick und die Leute waren freundlich und hilfsbereit. Aber leider erhöhte der kurze Stop meine Ausgaben für das Tanken von 200 Liter Avgas um 1 100 $.

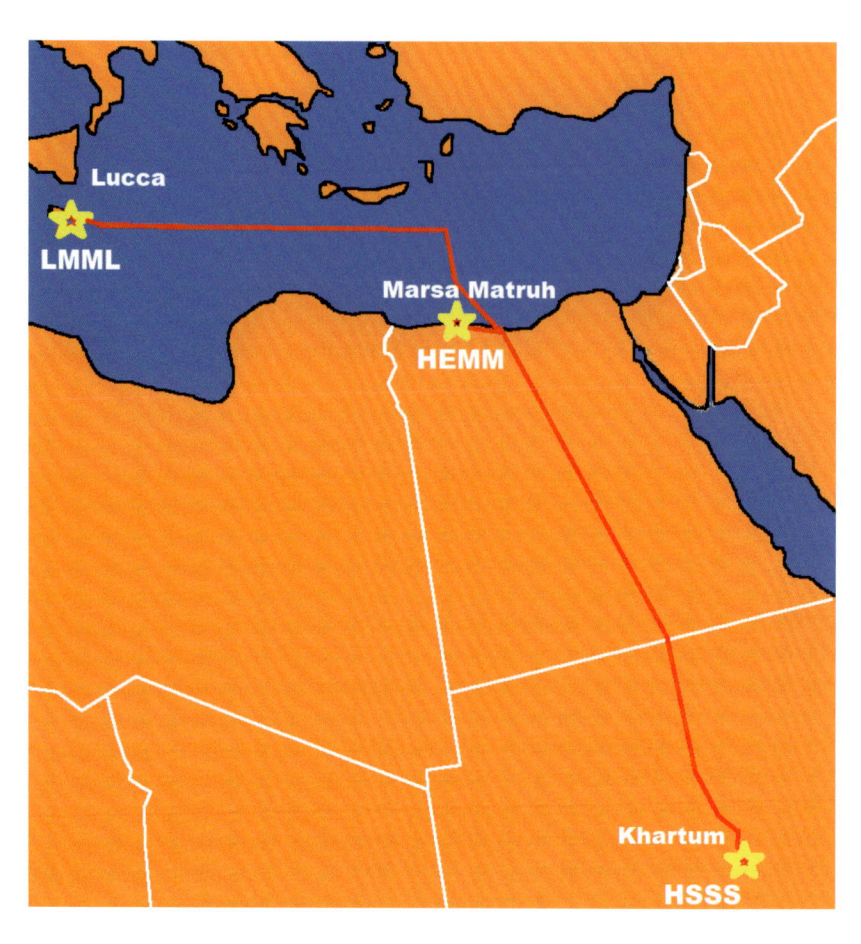

Flugstrecke	Datum	Etappe, nm	Gesamt, nm
Lucca – Marsa Matruh	04.10.2016	1 129	19 193
Marsa Matruh – Khartum	06.10.2016	1 114	20 307

Auf gefährlichem Terrain: Im Sudan

Die Taxifahrer von Khartum sind nicht viel anders als im Rest der Welt, aber ihre Fahrzeuge sind uralt und nicht sehr Vertrauen erweckend und – vor dem Einsteigen muss man unbedingt den Fahrpreis aushandeln. Sobald der Deal nach einigen Minuten steht, kann es losgehen. Südlich des Flughafens liegt der große Markt von Khartum, den ich gerne besuchen wollte, da ich mich im bunten Treiben von Menschen und Waren wohl fühle. Im Taxi sitze ich immer gerne vorne neben dem Fahrer, was den meisten auch gefällt. Es ergab sich bald eine sehr spezielle Konversation, ich redete auf Englisch, der Fahrer auf Arabisch, ein Gespräch also völlig unmöglich – aber das weiß ja niemand.

Im Hotel hatte ich mich erkundigt, wie ich es mit dem Fotografieren halten solle. Bilder zu machen, sei schon okay mit der Ausnahme von Soldaten und offiziellen Gebäuden. Also kein Problem auf dem Markt, der einfach spektakulär war. Massen von Leuten schwärmten um mich herum. Überall leuchteten Farben. Es gab Berge von Fisch, Fleisch, Früchten, Gemüse und sogar lebende Tiere! Die Metzger schlachteten die Tiere direkt vor Ort vor den Augen der Käufer, da eine entsprechende Kühlung fehlt.

Das Treiben auf dem Markt zog mich in seinen Bann und absorbierte mich völlig. Ich fotografierte wie verrückt. Plötzlich wurde ich von einem räudigen rotgesichtigen Kerl angehalten. Er öffnete sein Portemonnaie und hielt mir ein Dokument in arabischer Sprache unter die Nase. Keine Ahnung was das sein sollte, ein Führerschein, ein Hotelschlüssel, eine Versicherungskarte? Er führte sich ungeheuerlich aggressiv auf, brüllte immer wieder *Security* und gab mir mit Händen und Füßen zu verstehen, ich solle ihm unverzüglich folgen. Damit nicht genug, es kam auf einmal ein weiterer aggressiver Kerl herbei, der mich anfasste und nach meiner Tasche griff. Mit dem wurde ich aber ganz schnell fertig: "Nicht anfassen!" Er verschwand genauso schnell wie er aufgetaucht war. Er wollte mich wohl in dem Moment, als ich abgelenkt war, einfach nur beklauen. Diese Art von Dieben kam mir gerade recht; darauf war ich schon gefasst! Der erste zornige rote Teufel bedrängte mich weiter, ihm endlich zu folgen. Beim Gehen öffnete ich rasch und unbemerkt das Fach mit den beiden Speicherkarten meiner Kamera. Eine Karte war für Fotos, die andere für Videos. Ich entnahm die Fotospeicherkarte und steckte sie in meine Hosentasche.

Nach einigen Metern standen wir vor einer kleinen Polizeistation. Der rote Teufel stammelte einige unverständliche Worte und ehe ich wusste was geschah, wurde ich von einem unfreundlichen, großen, martialisch gekleideten Typen festgenommen und in einen schmutzigen, heruntergekommenen Raum gebracht. Dort erwartete mich bereits sein Boss, der die Bilder sehen wollte, die ich auf dem Markt aufgenommen hatte und verlangte meinen Pass. "My passport? At airport, immigration!" antwortete ich in gebrochenem Englisch. "Ja, genau dort ist mein Pass! Morgen erhalte ich ihn zurück, wenn ich ausreise."

Der Boss telefonierte und nach ein paar Minuten erschien der Boss des Bosses dieses Soldaten (oder wer auch immer). "Salem Aleikum", sagte ich höflich und streckte ihm meine Hand entgegen. "Salem Aleikum", erwiderte er und schüttelte meine Hand. Dieser Oberboss forderte mich auf, ihm die Aufnahmen auf der Kamera zeigen. Ja, er bekam etwas zu sehen – den Anfang eines schönen RV-8-Videos! Frustriert nahm er meine Personalien auf, die ich ihm bereitwillig gab. Am Schluss bedeutete er mir auf meine Kamera zeigend: "Keine Bilder!" Mit einem zweiten Handzeichen gab er mir zu verstehen, wenn ich weiter fotografiere, würde mir die Hand abgehackt! Mit dieser Warnung entließ er mich endlich und ich setzte meinen Marktrundgang fort, nun aber ohne ans Fotografieren auch nur zu denken.

Nach erneuten Preisverhandlungen mit einem zweiten Taxifahrer ließ ich mich an den Zusammenfluss von Blauem und Weißem Nil bringen. Diese Entdecker, die einst die Quelle des Nils suchten, waren unglaublich. Die Zeiten damals waren gefährlich und die Reisebedingungen aus heutiger Sicht unvorstellbar. Ihnen gebührte aller Respekt.

Vor meinem geplanten Museumstag informierte ich mich etwas genauer über das Fotografieren im Sudan. Ohne eine spezielle Erlaubnis war das Fotografieren grundsätzlich verboten, sagte man mir. Aber selbst wenn man eine Genehmigung besaß, konnte die Kamera konfisziert werden. Mann, ich hatte unglaublich großes Glück gehabt! Ich ließ daher diesmal meine große Kamera im Hotel und nahm nur die kleine Olympus mit, für alle Fälle, man weiß ja nie. Laut Information aus dem Internet betrug der Eintrittspreis für das Museum 35 $, tatsächlich kostete das Ticket nur etwa 10 Cents. Obwohl das Museum klein war und einen etwas vernachlässigten Eindruck machte, war es überaus interessant. Im Mittelpunkt der Ausstellung standen die Geschichte der Menschheit und der Religionen, speziell die von Christen und Moslems.

Eine Schülergruppe im Museum wollte mich unbedingt fotografieren. Vielleicht hielten sie mich für den Nikolaus oder auch die Vorstufe einer Mumie. Ich ließ sie gerne Bilder von mir machen. Später stellten mich die Jungs ihren Mitstudentinnen vor. Die Damen wollten natürlich auch ein Foto mit dem reizenden spanischen Boy. Gerade als sie ein Selfie mit mir machen wollten, tauchte ein todernster, strenger Lehrer auf, der ihren Absichten mit wenigen Worten ein schnelles Ende bereitete. Wie der Blitz erschien ein weiterer weißglühender Teufel, schrie die Studentinnen an und nahm sie regelrecht auseinander. Ich wandte mich zerknirscht ab und schlich mich von dannen.

Es war Zeit, den Sudan hinter mir zu lassen. Ich fühlte mich in diesem Land unwohl, nicht wegen der Leute an sich, denn die waren freundlich, aber die vorübergehende Festnahme steckte mir in den Knochen.

Auch der Vorfall mit den jungen Studentinnen, die ja nur ein Bild mit mir machen wollten, bereitete mir Unbehagen und war nicht so einfach und schnell abzuhaken. Mir ist bewusst, dass diese Landesgesetze zu respektieren sind, aber ich kam damit nicht klar.

Morgen steht mir ein überaus langer, etwa zehnstündiger Flug bevor. Das Wetter sieht gut aus, die Winde werden mich vermutlich nicht allzu stark abbremsen. Ich werde versuchen, mit etwas mehr Leistung zu fliegen und austesten, was das auf der Langstrecke bringt. Meine RV-8 sollte bei maximaler Masse etwa 160 Knoten schnell sein, bei leichter Masse nur 100 Knoten. Ich werde einfach drauf losfliegen.

Um 06:15 organisierte ich meine Abholung, damit ich bereits um 8 Uhr abheben konnte. Der Flugplatz lag nur zehn Minuten entfernt, das sollte genug Zeit sein. Aus mir unverständlichen Gründen wollte die Handling-Firma Torch Aviation die Bezahlung meiner Unterkunft einbehalten, statt eine Zahlung in bar direkt ans Hotel zu akzeptieren. Die Übernachtung kostete 190 $, aber auf der Rechnung, die mir Torch Aviation übergab, standen Kosten von 360 $ für das Hotelzimmer! Natürlich beschwerte ich mich. Nach längerem Hin und Her, mein Abflug war schon verzögert, wurde mir überaus deutlich klar gemacht: ohne Bezahlung der geforderten Summe über Torch Aviation, kein Weiterflug!

Dies war noch nicht genug: Ein weiterer Streitpunkt war der Sprit. Ich hatte schon bei meiner Ankunft getankt, aber die externen Flügeltanks wegen der Hitze nicht ganz voll gemacht, damit sich der Sprit ausdehnen und aus dem Tank entweichen konnte. Trotzdem hatte ich, wie es den Anschein machte, mindestens 50 Liter *verloren*! Daher war ich gezwungen, bei einer Tankstelle zusätzlich Sprit zu beschaffen und mit einer Handpumpe nachzufüllen.

Der Flugplan, den ich am Vortag per Internet aufgegeben hatte, war nicht angekommen. Also musste ich gegen 06:40 einen neuen aufgeben. Nach Bezahlung der ganzen, unverschämt hohen Summe von insgesamt 2 400 $, stieg ich ins Flugzeug und startete endlich das Triebwerk – da meldete sich der Turm.

"EC XLL, wir haben keinen Flugplan von Ihnen!"

Ich erklärte, dass der schon lange aufgegeben worden sei und mein Motor langsam überhitzen würde. Zehn Minuten später kam die Freigabe zum Rollen und ich startete auf Piste 36, Rechtskurve zum Ausflugpunkt aus der Sudan FIR. Obwohl ich zur besseren Kühlung nur langsam stieg, überhitzte das Öl. Auf 9 000 Fuß, einer Dichtehöhe von 11 500 Fuß entsprechend, angekommen konnte ich mir endlich mein Frühstück gönnen. Ich schaltete auf den hinteren Tank um und erhielt prompt eine Übertemperaturwarnung der Zylinderköpfe wegen des Autosprits. Der hatte wohl viel weniger als die 95 Oktan, für die ich bezahlt hatte! Folglich musste das Gemisch zur Kühlung angereichert und die Leistung reduziert werden, was half. Der Spritfluss betrug jetzt aber 32 Liter pro Stunde anstatt der üblichen 29-30 Liter.

"EC XLL, Khartum, bitte nennen Sie Ihre Clearance Nummer!"
"Khartum, clearance number for Ethiopia is CAA 1710."

Das war meine letzte Kommunikation mit dem Sudan. Über Äthiopien herrschte dann Funkstille. Khartum lag im Grenzbereich zwischen Wüste und Farmland, das später in eine gelbliche Savanne überging. In Äthiopien verwandelte sich die gelbe in eine grüne Savanne. Es war eine wunderschöne Landschaft, aber zum Fotografieren war die Sicht zu stark vom Sand getrübt. Ich flog nach Süden und die Sonne stach mir die ganze Zeit von links ins Gesicht. Alles zusammen führte zu Blendungen, die gute Bilder verhinderten. Wirklich schade, dass die Hitze es nicht zuließ, in niedriger Höhe zu fliegen, um nach Tieren Ausschau zu halten.

Problematisch war auch, dass sich in dieser Landschaft kein einziger brauchbarer Notlandeplatz erkennen ließ. Was wäre bei einem Triebwerksausfall? Mit dem Fallschirm aussteigen und unter die wilden Tiere geraten?

Kurz vor der kenianischen Grenze hörte ich einen Airliner der Etihad mit Nairobi sprechen. Der Akzent war mir vertraut. "Du bist doch Spanier, nicht wahr?" Es stimmte. Wir gingen auf 123,45 und plauderten so eine ganze eine Weile. Am Ende stellte sich heraus, dass Rodrigo und ich gemeinsame Freunde hatten. "Rodrigo, kannst du bitte Nairobi mitteilen, dass ich die Grenze überfliege, und fragen, wann der Flugplatz in Malindi schließt?" Eine Minute später kam die Antwort: "Ich habe Nairobi informiert. Du sollst Transponder 1265 rasten. Malindi schließt um 16 Uhr." Mein GPS zeigte mir eine geschätzte Ankunftszeit von 15:50 bis 16:10. Ich beschloss daher, das Ziel direkt anzufliegen anstatt einen Umweg über Nairobi zu machen. Das war wesentlich besser, denn so würde ich bereits um 15:30 ankommen. Das Mogas war verbraucht und ich flog nun mit einer Mischung aus Avgas und Mogas, die mehr Leistung zuließ und ein paar Knoten mehr brachte.

Obwohl ich immer in etwa 8 500 bis 9 000 Fuß flog, schrammte ich selbst in dieser Höhe nah am Boden entlang! Die Landschaft wurde immer üppiger und grüner, schon fast so wie im spanischen Galizien, einschließlich der Kühe.

"EC XLL, Nairobi, fliegen Sie zu NV, militärische Aktivität erlaubt keinen Direktflug nach Malindi."

Meine ganze Vorfreude war mit einem mal dahin, ich war jetzt doch gezwungen, wieder einen großen Umweg zu fliegen. Die Ankunftszeit verzögerte sich dadurch wieder auf 16 Uhr. Ich wusste, dass der Gegenwind nachlassen würde, aber die Sonne sank bereits und mein GPS zeigte Sunset um 15:15 UTC an. 15:15 UTC ??? Welches Sunset zeigte dieses GPS? Den aeronautischen oder den bürgerlichen? Der Unterschied betrüge dann etwa 30 Minuten. Es war der bürgerliche.

In der Gegend um Nairobi wurde das Land trockener, alte Vulkane in einer eigentümlichen Landschaft tauchten auf. Aber ich kam nicht zur Ruhe. Die Kommunikation mit Malindi Tower erreichte mich nur bruchstückhaft. Geplant war meine Ankunftszeit um 15:42, ich hörte aber, dass der Flugplatz bereits um 15:30 schließen würde. Nairobi hatte doch 16 Uhr gesagt! Verdammt!

"Was haben Sie vor? Wollen Sie nach Mombasa weiterfliegen?"

"Ich möchte auf Ihrem Platz landen – ich komme 12 Minuten später an."

Wie immer, waren alle Controller freundlich, so auch dieser hier. Malindi Tower gab mir eine spezielle VFR-Freigabe für Runway 17 zum Ende eines langen Flugs mit viel Stress wegen der widersprüchlichen Informationen über Malindi, einem rasanten Abstieg bei Vollgas und gegen einen hohen Luftwiderstand wegen des Bauchtanks. Als das Triebwerk endlich still stand, war es bereits finstere Nacht. Ich schaltete die Instrumentenbeleuchtung und die Geräte ab und räumte das Cockpit vor dem Aussteigen auf. Ich hatte mein Ziel erreicht. Karibu! *Karibu* heißt auf Suaheli *Willkommen*.

Gleich nach der Landung bekam ich Stielaugen wie eine Strandkrabbe, weil ich die Gebühren an Air Seychelles bezahlen sollte, die mein Geld an die Flughafenverwaltung weitergaben. Das musste ein komplizierter, arbeitsreicher Vorgang gewesen sein, da sie mir 900 $ für diesen Service abknöpften! Zum Glück fielen mir meine Augen nicht aus dem Kopf.

Ich beschloss, am Flugplatz bereits alles Nötige für die nächste Etappe vorzubereiten und aufzutanken. Was eigentlich schnell gehen sollte, dauerte dann volle fünf Stunden, und alles musste in Cash beglichen werden. Ein Flugzeugwart kaufte mir acht Meter Plastikschlauch, der ein Überlaufen des vollen Tanks in der Hitze verhindern sollte und besorgte auch einen Kanister Öl aus Nairobi.

Alles klappte reibungslos, da die Leute ausgesprochen zuvorkommend waren. Ich hatte sogar noch Gelegenheit, mit lokalen Flugschülern zu sprechen, die Berufs- oder Privatpiloten werden wollten. Das hohe Einkommen der Berufspiloten in Kenia überraschte mich; es ist viel höher als in Spanien.

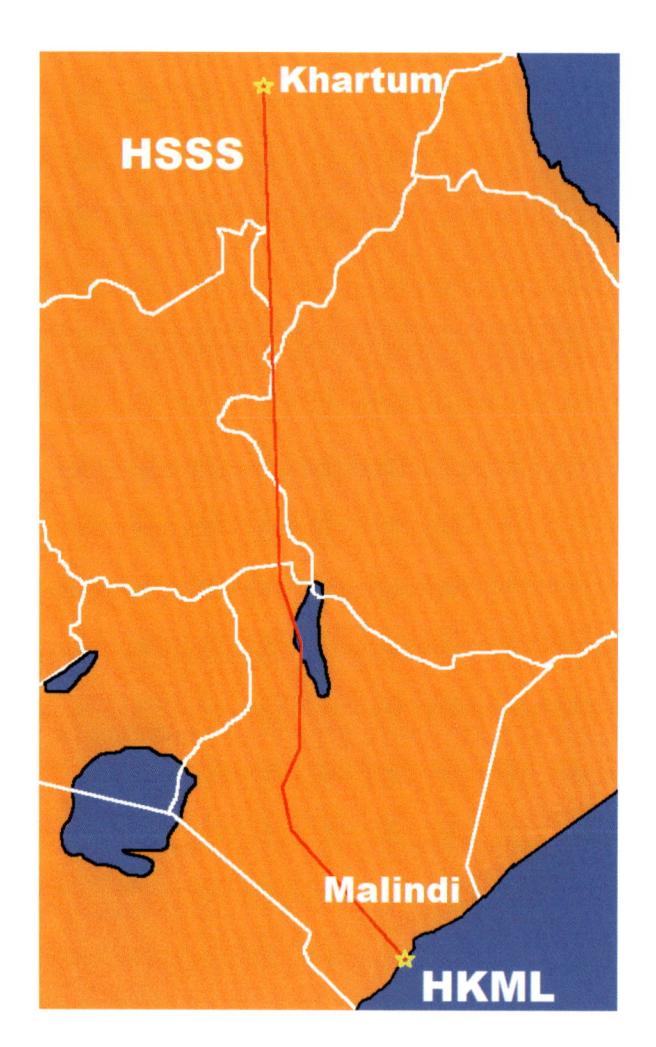

Flugstrecke **Datum** **Etappe, nm** **Gesamt, nm**
Khartum – Malindi 09.10.2016 1 240 21 547

Island Hopping: Über den Indischen Ozean

Das Hotel an der kenianischen Küste war komfortabel und der Koch des Restaurants ein wahrer Meister seines Fachs. Dennoch hielt ich mich in Malindi nur für eine kurze Verschnaufpause auf. Schon am folgenden Tag brach ich in Richtung Seychellen auf. 05:50 aufstehen und duschen, 06:00 Frühstück, 06:15 Taxi zum Flugplatz mit einem Sandwich für den Flug, 06:30 am Flugzeug, 07:30 Startzeit. Alles lief wie am Schnürchen.

Der Flug sollte sieben Stunden und 30 Minuten dauern. Ich hatte ungewöhnliches Wetter: Gegenwind, eine kleine Luftschicht ohne Gegenwind, dann wieder Gegenwind. Die günstige Luftschicht lag bei 10 000 Fuß, so stieg ich auf 9 500 Fuß auf, was eine gute Entscheidung war! Die Wolken zogen auf dem ganzen Weg meistens unter mir vorüber, bildeten aber Türme, als ich mich den Seychellen näherte. Zum Glück verlief der Flug ruhig bis langweilig. So verbrachte ich meine Zeit mit der Eingabe von Landeplätzen in der Antarktis in mein iPad und las sogar das Comic *Tintin bei den Russen*. Ab und zu schaute ich nach draußen, checkte alles, aß und trank. Nur zwei Schiffe kamen in Sichtweite, ein Frachter und ein Fischerboot.

Für die Positionsmeldungen benutzte ich das Iridium, das viel besser funktionierte als das HF-Funkgerät. So würde ich das auch auf dem Weg zu den Malediven machen! Kein überhitztes Triebwerk, alles lief viel besser, es war kühler als im Sudan. Aber der Anflug auf den Flughafen Victoria-Seychelles war kniffliger als erwartet. Die Piste verläuft parallel zu einer Felswand. So nah an den Felsen bei einem IFR-Anflug zu fliegen, das ist schon atemberaubend.

Kaum auf den Seychellen gelandet, wurde mein Flugzeug mit Desinfektionsmittel besprüht. Dann fielen alle über mich her und fragten, was ich brauche: Sprit, General Declaration, Abflugzeit, Abstellplatz,

Pass, alles Mögliche. Meinen Nachbarn auf dem Vorfeld, eine Boeing 787, stellte ich glatt in den Schatten! Später lotste man mich zu einem anderen Abstellplatz, wo ich meine teure RV-8 dann auf Gras abstellte. Ich war beunruhigt, denn es gab hier keine Verzurr-Möglichkeit und Winde waren vorhergesagt. Alles war hier teuer. Man sah den Leuten aber an, dass ihr Einkommen eher niedrig war.

In den Marie Laure Suites am nahegelegenen gleichnamigen Strand fand ich Gelegenheit, meinen Körper und Geist zu erholen. Jacques, der Manager der Unterkunft, besorgte mir alles, was ich brauchte. Er versorgte mich sogar mit Taucherbrille und Schnorchel, damit ich in eine andere Welt jenseits von Horizont und Himmel eintauchen konnte. Leider sah ich unter Wasser nicht so viele bunte Fische wie erwartet. Sie versteckten sich wohl aus Angst vor einem hungrigen, sehr verdächtig aussehenden Spanier, der eine nur von einem Gummiband festgehaltene Shorts als improvisierte Badehose trug.

Eine tolle Eigenschaft des Spidertracks-Geräts, das großzügig für das Projekt gespendet wurde, ist die Aussendung von SOS. Die funktioniert, wie sie soll! Am 14. Oktober flog Michel den langen Abschnitt über den Indischen Ozean von den Seychellen zu den Malediven. Etwa um 09:21 Zulu schickte das Spidertracks-Gerät eine Tier 1 SOS. Sofort wurden einige Mitstreiter des engsten Organisationskreises verständigt und die Sequenz der Rettungskette wurde initiiert. Innerhalb von 15 Minuten eskalierte die SOS-Meldung zur Stufe Tier 2, was bedeutete, dass die Meldung nicht als falscher Alarm gelöscht wurde. Einige Anrufe auf dem Satellitentelefon zu Michel kamen nicht durch, so dass sich Panik ausbreitete. Endlich gelang es Paula von Madrid aus Michel zu erreichen, auch Don Pearsall in Seattle, USA, erreichte ihn. Michel bestätigte, dass das SOS ein falscher Alarm war und es ihm in 10 000 Fuß Höhe bei 143 Knoten auf halbem Weg zu den Malediven gut ginge. Michel meinte, dass das SOS wohl durch ein schnelles Flugmanöver ausgelöst wurde, das er machte, um die Langeweile auf dem neunstündigen Flug zu unterbrechen und ein paar Leute auf dem Globus aufzuwecken. Aber, das wichtigste war, dass die SOS-Auslösung funktionierte und man hoffte, sie künftig nicht wirklich zu benötigen.

Immer wenn es Zeit zur Abreise ist, beginnt ein Wettlauf, Ende ungewiss! Ich wollte nicht gewinnen, sondern lediglich die Ziellinie erreichen und die Zielflagge sehen. Obwohl ich mein Bestes gab, hing es nicht nur von mir alleine ab.

Der Abflug von den Seychellen zu den Malediven war vom Flughafen auf 07:45 Lokalzeit festgelegt. Auf diese Weise würde ich Gan auf den Malediven erst ziemlich spät erreichen. Falls irgendeine Verzögerung einträte, würde ich bei Nacht landen müssen. Um dies möglichst zu vermeiden, hieß es wieder mal früh aufstehen. Es war 6 Uhr, als Jacques mich zum Flugplatz fuhr. Ich bereitete alles vor, um zur Tankstelle zu rollen. Solche RV-8-Jets sind nicht die üblichen Flieger, so ohne Copilot, Flugingenieur und Stewardess. Das Auftanken dauerte wie immer seine Zeit und ich musste danach zu den *kleinen* Flugzeugen, wie der B787 Dreamliner, rollen. Der Air Seychelles Repräsentant war etwas unglücklich mit seiner Rechnung, da er wusste, dass 900 $ etwas übertrieben waren, nur um damit die Flughafengebühren von 60 $ zu begleichen. Ich bestätigte ihm freundlich, dass er zu Recht Bedenken hatte! Um mich zu beschweren, schrieb ich eine E-Mail an die Zivilluftfahrtbehörde der Seychellen, erhielt aber natürlich keine Antwort. Ich erinnerte mich auch daran, dass ich 2001 in Hakodate in Japan 3 000 $ für das Handling bezahlen musste, nur um die 60 $ Flughafengebühren begleichen zu können!

Schließlich konnte ich um 08:05 abheben, Linkskurve Richtung Malediven. Sobald das Flugzeug schwebte, fühlte ich mich frei. Das war der Zeitpunkt, den Stress abzuladen, auch wenn sich der Himmel dunkel färbte! Aber das Wetter blieb gut und ich hatte einen traumhaften Rückenwind in 10 000 Fuß, obwohl normalerweise in dieser Region Gegenwind herrschte.

Allmählich wurde die Strecke allerdings schwierig. Es entwickelten sich zunächst nur hohe Wolken, die etwas Action versprachen. Sie lagen anfangs verstreut, später schienen sie zusammenzuwachsen, wurden grösser und höher und entwickelten sich zu riesigen äquatorialen Gewitterstürmen. Oft war ich gezwungen, die vielen aufsteigenden Gewitterzellen irgendwie zu umfliegen. Ohne Wetterradar an Bord hing die richtige Entscheidung mehr vom Glück als von einer wohlüberlegten Strategie ab. Normalerweise versuchte ich, eine Lücke zu finden. Die musste nicht unbedingt blau sein, ein helles Grau wäre schon gut genug. Diesem Licht musste ich folgen. Schlecht war nur, wenn das Licht ausging. Trotz der Anspannung konnte ich mich der Faszination, die diese gewaltigen Wolkentürme ausübten, nicht entziehen. Manchmal sah ich darin Gesichter, die ernst, wütend, nett, freundlich oder grimmig sein konnten. Das war magisch oder ich müsste mich mal auf meinen geistigen Zustand untersuchen lassen, ich weiß nicht genau …

Das Satphone klingelte. Paula war dran und sehr aufgeregt.
"Bist du okay?"
"Aber sicher, warum?"

Das Spidertracks hatte einen Alarm produziert, der zunächst das Skypolaris Team erreichte, das entscheiden sollte, ob es sich um einen echten Alarm handelte. Don Pearsall riss es in den USA aus dem Schlaf. Viele Telefonate gingen wohl zwischen dem Team hin und her, als ich gerade von den Wolkengesichtern fasziniert war. Spidertracks ist ein tolles System, das die Sicherheit enorm erhöht. Nach ein paar Minuten klingelte es wieder, es war Don.
"Michel, bist du okay?"
"Ja, natürlich, Don. Don, ich dachte, ich drücke mal ab und zu den Knopf, damit mich mal jemand anruft."

Der Himmel öffnete sich allmählich und weitere Umwege waren nicht mehr nötig. Bald kam ich in Reichweite des VHF von Gan Airport. Über die ganze Strecke benutzte ich das Iridium, um meine Position mitzuteilen. Die Seychellen waren damit einverstanden, aber als ich ihren Bereich verließ, wurde mir eine Positionsmeldung nach Mumbai in Indien verweigert. Stattdessen gab man mir eine Telefonnummer, aber auf den Malediven kam man mit einer telefonischen Meldung nicht klar. Also stellte ich weiterhin meine Positionsmeldung über das Iridium sicher und sagte, ich würde mich später erneut melden.

Der Flughafen Gan liegt auf einem Atoll ganz im Süden der Malediven, ein wenig südlich des Äquators. Dort erwarteten mich meine Freunde Mayte Escude und Paco Martinez, Ingenieure der Asian Academy of Aeronautics. Mit ihnen hoffte ich auf eine gute, kurzweilige Zeit. Damit lag ich richtig, es war eine gute Entscheidung, hierher zu fliegen. Keine Ruhe, überhaupt keine Ruhe auf Gan! Es war wirklich ein wunderschöner Aufenthalt.

Mein Flieger und ich wurden von Paco, Mayte, Aaron und der ganzen Maintenance Crew sehr verwöhnt. Ich war sogar ein wenig eifersüchtig auf meine liebe RV-8, denn sie erhielt Massagen, alles Mögliche an Reinigung, neue Zündkerzen, einen gründlichen Gesundheitscheck und vieles mehr. Mayte und Paco leiten die Maintenance Crew. Seit sie alles umgekrempelt haben, verfügen sie über zahlreiche glückliche Ingenieure, die eine exzellente Flugzeugwartung betreiben. Ich war unendlich stolz auf sie. Als sie noch in Spanien waren, restaurierten sie einige Bücker-Flugzeuge und auch eine Texan T6.

Die Asian Academy of Aeronautics trainiert die meisten Piloten auf den Malediven, aber auch Studenten aus dem Ausland, hauptsächlich aus Sri Lanka. Die etwa 150 Männer und Frauen leben auf dem Schulgelände direkt am Meer und die Flugzeuge stehen nur wenige Minuten von der Unterkunft entfernt. Das Lernpensum ist enorm, es gibt nur wenig Freizeit. Ich machte mir einen Spaß daraus, sie beim Ausruhen zu überraschen und anzuhalten, fleißiger zu studieren. Nicht alle verstanden meinen Humor, aber die meisten sahen es locker.

Ich bot an, einen Vortrag über das Skypolaris Projekt zu halten. Ein größerer Hangar wurde dazu mit einem riesigen Lautsprecher ausgestattet. Ich wurde Captain Suranjan De Silva, einem ehemaligen Captain der Air Force und jetzigen Chef des Ausbildungsbetriebs, vorgestellt. Er fand herzliche Einführungsworte für mich und ich berichtete über meinen bisherigen Flug. Anschließend stellten die Studenten sehr interessiert Fragen und machten viele Fotos mit mir. Ein gelungener Tag, so wie er mir gefällt!

Tags darauf, das Flugzeug war schon fast Abflug bereit, kamen einige indische Militärhubschrauberpiloten zum Plaudern vorbei. Schon auf dem Rückweg, drehten sie sich nochmal um. Könnten wir ein Foto mit dir machen?

    Jetzt wurde es aber höchste Zeit, um noch vor Sonnenaufgang abzufliegen. Das Flugzeug war randvoll mit Sprit betankt, mehr als je zuvor, denn zu den Kokosinseln lag eine Strecke von 1 568 Meilen vor mir. Ich war auf Meeresniveau (gut), aber es war heiß (schlecht). Den Flugplan hatte ich am Tag zuvor mit RocketRoute aufgegeben. Diese Software für Planungszwecke gefällt mir von Mal zu Mal besser. Aber, nicht immer erreicht der Flugplan alle erforderlichen Stellen, so dass ich am Tag vor dem Abflug sicherheitshalber nochmal beim Turm anrief. Der Flugplan lag noch nicht vor! Der Controller, ein weißbärtiger netter Kerl, händigte mir einige Formblätter aus, die auszufüllen waren. Er machte mit seinem Smartphone ein Foto davon und schickte es nach Male, die Hauptstadt der Malediven. Das funktionierte, kaum zu glauben!

    "Wann wollen Sie abfliegen?"
    "Hm, ... so um 5 Uhr."
    "Wir treffen uns um 4 Uhr früh. Okay?"
    "Okay!"

Ich wollte 20 Minuten vor dem Abflug noch duschen und frühstücken und stellte den Wecker daher auf 04:40. In der Studentenbude war ein Stockbett frei, das andere auch, weil der Fluglehrer frei hatte. Dummerweise kam er allerdings in der Nacht zurück und entpuppte sich als Schnarcher! Nicht etwa als ein diskreter, sondern als ein richtig lauter! Etwa dreieinhalb Stunden Schlaf hatte ich, als ich auf die Uhr sah, war es 02:30. Na gut, ich versuchte den Presslufthammer, der mich immer wieder aus dem Schlaf riss, zu ignorieren. Der Wecker ertönte und ich schaute auf das Display: erst 4 Uhr, also umdrehen und noch ein bisschen weiterschlafen. Zehn Minuten später rief Paco an. "Paco, was machst du so früh?" "Wir gehen zum Hangar und bringen das Flugzeug zum Abstellplatz Alpha." Ich dachte, ich werde verrückt, es war doch noch nicht die vereinbarte Zeit. "Michel, es ist 04:20 und wir hatten doch verabredet, uns um 04:00 zu treffen." Tatsächlich, der Alarm war auf 04:40 gestellt anstatt auf 03:40. Ich stand sofort unter Strom! Stress pur!

In der Nacht zuvor hatten mich Paco und Mayte zum Dinner eingeladen. Mayte, eine tolle Köchin, bereitete auch meine Sandwiches für den Flug zu mit gutem spanischen Käse und Hähnchenfleisch! Mein Aufenthalt war kostenlos. Unterkunft und Essen kamen von der Asian Academy of Aeronautics, Sprit, Flughafengebühren und vieles andere übernahmen Paco und Mayte. Danke!!
   Es war jetzt höchste Zeit, mich zu verabschieden. Ich habe sonst meine Gefühle immer gut im Griff. Aber die Freundlichkeit, Herzlichkeit und die Unterstützung auf Gan haben mich tief bewegt.

Ein Take Off mit hohem Gewicht stand bevor. Die Piste war lang, Klappen 1, Vollgas und das Flugzeug von selbst abheben lassen. Zum Abschied versuchte ich, mit den Flügeln zu wackeln, aber das war wie bei einer vollgeladenen B52, so ging ich in eine sicherere Fluglage und drehte nur im 10 Grad Winkel nach Südosten. Der Aufstieg auf 7 000 bis 8 000 Fuß dauerte eine halbe Ewigkeit. Dort blieb ich, bis die RV-8 einiges an Gewicht verloren hatte. Die erste Stunde war überaus stressig. Ich musste durch riesige Wolken-Überentwicklungen hindurch und mich mit der Navigation befassen. Dann öffnete sich endlich der Himmel, im Geradeausflug fühlte ich mich schon besser. Ich schaltete die Tanks um, um den Schwerpunkt konstant zu halten, während ich gleichzeitig versuchte, über HF zu kommunizieren. Zwar konnte ich Mumbai Center einwandfrei hören,

aber sie konnten mich nicht empfangen. Später studierte ich das Manual, um eine bessere Einstellung zu finden, aber es half nichts. Plötzlich klingelte das Telefon …
"EC XLL, Melbourne Center."

Das war der Anfang einer stündlichen Kommunikation mit Positions- und Zustandsmeldungen. Äußerst angenehm, der Controller nahm sich meiner gewissenhaft an. Plötzlich sank die Geschwindigkeit. Vielleicht ein Abwind? Neeein, keine Wolken, keine Hügel, keine Engel, keine Schiffe, keine UFO's – was ist jetzt wieder los? Ich stellte fest, dass ich während meiner unerotischen Bewegungen zur Vermeidung von Krämpfen in den Beinen den Schalter für die Klappen berührt hatte. Flaps up? Flaps up!
Die Zeit verging mit Anrufen von Melbourne und weiteren Versuchen mit der HF-Kommunikation. Die Triebwerksanzeige sprang auf Warnung und Alarm. Das Indikatorlicht des Amperemeters blinkte. Wieso? Nur noch 15 Ampere. Mal die Batteriespannung auf Spannungsabfall beobachten. Wenn ein Abfall zu sehen ist, liefert der Generator nichts und die Batterie würde solange sie noch Saft hatte, Strom liefern. Aber es ist noch ziemlich weit bis zum Ziel! Kein Spannungsabfall, also der Generator funktionierte, schon mal gut. Diese verdammte Elektronik zieht mir noch die Schuhe aus! Ich murkste mal Instrumente ab, indem ich die Sicherungen rauszog und 30 Sekunden abwartete. Sicherungen rein, alles funktionierte wieder, wie es sollte.

Als die Sonne unterging, drehte der Wind! Mit dem Gegenwind war die angepeilte Ankunftszeit nicht mehr einzuhalten. Die Chancen, vor Sonnenuntergang anzukommen, waren damit endgültig dahin. Vor mir lagen die Kokosinseln, warum sollte es auch einfach sein? Noch prickelnder wäre es, oben eine Schicht und unten eine niedrige Wolkenbasis zu haben. Der Mond leuchtete, aber es war dennoch eine finstere, irgendwie unheimliche Nacht. Ich machte einen GNSS (globalen Navigationssatellitensystem)-Anflug und war gleich auf der PAPI Sichtflug-Gleitwinkelanzeige. Die Landebahnlichter werden vom Flugzeug aus kontrolliert. Man klickt dreimal die Sendetaste und die Lichter gehen an. PAPI ist ein sehr hilfreiches System. Sieht man zwei rote und zwei weiße Lichter, dann stimmt alles. Bei drei roten und einem weißen Licht, ist man zu niedrig. Sieht man vier rote Lichter, ist man verdammt zu niedrig und kurz vor der Bodenberührung.

Der Anflug erwies sich als spannend. Dies war ein böiger, turbulenter 12-Stunden-Flug. Die Landung glückte und ich parkte mitten auf dem Vorfeld. Rob, der Polizist, erwartete mich bereits. Ein äußerst netter Mann! Der Flugplatz hatte keine Zäune, es herrschte absolute Freiheit bei freundlichen Menschen. Ein guter Platz, um etwas zu verweilen. Ich hatte nur einen einzigen Wunsch: ein Bett zum Schlafen!

Auf den Kokosinseln war alles ordentlich und gut organisiert. Colin erwartete mich am Flughafen, fuhr mich ins Hotel und lud mich zum Abendessen ein. Obwohl ich in einer perfekten Unterkunft in der Ninetysix East wohnte, ließen es sich Colin und seine Frau nicht nehmen, mich zu beherbergen, was soll ich mehr sagen? Beide kümmerten sich während meines gesamten Aufenthalts um mich und erleichterten mir alles.

Ich hatte sogar Gelegenheit, die Westinsel mit nur etwa 150 Einwohnern zu besuchen. Auf der eher malaiisch geprägten Ostinsel leben etwa 450 Einwohner. Ich schätzte es als großes Glück, zwischen dem Riff und dem breiten Sandstrand der Insel zu schwimmen. Aus dem Fenster meines Zimmers konnte ich kleine Haie mit schwarzen Finnen sehen. Die großen waren nur außerhalb des Riffs anzutreffen. Gern wäre ich auch mit den riesigen Manta Rochen in der Lagune getaucht, aber dazu blieb leider, wieder mal, keine Zeit.

Ich setzte nach Pulu Maria über, einer unglaublich winzigen Insel des Südatolls der Kokosinseln. Sie ist nur etwa 70 Meter breit und nicht viel länger. Nach ihrem Entdecker heißt sie auch Keeling. Im 17. Jahrhundert brachte Kapitän Keeling seine Kinder auf die Insel Pulu Maria, die man von der Hauptinsel bei Ebbe auch zu Fuß aus erreichen kann. Tragischer Weise verlor er seine Kinder aus den Augen und fand sie nie mehr wieder. Vielleicht wurden sie von einer starken Strömung in die Lagune gezogen, wobei es sich hier nur um eine Wassertiefe von circa einem halben Meter handelt. Seine kleine Tochter hieß Maria. Das Wort *Pulu* bedeutet auf Malaiisch *Insel*; deshalb trägt diese Insel nun den Namen Pulu Maria. Die Geschichte stimmte mich traurig.

Geoff und Helen hatten mein 200 Liter Spritfass vom australischen Festland erhalten. Ich wollte gerne auch noch Mogas kaufen, aber Shell gab keine Erlaubnis dazu, Flugzeuge mit Mogas zu betanken. Zum Glück hatte ich dank Paco und Mayte bereits genug Sprit auf Gan gebunkert. Es gab ein Problem wegen des Abstellplatzes, der nicht ganz eben war. Dies führte dazu, dass etwas Sprit aus dem Außentank meines rechten Flügels verloren ging. Später half mir Colin, das Problem zu beheben.

Das Höhenruder war schwergängig geworden, was ich nicht tolerieren konnte. Als ich der Sache auf den Grund ging, fand ich Korrosion im Lager des Höhenruder-Umlenkhebels. Ich säuberte und schmierte das Höhenruder ordentlich und dann funktionierte es wieder perfekt. Auch das Aethalometer, das nicht wie gewünscht arbeitete, musste gewartet werden. Die fortwährenden Reparaturen zermürbten mich langsam, aber sicher!

Flugstrecke	Datum	Etappe, nm	Gesamt, nm
Malindi – Victoria	11.10.2016	920	22 467
Victoria – Gan	14.10.2016	1 088	23 555
Gan – Kokosinseln	18.10.2016	1 568	25 123

Auch nur eine – große – Insel: Der fünfte Kontinent

Am 21. Oktober war es Zeit, endlich von den Kokosinseln abzufliegen, um einen neuen – den fünften – Kontinent zu erobern. Weckzeit um 4 Uhr. Geplanter Abflug um 5 Uhr Lokalzeit. Um 04:20 erwartete mich Colin mit einem guten Frühstück. Seine Frau war auch schon wach, um sich von mir zu verabschieden.

Um 04:45 schob ich den Gashebel rein und hob sanft ab, im Bodeneffekt bleibend. Ich schaltete die Heckkamera an, aber irgendwas funktionierte nicht, daher konnte ich bedauerlicherweise keine Luftbilder von den Inseln im tiefen Überflug machen. Schade! Ich flog die Küste entlang über die Insel Pulu Maria, die ich schnell hinter mir ließ. Wenn man den Verlauf in Spidertracks verfolgte, sah man meinen flachen Steigflug mit 100 bis 200 Fuß pro Minute. Dadurch vermied ich eine Überhitzung des Triebwerks.

Passatwinde sind unbeständig und flatterhaft. Ich bin mir nicht sicher, ob dies etwas Ungewöhnliches oder normal und immer so ist. Die Winde bliesen aus Osten, also Gegenwind. Aber in 10 000 Fuß drehten sie plötzlich und wurden zum Rückenwind. Das zeigte auch die Wetterinformation. Je höher, desto besser – ich plante also 12 000 Fuß. Das Gewicht und 75 Prozent Leistung waren suboptimal, um Geschwindigkeit zu machen. Mit den 85 Knoten ging es recht langsam voran! So wurde das nichts. Also stieg ich zunächst auf 12 000 Fuß, dann auf 13 000 Fuß Dichtehöhe, und schon sah es viel besser aus.

Mein Iridium schien den Geist aufgegeben zu haben, es verweigerte den Zugang. Das gefiel mir nun gar nicht, da es meine Überlebenswahrscheinlichkeit doch ziemlich schmälerte. Später erfuhr ich, dass dadurch auch Spidertracks nicht funktionieren konnte. Der Grund dafür erschloss sich mir aus folgender Meldung: "Iridium service has been fully restored at October 21, 02:30 UTC. Track data generated for the period from October 20, 22:00 UTC to October 21, 02:30 UTC is unavailable and cannot be recovered. Starting from October 21, 02:30 UTC all Spidertracks services are operating as normal."

Ich studierte erneut die Anleitung des HF-Radios und es gelang mir endlich, mit Brisbane zu kommunizieren. Das war auch für Brisbane wichtig, die zur Sicherheit meine Flugroute verfolgten. Verfolgt wurde ich auch von einer auf den Kokosinseln stationierten P3 Orion, meinem geliebten Flugzeug aus meiner Zeit bei der Air Force. Es war sehr beruhigend, sollte ich baden gehen, wüsste zumindest jemand, wo ich in etwa gewassert hatte.

Über 12 500 Fuß ist in manchen Ländern der Gebrauch von Sauerstoff Vorschrift. Ich flog oft höher und hatte bisher nie Probleme gehabt, aber jetzt bekam ich Kopfschmerzen. Ich beschloss, etwas tiefer, auf 10 500 Fuß, zu gehen, trank viel und aß eine Kleinigkeit und bald schon ließen die Schmerzen nach.

Obwohl in dieser Höhe nicht der optimale Rückenwind herrschte, kam ich doch ganz gut voran. Die Uhr drehte sich weiter und ich schaltete die Tankventile um. Hinter der Entlüftung des linken Flügelaußentanks verliefen Spritspuren. Ich nutzte stets zuerst die Außentanks, um das Spritniveau zu senken. Normalerweise entleerten sie sich zuerst, da sie höher liegen. Als noch etwa zehn Gallonen im Außentank waren, begann das Triebwerk zu stottern und blieb fast stehen. Dies hatte dieselbe Wirkung auf mich wie mindestens tausend Tassen Kaffee. Wie der Blitz schaltete ich auf die Haupttanks um, schnell genug und alles war wieder gut. Später nutzte ich noch siebeneinhalb der zehn Gallonen, indem ich den linken Flügel etwas höher flog als den rechten. Im Sideslip zu fliegen, ist sicherlich nicht die effizienteste Art, aber immer noch besser, als auf den Sprit verzichten zu müssen. Ich vermutete, dass meine Spritreserve noch vier Stunden betrug.

Erst nach meiner Landung in Port Hedland, Australien stellte sich heraus, dass die Entlüftung nicht genau mit dem Wind ausgerichtet war und deshalb am Tank saugte, anstatt Druck zu erzeugen. Das war am Boden leicht zu beheben, aber im Flug unmöglich. Immerhin, so tröstete ich mich, waren das wertvolle Erfahrungen, denn für den Flug in die Antarktis sollte alles perfekt funktionieren.

Die See unter mir war ziemlich rau, vielleicht zu rau, so dass man lieber mit dem Fallschirm aussteigen würde, als in einen Wellenberg hart wie Beton hineinzufliegen. Später verwandelte sich das Meer in eine spiegelglatte Fläche. Schiffe kamen in Sicht, Frachter und Trawler. Man gab mir eine VHF-Frequenz, die aber wegen der Hintergrundgeräusche unerträglich laut war. Möglicherweise fing das Flugzeug über die HF-Schleppantenne statische Elektrizität ein. Auch das musste noch verbessert werden, ansonsten würde ich diesen extremen Lärmpegel nicht lange aushalten.

Port Hedland an der Nordwestküste Australiens kam nun in Sicht. Anflug und Landung verliefen gut, ich wurde zum Vorfeld für kleine Flugzeuge geleitet. Mitarbeiter der staatlichen Gesundheitsbehörde erwarteten mich. Später brachte mich Carol Kilby in die Stadt, obwohl sie in der Gegenrichtung wohnte. Danke Carol!
    Mein Flugzeug war nun auf allen Kontinenten gelandet. Es fehlte nur noch die Antarktis! Bald würde ich dorthin unterwegs sein, sobald das Wetter für den notwendigen 14- bis 15-stündigen Flug zur italienischen MZS geeignet war. Das Flugzeug benahm sich bislang wie ein braves Kind; die vielen Streicheleinheiten hatten offensichtlich geholfen. Vielleicht würde es ja noch zum Musterschüler!

Dies war mein erster Besuch des australischen Kontinents. Der Ort Port Hedland liegt irgendwie isoliert, er kommt mir vor wie das Bindeglied zwischen Erdinnern und Erdoberfläche. Unmengen von Mineralen werden in unterirdischen Minen gefördert und hauptsächlich nach Korea und China exportiert. Port Hedland ist der wichtigste Umschlagplatz für Eisenerz und gehört zu den größten Häfen für Schüttgut weltweit. Im Hafen liegen viele Frachter, die zum Teil 200 Meter lang und höher als zwanzigstöckige Gebäude sind. Trotz der gewaltigen Anlagen scheint das Verladen der Minerale eine Ewigkeit zu dauern. Der Schiffsrumpf sinkt dabei langsam immer tiefer ein, bis die Beladung komplett ist. In Wirklichkeit geschieht es blitzschnell. Ich staunte über die Ingenieure, die so große und schwere Schiffe konstruierten, die derart stabil in der Meeresdünung lagen, ohne in zwei Hälften zu zerbrechen.

In Port Hedland gab es für mich am Wochenende, an dem alles geschlossen war, nur zwei Optionen: ausruhen und spazieren gehen oder spazieren gehen und ausruhen. Ein paar hundert Meter von meinem Hotel entfernt verbrachten viele Leute ihre Zeit mit Nichtstun oder Angeln am Strand. Es war kurios anzusehen, wie ein chinesisches Paar jede Menge Fische fing, während bei anderen Anglern kein einziger Fisch anbiss. Ein Einheimischer mit einem riesigen Angelhaken meinte, dass damit schon Haie an den Haken gegangen seien und sogar – Krokodile!!!

Im Hotelrestaurant traf ich viele Spanier aus der Gegend von Bilbao, die bei der Instandhaltung der Transportzüge für Minerale beschäftigt waren. Ich musste gestehen, dass ich leider keine acht baskischen Familiennamen besaß. Sie luden mich dennoch ein, den nächsten Tag gemeinsam am Strand zu verbringen, aber ich hatte derart viel Arbeit am Computer zu erledigen, dass ich die freundliche Einladung leider ablehnen musste.

Unter Zeitdruck bereitete ich meinen frühen Abflug Richtung Ayers Rock vor. Das Zimmertelefon klingelte morgens um 7 Uhr, wer konnte das sein? Carol war schon da, um mich zum Flugplatz zu bringen! Das war ausgesprochen freundlich und lieb von ihr! Eine Dreiviertelstunde später war alles verpackt. Am Flugplatz ging alles glatt, nur das Auftanken zog sich etwas in die Länge. An einigen australischen Flugplätzen benutzt man Tankkarten von Air BP, Shell oder Mobil, von denen ich aber keine einzige besaß. Die Tankwartin Shane war noch nicht aus Perth zurück, Michelle, die mich stattdessen bedienen sollte, war noch mit Airlinern beschäftigt, daher stellte mir Polar Aviation, eine Flugschule und ein Charterunternehmen, netterweise eine Karte zur Verfügung. Als ich das Flugzeug gerade belud, erschien Michelle mit ihrem Tankfahrzeug, um es mit Avgas zu betanken. "Die Nutzung meiner Karte kostet dich 55 $ extra." Da war ich doch mehr als überrascht und sprachlos, alle anderen auch, denen ich das später erzählte!

Meine VHF-Radios machten mir wegen des starken Hintergrundrauschens immer noch Sorgen. Die Kommunikation war schlecht und der Squelch nutzlos. Brainstorming war nötig. War der Squelch falsch eingestellt? Waren die Stecker des Kopfhörers oxidiert oder verschmutzt? Waren es statische Aufladungen wegen der HF-Antenne oder Ruß vom Auspuff an der Antenne? Ich kontrollierte alles und ließ nichts unversucht, es zu verbessern. Das starke Rauschen war aber dennoch nicht zu beseitigen.

Zum Glück ist Fliegen in Australien recht einfach. Die meisten Flugplätze im Norden sind unkontrolliert und nutzen die CTAF-Frequenz (allgemeine Anruf-Frequenz), auf der man beim Anflug anderen Luftfahrzeugen seinen Standort und seine Absicht mitteilt. Während des Flugs hat man die Möglichkeit, Melbourne oder Brisbane Control abzuhören, aber das ist nicht Vorschrift. Ich drehte die Lautstärke herunter. Falls notwendig, könnten mich die Controller einfach über meine im Flugplan angegebene Satelliten-Telefonnummer erreichen.

Nach dem Start drehte ich nach links ein ins riesige rote, flache Zentrum Australiens. Nichts als bestes Wetter, anfangs sah ich noch einige Tagebauminen. In dem roten Land verliefen über die ganze Strecke bis zum Ayers Rock oder Uluru, wie er von den Aborigines genannt wird, parallele Linien von West nach Ost. Das war einfach spektakulär und obendrein brauchte man keinen Kompass. Gern wüsste ich mehr über ihre Entstehung. Die Geologie unserer unglaublichen Erde bringt mich immer wieder zum Staunen. Vieles lässt sich nur aus der Vogelperspektive entdecken. Auf dem Boden hat man da eher schlechte Karten. Diese vielfältigen merkwürdigen, ausgefallenen, magischen Formen erschließen sich nur, wenn man sich in die Lüfte erhebt.

Ich nahm mir etwas Zeit, abzusteigen und nach Kängurus und Kamelen zu suchen. Üblicherweise sind sie in der Nähe von Wasserstellen zu finden, vor allem bei Sonnenaufgang und -untergang. Ich näherte mich der Marsoberfläche und hielt Ausschau nach den berühmten dreibeinigen australischen Säugetieren. Schade, keine zu sehen! Die Seen sind salzig, daher wohl nicht als Trinkwasser für Tiere geeignet.

Beunruhigend, dass mein VHF-2-Radio ständig von selbst an und aus ging. Ich baute es im Flug aus und reinigte die Kontakte mit einem Radiergummi, aber das half nicht. Als später im linken äußeren Flügeltank noch 15 Gallonen Sprit übrig waren, stotterte das Triebwerk plötzlich erneut! Die neue Entlüftung funktionierte also auch nicht. Zwar war das im Moment nicht dramatisch, da ich vorsorglich genug Sprit getankt hatte, aber bei der Landung würde sich das Gewicht des linken Flügels durch den vollen Außentank bemerkbar machen, auch wenn der innere linke Flügelhaupttank leer war.

Da unten waren 37 Grad Celsius, wirklich unkomfortabel für mich und das Triebwerk, denn ich merkte, wie die Leistung abnahm. Daher stieg ich wieder auf, noch etwas höher als vorher. Plötzlich entwickelte sich eine massive Thermik. Darin kletterte meine RV-8 besser als ein Segelflugzeug! 1 000 Fuß pro Minute bei stark wechselnden Geschwindigkeiten. Bald darauf flog ich wieder über roten Wüstensand. Auch in der Wüste scheint Liebe zu existieren, wie ich deutlich an der herzförmigen Sanddüne sah. Natürlich lag mein Herz Paula zu Füßen.

Einige Stunden später tauchten zu meiner Rechten einige Felsen auf, die immer größer wurden. Und dann kam er in Sicht: der Uluru! Ich behielt mir vor, den Felsen am nächsten Tag zu besuchen. Anflug und Landung auf Piste 13 des Ayers Rock Airfield, was für ein erhebender

Moment! Nur der schwerere linke Flügel riss mich aus diesem Traum. Ich kämpfte hart bei der Landung dagegen an. Alle meine Sinne liefen auf Hochtouren und das Flugzeug kam in der Tat heil herunter!

Triebwerk aus, Haube auf, augenblicklich Fliegenattacke! Über Fliegenschwärme hatte ich mich ja schon öfter beschwert, aber diese hier am Ayers Rock bildeten eine wahre Armada. Sie waren äußerst winzig, dafür sehr agil und wendig, nicht so dumm, wie die in Spanien oder Ägypten, die ich noch abschießen konnte. Da musste ich wohl noch etwas an meinen Kampftechniken feilen. Der Sicherheitsmann im Geländewagen trug wohlweislich ein Moskitonetz über dem Kopf. Willkommen am Ayers Rock!

Viele Touristen kommen täglich zum Ayers Rock und zu den Olgas, den in der Nähe gelegenen Bergen, die ich im Vorbeiflug gesehen hatte. Yulara ist im eigentlichen Sinn keine Ortschaft, sondern eine Art Resort bestehend aus einer Ansammlung von Hotels und Restaurants. Der Fels liegt 12 Kilometer südlich von Yulara. Fernab von der Lichtverschmutzung der Großstädte konnte man hier einen wunderbaren Sternenhimmel genießen.

Eigentlich wollte ich hier zwei Tage verweilen. Aber bei einem Hotelpreis von 460 $ pro Nacht ohne Frühstück, konnte ich mir das nicht so lange leisten, also verkürzte ich meinen Aufenthalt auf eine Übernachtung. Das Hotel war gut, ich konnte mich ausruhen und entspannen und die Mitarbeiter am Flugplatz kümmerten sich überaus nett um mich und fuhren mich sogar zum Hotel.

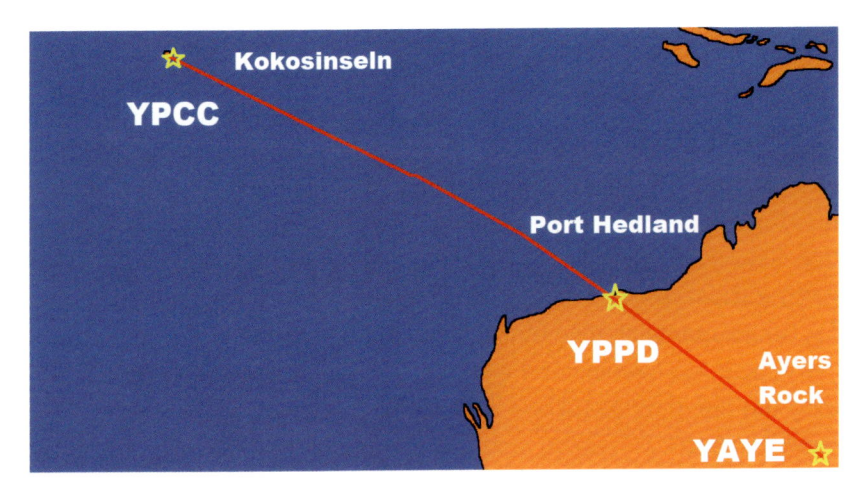

Flugstrecke	Datum	Etappe, nm	Gesamt, nm
Kokosinseln – Port Hedland	21.10.2016	1 343	26 466
Port Hedland – Ayers Rock	24.10.2016	756	27 222

Mittendrin: Das rote Herzen Australiens

Einige Glückliche können einen Rundflug zum Ayers Rock mit einem Kleinflugzeug oder Hubschrauber buchen. Die Glücklicheren unter den Glücklichen können mit einer RV-8 zu jeder Zeit und mit 360 Grad Rundumsicht fliegen. Frei fliegen ist allerdings untersagt, man muss mit Radiokommunikation einer festen Route folgen. Das ist die australisch coole Art, herzlich und entspannt. Piste 31 war aktiv, so dass der Flugweg nun umgekehrt war wie beim Anflug. Ich stieg auf 4 000 Fuß zum Einflugpunkt seitlich der Olgas, dann nach Westen. Mit einer Kurve nach Süden kletterte ich auf 4 500 Fuß, um dann über den Einflugpunkt dem vorgeschriebenen Weg zur Besichtigung des Uluru zu folgen.

Ich verabschiedete mich nach Osten aus der *sensiblen Zone*, einem Gebiet der Aborigines, vielleicht einer *danger zone*, weil man von einem Bumerang getroffen werden könnte. Diese vermied ich wohl besser! Wüste, Wüste, noch mehr Wüste. Eine riesige, flache Gegend, unterbrochen von 3 000 Fuß hohen Erhebungen. Obwohl ich unterwegs ständig trank, musste ich in der extrem trockenen Luft kein einziges Mal die Toilette benutzen.

Auch nach der Reinigung der Kontakte des ICOM 210 blieb das Radio weiterhin unbenutzbar. Meine Kopfhörer funktionierten aber inzwischen gut und ohne Nebengeräusche. Erfreut hob ich ab und schaltete das Aethalometer an. Da war es wieder, das Nerv tötende Geräusch. Aethalometer aus – und weg war das Geräusch. Hm, das musste ich erst mal überdenken. Das Problem des Aethalometers betraf einen Stecker und Schalter. Ich hatte eine Sicherung von Paco und Mayte eingebaut und eine Diode aus der Stromzuführung entfernt. Die fehlende Diode könnte Störwellen ins Bordelektrik-System eindringen lassen und für die Geräusche verantwortlich sein. Bei der

50-Stunden-Inspektion müsste sie wohl wieder eingebaut werden, neben anderen Arbeiten. Nachdem ich die Entlüftung des linken Tanks entfernt hatte, war der Tank wieder zu 100 Prozent ausfliegbar. Freizeit? Was ist das?

Langsam wurde das Land sanft grün. Staubpisten wurden zahlreicher, zuweilen waren einige Anwesen zu sehen, die 60-80 Kilometer voneinander entfernt waren. Manche hatten eine oder sogar zwei Landebahnen. Wieder fragte ich mich, wie die Leute in solcher Isolation nur leben können?

Die Thermik wurde nun wieder so heftig, dass ich wie in einer Achterbahn hochschoss und im nächsten Augenblick wieder in die Tiefe stützte. Bald kam Mildura in Sicht, endlich eine Stadt mit richtigen Straßen und Geschäften. Es gab sogar ein Einkaufszentrum in der Nähe meines Hotels; das hatte ich seit Ägypten nicht mehr gesehen. Ich fand sogar Material, um einen Sonnenkompass zu basteln. Durch Mildura fließt der Murray River, einer der wichtigsten australischen Flüsse, der die Stadt mit Wasser versorgt. Die Stadt liegt in einer bekannten Weinregion; der Weinanbau um Mildura hat einen wesentlichen Anteil an der Weinproduktion Australiens.

Die Bekämpfung der Fliegen mit meinem Fighter hatte zu 216 Abschüssen geführt, die ich an der Scheibe zählte, und vier- oder fünfhundert an den tödlichen Flügelkanten! David, ein Pilot aus Mildura und Besitzer einer Jabiru, half mir bei der Beseitigung der Fliegen. Alle waren richtig nett hier, sogar der Taxifahrer mit seinem Gangstergesicht. Er erzählte, dass ein Känguru am Mildura Airport kürzlich einen Propeller verbogen hätte.

Den Flug von Mildura nach Hobart auf Tasmanien mit nur viereinhalb Stunden konnte ich an diesem schönen Tag gelassen angehen. Im Süden der Stadt lag Farmland, das die Farmer durch lange Baumspaliere voneinander abgrenzten. Das Kontrollzentrum Melbourne war klar zu hören und die Sichtflugprozedur war wieder eine einfache Sache. Bis zum südlichen Ozean wurde es zunehmend einsam, es tauchte eine schöne und verlassene Küste auf. Ein Traum für Surfer, auch für Haie, die mal ein Frühstück brauchen ... Diese Strände waren für tapfere Jungs gemacht, nicht für Feiglinge wie mich.

Ich verabschiedete mich vom fünften Kontinent mit einem richtig guten Gefühl. King Island lag voraus, dann ging es wieder über Wasser. Ich war unschlüssig, ob ich meinen Trockenanzug anziehen sollte. Die Wassertemperatur betrug gerade mal plus 13 Grad Celsius. Das bedeutete eine Stunde bis zur Bewusstlosigkeit, und maximal sechs Stunden bis zum Tod. Diese Zeit war definitiv zu kurz, um auf Hilfe zu hoffen; also doch den Trockenanzug anziehen. Ich flog an der Albatros Insel vorbei, aber leider zeigte sich keiner dieser wunderbaren gefiederten Segler. Seelöwen auf der Hunters Insel zu erkennen, war aus 5 000 Fuß Höhe schwierig.

Tasmanien tauchte auf: welch schöne Insel, was für traumhafte Strände! Die flache Küste verwandelte sich schnell in Bergland, sogar etwas Schnee lag noch auf den Gipfeln. Die Landschaft wirkte schroff, aber zugleich friedlich – mit vielen Seen, Wäldern und Felsen.

Der Flugplatz von Cambridge mit insgesamt drei Pisten liegt nur eine Meile vom geschäftigen Flughafen Hobart entfernt. Zum Anflug kontaktierte ich Hobart Tower, damit ich informiert war, was sich am Cambridge Flugplatz bewegte. Auf dem Vorfeld wurde ich zum Fliegerclub geleitet. Don Prairie, Präsident des Aeroclub of Southern Tasmania und Greg Wells von Par Aviation hatten mich vom ersten Kontakt an zuvorkommend behandelt. Wieder mal war ich so richtig gut aufgehoben!

Bald traf ich Paul Boland, der mein Schutzengel wurde und mir überaus behilflich war. Mein Flugzeug wurde hangariert und ich wurde mit allem Nötigen versorgt. Tasmanien ist nicht nur sagenhaft schön, seine Bewohner sind auch überaus freundlich und zuvorkommend.

Joy Roa von der Asian Air Safari kam nach Hobart und empfing mich mit seiner Mannschaft, um ein Video über meinen Aufenthalt hier und meine Vorbereitungen für den Antarktisflug zu drehen. Wir machten eine schöne Expedition in das Bonorong Wildlife Sanctuary, wo ich endlich einheimische Tiere, Vögel, Schlangen, Koalas und Kängurus zu Gesicht bekam. Nach diesem entspannenden, kurzen Intermezzo musste ich mich aber um meinen Weiterflug kümmern.

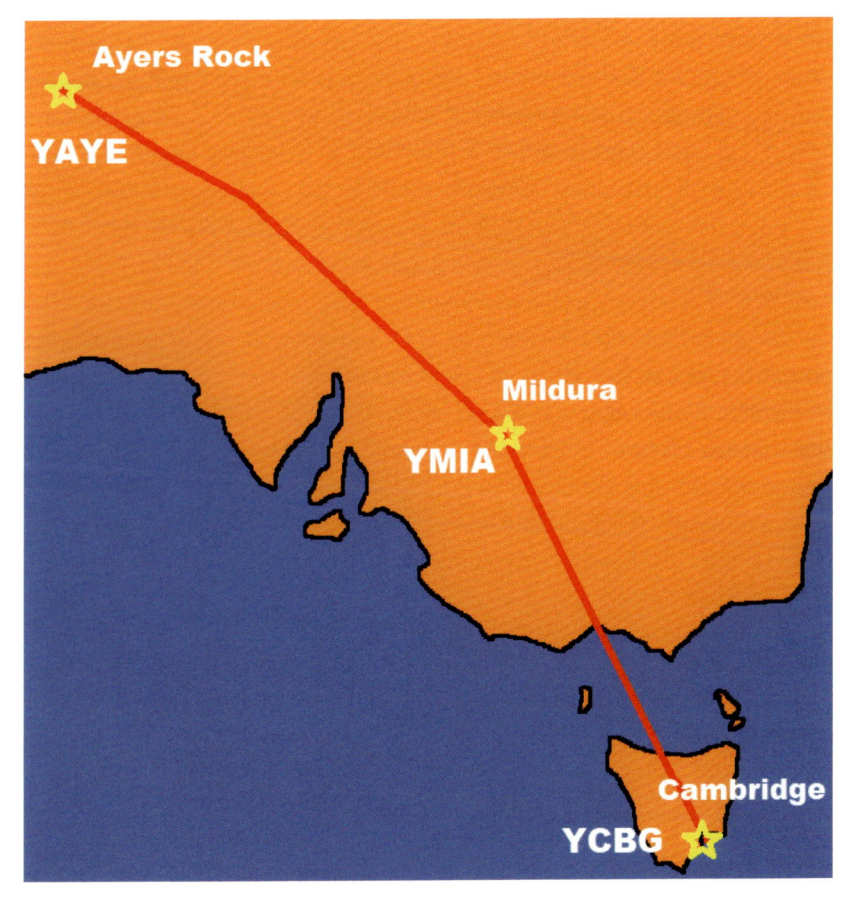

Flugstrecke	Datum	Etappe, nm	Gesamt, nm
Ayers Rock – Mildura	25.10.2016	680	27 902
Mildura – Cambridge	28.10.2016	505	28 407

Vorbereitung ist alles: Aufbruch zum Südpol

In meinem Kopf dreht sich nun alles nur noch um die Antarktis. Am 1. November wäre ich bereit, dorthin zu fliegen. Zunächst mussten jedoch noch die Ski montiert und getestet werden. Mein bestelltes Avgas sollte am 7. November zur antarktischen MZS geliefert werden. Wenn das Wetter aber vorher schon fliegbar wäre, würde ich stattdessen mit Autobenzin zum Südpolflug aufbrechen.

Alles erwartete Material war pünktlich eingetroffen: die Ski, das Ersatz-Aaethalometer, der Ersatz-Tracker und vieles andere mehr. Die ganze aeronautische Gemeinde war versammelt. Don polierte das Flugzeug so gut auf, dass es wie neu aussah. Ich machte die fällige 50-Stunden-Kontrolle, montierte die Ski, was sich dank des Designs von Patrick Gilligan einfach gestaltete. Mit einem kleinen Ski für das Spornrad sah das richtig gut aus. Der Testflug verlief ohne Besonderheiten hinsichtlich Stabilität und Ausrichtung. Dennoch führten die Ski, obwohl sie leicht waren, zu einem Geschwindigkeitsverlust von elf Knoten. Dies wäre an sich nicht so problematisch, aber eine Wasserlandung wäre überaus gefährlich, da sich das Flugzeug überschlagen könnte. Ich diskutierte das Problem mit Paul. Da die Ski mir Landungen auf Schnee oder Eis in der Antarktis ermöglichen würden und ich zudem über reichlich Sprit und Reichweite verfügte, entschied ich mich, damit zunächst bis zur MZS zu fliegen, um das Fliegen mit Ski bei hohem Gewicht auszutesten.

Auch meine neue mit Stahl verstärkte HF-Antenne unterzog ich einem Test. Ich hatte zwei Antennen angefertigt, weil die alte Antenne sich als zu schwach erwiesen hatte. In einer Marina fand ich einen Radarreflektor mit einem SAR Design. Dieser sollte die Alufolie ersetzen, falls ich notwassern müsste.

Ständig behielt ich die Wetterentwicklung in der Antarktis im Auge. Der Überflug des südlichen Ozeans würde kein leichtes Unterfangen werden und meine Flugroute stand noch nicht endgültig fest! Ich vertiefte mich stundenlang in die Wettervorhersagen für die Antarktis und entdeckte in der Atmosphäre ein paar sich schnell fortbewegende Blasen klarer Luft. Zwei zu durchquerende Wolkenbarrieren bereiteten mir große Sorgen, da sie in dieser Region Vereisung bedeuteten – also das Ende meines Flugs. An der ersten Wolkenschicht könnte ich auf 4 000 Fuß in niedriger Höhe entlang fliegen, da lag die Temperatur über Null Grad Celsius. Auch in diesen Wolken zu fliegen, wäre kein so großes Problem. Schwierigkeiten könnte jedoch eine Front bereiten, die ich südlich von Young Island, nahe der Antarktis zu durchqueren hätte. Diese Barriere sollte sich zwar später auflösen, aber ich musste mich auch an meiner beabsichtigten Ankunftszeit orientieren.

Ich organisierte alles für meinen Abflug um 7 Uhr am 1. November 2016. Paul und ich kamen spät zum Dinner in sein Haus, wo seine Frau uns bereits erwartete. Nach dem Dinner arbeiteten wir weiter an Flugplan, Abreiseformalitäten und vielem mehr. Pauls Frau nähte mir noch ein Klettband an eine der Taschen meines Überlebensanzugs.

Die Nacht war mit dreieinhalb Stunden wieder einmal ziemlich kurz. Viele Gedanken ließen mich nicht zur Ruhe kommen und plagten mich: Was würde ich tun, wenn ich nicht durchkomme?

Am Morgen checkte ich erneut die aktuelle Wettervorhersage für meine Route. Wenn ich vor der Antarktis links von meiner geplanten Route fliegen würde, könnte ich die zweite Barriere umfliegen. Das würde die Flugzeit zwar um etwa eineinhalb Stunden verlängern, wäre aber bedeutend sicherer. Diese Ausweichstrecke war mir äußerst wichtig. Die Vorhersage zeigte, dass zwei Stunden nach dem Passieren von Young Island die Obergrenze der Frontbewölkung auf etwa 10 000 Fuß absinken würde, so dass ich sie überfliegen könnte.

Alle Beobachter des Skypolaris Flugs konnten die Wettersituation und die Flugroute im Internet verfolgen: Um die Antarktis herum wirbelte eine Kette von Tiefdrucksystemen, die von der Differenz der minus 40 Grad Celsius kalten Luft auf dem Eispanzer der Antarktis und der Meerestemperatur angetrieben wurde. Die sich um die Antarktis herum ausbildenden Tiefdrucksysteme sahen über tausende von Kilometern aus wie ein Planetenradgetriebe. Es entstehen dabei regelmäßig Bodenwinde mit 50 Knoten, die in 10 000 Fuß Höhe mühelos 70 Knoten und mehr erreichen. Je nach Fortschreiten der Tiefs ergab sich auf der Strecke von Tasmanien bis zur Antarktis daraus Rücken- oder Gegenwind.

Mit einem Kleinflugzeug müssen die zugehörigen Fronten mangels erreichbarer Flughöhe durchquert oder wegen der Gefahr der Vereisung umflogen werden. Der Seegang in dieser Region der Erde ist ungeheuerlich. Kreuzseen mit 20 Meter Wellenhöhe sind normal. Man kann sagen, dass dieser Flugabschnitt der gefährlichste war, den Michel zu meistern hatte. Er wurde daher intensiv von der Australian Maritime Safety Authority (AMSA) mit deren SAR Ausrüstung verfolgt. Im Notfall hätten Jets und Seenotkreuzer in dieser extremen Region zur Verfügung gestanden. Auch an der Suche nach dem malaysischen Verkehrsflugzeug MH370 war die AMSA beteiligt.

Die Entscheidung zu fliegen war zwar getroffen, der Abflug verschob sich jedoch wegen des Wetters um zwei Stunden. Um 9 Uhr Lokalzeit wurde das Flugzeug aufgetankt, meine Überlebensausrüstung lag bereit, der Trockenanzug war angelegt, das Frühstück eingenommen und heißes Wasser für ein warmes Getränk unterwegs in die Thermosflaschen gefüllt.

Vor dem Abflug musste ich mich noch über die Lichtverhältnisse auf dem letzten Abschnitt des Flugs und bei der Ankunft vergewissern. Die letzten beiden Flugstunden würde Dämmerung über der Antarktis herrschen und danach die Sonne wieder aufgehen. Die Dämmerung war hell genug, um Hindernisse und Wolken zu sehen und zu vermeiden. Und diese Wolken, die ich zu durchfliegen hatte, existierten wirklich!

Ich hatte sogar noch Zeit, die Heckscheibe von Pauls Auto zu zerbrechen. Sorry Paul! Die Ski stellten sich nun als Problem heraus, da sich bei vollbeladenem Flugzeug die Fahrwerksrohre so stark bogen, dass die Achsen schräg standen und dadurch die Innenseite der Ski den Boden berührte. Konnte man mit diesen *Bremsen* überhaupt rollen und starten?

Das Flugzeug ließ sich gut schieben und solange ich noch nicht darin saß, war die Reibung gering. Als die Startfreigabe vom Tower kam, rollte ich los. Die Ski schleiften dermaßen stark am Boden, dass bereits jede Menge Power allein zum Rollen nötig war. Bei dem Gegenwind auf der Bahn erzeugten die Flügel etwas Auftrieb und verringerten das Gewicht. Die Reibung ließ nach und das Flugzeug beschleunigte normal. Die Freigabe war unterhalb 3 500 Fuß, wo ich auch blieb, nicht allein wegen der Freigabe, sondern wegen des Widerstands der Ski. Mehr als 105 Knoten und 1 500 Fuß waren nicht zu schaffen. Diese Höhe passte gut zu meinem Vorhaben! Ich wusste, dass ich später höher und schneller fliegen könnte. Der Schwerpunkt des Fliegers lag hinten, dadurch konnte der Autopilot das Flugzeug nicht steuern, so dass ich einige Stunden lang manuell fliegen musste, bis der Schwerpunkt wieder im Arbeitsbereich des Autopiloten lag. Ich fütterte deshalb das Triebwerk so lange aus dem hinteren Tank, bis der Schwerpunkt stimmte. Danach verbrauchte ich Sprit aus den äußeren Flügeltanks, um einen eventuellen Verlust durch die Entlüftungsleitungen zu vermeiden. Dann kamen wieder der hintere Tank, der Bauchtank und die äußeren Flügeltanks jeweils im Wechsel an die Reihe.

Die Windy.com Software hatte das Wetter exakt vorhergesagt. Wolken, Temperatur, Wolkenschichtdicke, obere und untere Wolkengrenze, alles traf genau zu. Als ich aber die erste Front in 4 000 Fuß durchquerte, sah ich, wie Regentropfen Spuren auf der Haube zogen, die immer träger und langsamer wurden. Eis bildete sich, ein große Gefahr! Ich stieg sofort mit hoher Geschwindigkeit ab, um die Reibung zu verstärken und Reibungswärme zu erzeugen. In 3 000 Fuß wurden die Tropfen wieder schneller und verschwanden schließlich, zum Glück. Dann flog ich in die erwartete klare Luftblase ein, die mich in die Nähe der Antarktis bringen würde. In Hobart verfolgte Don die ganze Zeit meinen Flug über Spidertracks und gab meine Position an Melbourne Center weiter. Wir unterhielten uns per SMS über Spidertracks, was mich wirklich beruhigte.

Obwohl der Flugplan aufgegeben und genehmigt war, hatte ihn die MZS nicht erhalten. Don rief auf der MZS an und informierte sie über meine voraussichtliche Ankunftszeit. Die australische Flugsicherung war bei diesem Vorgehen wieder überaus behilflich. Die Seenotrettung SAR machte mir klar, dass ich bei einer Notwasserung etwa 3-5 Tage überleben müsste, bevor ihr Schiff zur Rettung einträfe. Das hielt mich ziemlich wach!

Ich begann einen langen und flachen Aufstieg, der in 12 000 Fuß über den Wolken endete. Die Außentemperatur fiel bereits auf minus 20 Grad Celsius. Aber im Cockpit war es durch die zweite installierte Heizungsmuffe noch angenehm warm. Unter mir lag die bereits zugefrorene See, Millionen von zerbrochenen Mikroeisschollen und eindrucksvolle riesige Eisberge zogen vorbei. Ein Gebirge kam in Sicht, das Wetter sah gut aus und damit stiegen auch die Chancen, direkt zur MZS fliegen zu können.

Ich flog in den riesigen Rennik-Gletscher ein und sah sogleich lentikuläre Wolken links von meinem Kurs. Das bedeutete nichts anderes als Starkwind! Innerhalb der Berge hieß das höchste Gefahr. Hier kam meine ganze Erfahrung mit Modellsegelflugzeugen an Hängen zum Tragen: Man muss auf der Luvseite der Hänge oder der Auftriebsseite im Lee der Wellen fliegen. So machte ich es auch! Trotzdem war der Wind so stark, dass er mich mit einer derartigen Geschwindigkeit in Richtung der Southern Cross Mountains vorschob, dass ich mit bis zu 40 Grad Korrekturwinkel nachkorrigieren musste, um nicht in diese wunderschönen Hänge zu krachen. Sie und einige der Berge mit gefährlichen Felswänden waren im Bodennebel verborgen.

Es gelang mir, meine voraussichtliche Ankunftszeit zunächst über HF-Funk an die MZS zu übermitteln, dann bekam ich auch Kontakt über das VHF. Man schlug mir vor, über Osten anzufliegen. Ich hatte einen linken Queranflug geplant, folgte aber diesem Vorschlag. Das Flugzeug war nun leichter und verhielt sich gutmütig. Mit einem flachen Abstieg vermied ich, dass die Zylinder zu stark abkühlten. Der Endanflug war stabil, die Windgeschwindigkeit nahm ab.

Nach 1 969 Meilen und über 15 Stunden Flugzeit setzte ich die RV-8 sanft auf das Blaueis der MZS Runway 22 auf. Ich versuchte, über möglichst flache Stellen zu gleiten und den tiefen Furchen, die schwere Flugzeuge gezogen hatten, auszuweichen. Die Ski verhielten sich perfekt! Mit günstigen Winden hatte ich immerhin eine Durchschnittsgeschwindigkeit von 130 Knoten erreicht.

    Da waren sie alle und bereiteten mir einen großartigen Empfang! Auch Jim Haffey von ALE und Steve King von der British Antarctic Survey (BAS). Sie erwarteten mich mitten in der *Nacht*, um mir bei allem zu helfen. Mein erster Eindruck von der Antarktis war überwältigend. Die Gegend strahlte eine unglaubliche Schönheit aus, eine schwer zu beschreibende, tödliche Schönheit. Das Flugzeug ruhte nun über dem Meer und sah aus wie eine Erbse auf dem Salatblatt. Eine ganz besondere Erbse, die ich über alles mochte!

Die zehn Tage auf der italienischen MZS stimmten mich ziemlich nachdenklich. Die Station ist unglaublich, alles funktionierte wie eine gut geölte Maschine. Die Besatzung führt ein ungewöhnliches Leben auf diesem isolierten Posten und ist mit hochinteressanten wissenschaftlichen Projekten betraut. Es gibt jede Menge Arbeit auf der MZS; jeder ist nur ein kleines Rädchen in einem großen Getriebe. Fehlt auch nur eines, dann steht das Getriebe still.

    Ich fand mich inmitten von all dem, konnte aber nichts dazu beitragen, obwohl ich es gerne getan hätte. Ich konnte mich nur flugfähig halten, um weiterhin Daten zur Verbreitung von Feinstaub in der Antarktis zu sammeln. Das Wissen darüber ist von enormer Bedeutung und großem Nutzen. Einige große Unternehmen sind sich dessen bewusst und ich bin ACCIONA, einem der Hauptsponsoren dieses

Projekts, zu großem Dank verpflichtet. Die globale Erwärmung ist eine Tatsache und nicht mehr wegzudiskutieren: Kohlepartikel sind für den Temperaturanstieg mit verantwortlich.

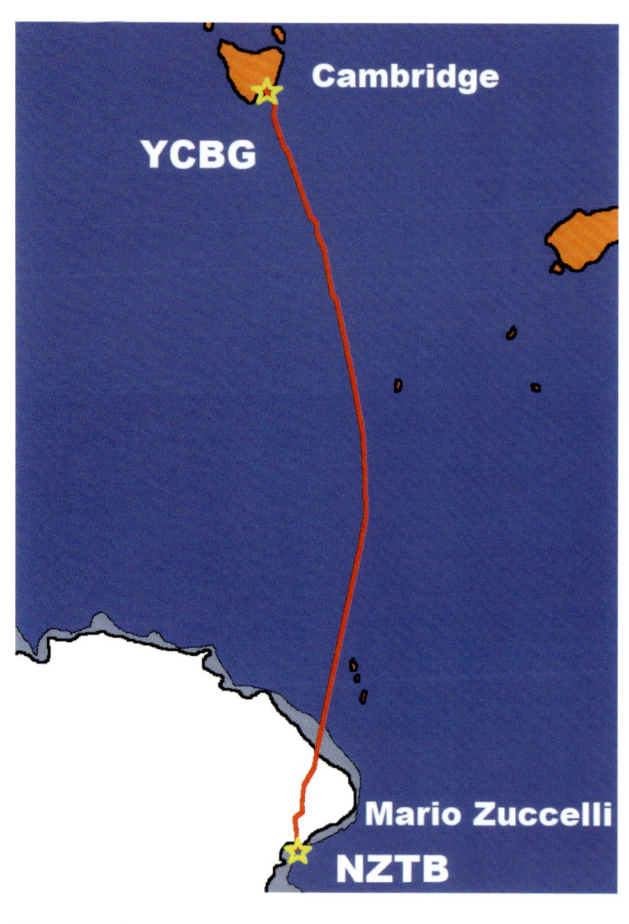

Flugstrecke	Datum	Etappe, nm	Gesamt, nm
Cambridge – Mario Zuccelli	01.11.2016	2 000	30 407

Erste Etappe Richtung Südpol – Küste von Malta voraus

Meer und Sonne vor Malta

Reiseproviant über dem Mittelmeer –
Sandwich und persönliche Wasserflasche!

Dinner – Mit freundlichem Gruß
an den ägyptischen Controller

Tankstop in Khartum, Sudan – Sprit aus dem Fass

Mit dem Taxi von Khartum zum Zusammenfluss von Blauem und Weißem Nil

In 9 000 Fuß über kenianischer Landschaft knapp über dem Boden

Helfer vom Flugplatz in Malindi in Kenia

Im Anflug auf Mahe, Hauptinsel der Seychellen

Tausend Meilen bis zum Ziel … Welches ist der beste Weg um die Cumulonimbus-Türme?

Die Malediven sind erreicht – Anflug auf Gan, die südlichste Insel der Malediven

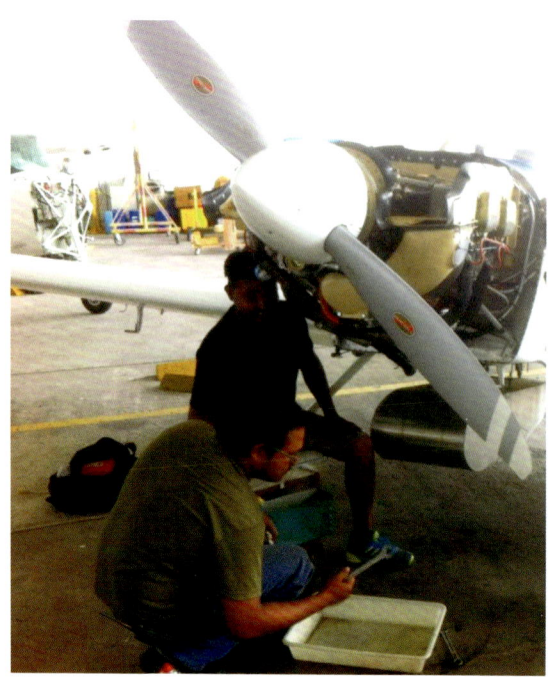

Heavy maintenance auf den Malediven – Vor dem nächsten
großen Sprung übers Wasser

Das Inselchen Pulu Maria, eine der südlichen Kokosinseln

Abendstimmung auf den Kokosinseln – Blick Richtung Westen, Flug Richtung Osten

RV-8 auf den Kokosinseln vor Michels ehemaligem Arbeitsplatz, der P3 Orion

Abflug von den Kokosinseln im Morgengrauen

Ankunft in Port Hedland in Nordwestaustralien nach 1 350 Meilen über See

Erzminen bei Port Hedland

Ein Herz aus Sanddünen – Michels Herz liegt Paula zu Füßen

Kurz vor der Landung auf Piste 13 des Ayers Rock Airfield

Der Ayers Rock oder Uluru, wie ihn die Aborigines nennen

Die unbekannte Rückseite des Uluru

Farmland um Mildura

Die Hunters Insel auf dem Weg nach Tasmanien

Schönes, bergiges Zentraltasmanien

Känguru gesichtet, aber leider nur im Zoo!

In Cambrigde – 'Basislager' beim Aeroclub auf Tasmanien

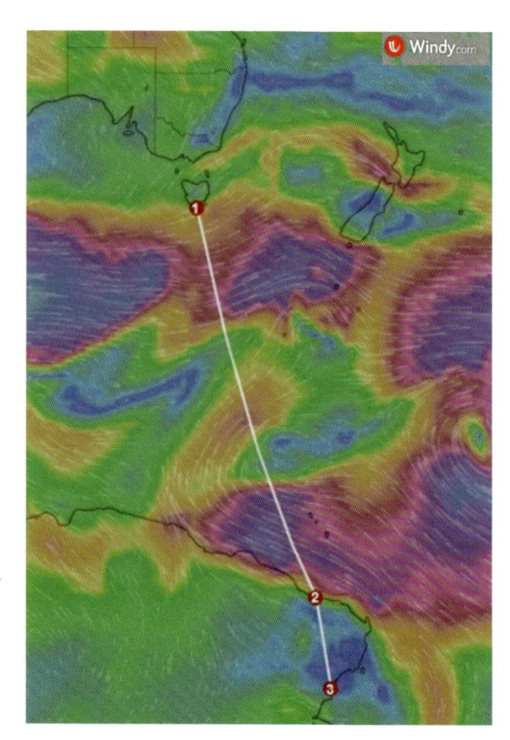

Winddarstellung in Windy.com
(bis zu 60 kn am Boden)
Flugstrecke Hobart (1) – Mario-Zucchelli-
Station (3): 1969 nm

Kurs auf die Mario-Zucchelli-Station in der Dämmerung über dem Rennik-Gletscher – Noch 150 Meilen in übelstem Rotoren-Wind

Im Short Final auf die ins Meereseis eingeebnete Piste 22 der Mario-Zucchelli-Station

Die RV-8 noch auf Ski beim Verankern auf der Eispiste der Mario-Zucchelli-Station auf der antarktischen See

Festhalten! Katabatische Winde!

Mit Guiseppe, dem Leiter der italienischen Mario-Zucchelli-Station

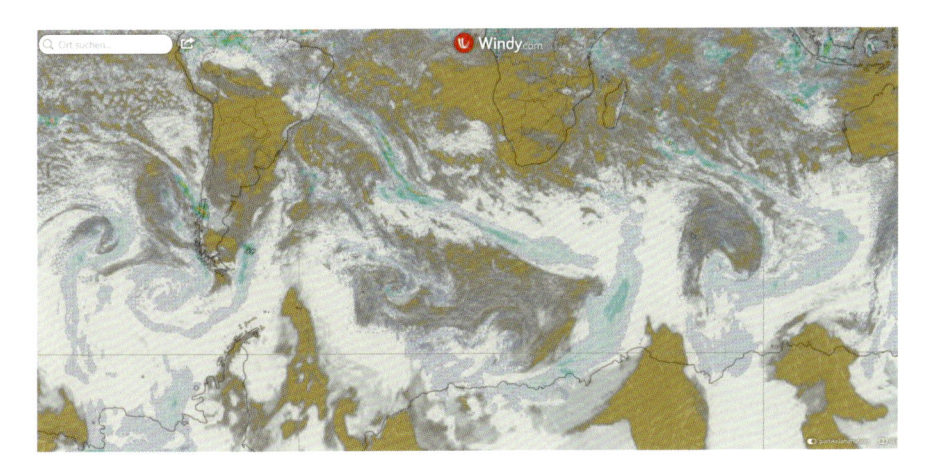

Das Planetenradgetriebe der Tiefdruckwirbel aus Wind und Wolken in Windy.com. Kartenstudium bei der Vorbereitung des transantarktischen Fluges mit den Meteorologen der Mario-Zucchelli-Station

Aufbruch zum Südpol mit endlosem Startlauf bei höchstmöglicher Abflugmasse!

Abschied von der Mario-Zucchelli-Station – Flügelwackeln kaum möglich wegen der schweren Treibstofflast

Vorbeischleichen am Fuß des 3 497 Meter hohen Mount Erebus

McMurdo-Station im Vorbeiflug – Eiskalt und abweisend

Der mühsame Aufstieg zum Beardmore-Gletscher

Am Rand des Beardmore-Gletschers entlang …

… über einem unendlichen Strom aus Eis

Kurz vor dem Südpol in 11 400 Fuß Höhe – Aber wo ist oben, das GPS weist keine Richtung mehr?

Die US Scott-Amundsen-Südpolstation – Kein Gruß, N I C H T S kam von dort unten

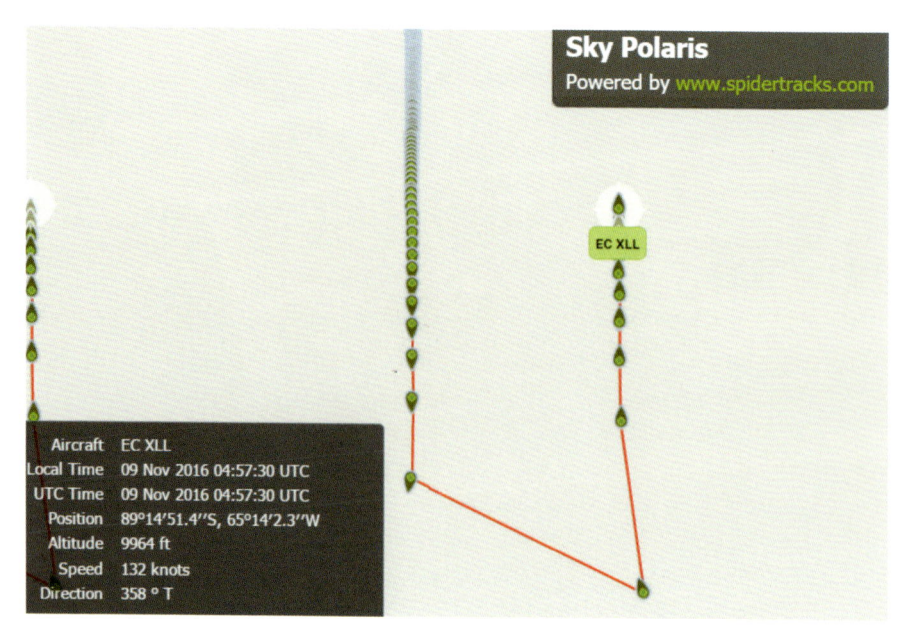

Aircraft	EC XLL
Local Time	09 Nov 2016 04:57:30 UTC
UTC Time	09 Nov 2016 04:57:30 UTC
Position	89°14′51.4″S, 65°14′2.3″W
Altitude	9964 ft
Speed	132 knots
Direction	358 ° T

Der Südpol ist erreicht

Es geht nur nach Norden, irgendwo im Nirgendwo über der Antarktis …

In den Queranflug durchs Wolkenloch,
vorbei an einer kleinen vorgelagerten
Vulkaninsel in 1 550 Fuß Höhe –
Noch 7 Meilen bis zum Endanflug auf
die Marambio-Station

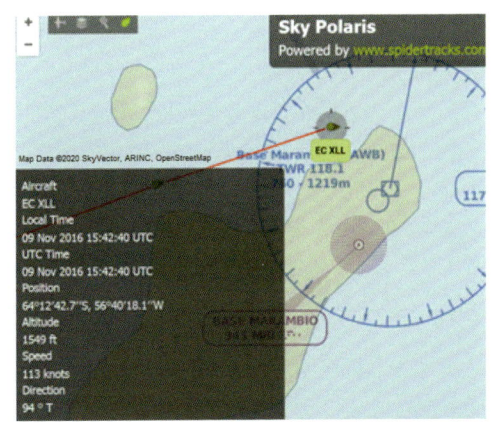

Es ist geschafft – Endanflug auf die Piste 23 der Marambio-Station

Das Follow-me Fahrzeug geleitet Michel zum Hangar der Marambio-Station

Gezeichnet vom 21-Stunden-Flug über die Antarktis – Endlich wieder Bewegungsfreiheit!

Abschied von der Marambio-Station und der Antarktis

Deception Insel am Horizont auf dem Flug nach Südamerika

Feuerland ist erreicht! – Anflug auf Ushuaia in Argentinien

Das lange ersehnte Wiedersehen mit Paula in Ushuaia

Treffen mit den Antarktis-Vertretern, der Vizekonsulin Argentiniens und dem Luftfahrtdirektor der Region

Unterwegs geradewegs nach Norden, vorbei an patagonischen Vulkanen

Wilde Steppenlandschaft in Patagonien

Flugplatz 13. Dezember, Comodoro Rivadavia

Nordwärts entlang der argentinischen Atlantikküste auf der Suche nach Walen und Meerjungfrauen

Buenos Aires EAA – Das Clubheim ist wohl etwas klein geraten!

Marianos Großprojekt – Die Restauration eines B-25 Bombers

Sturz in die Tiefe – Die imposanten Iguazu Wasserfälle

Abschied von den argentinischen Freunden kopfüber über den Iguazu Wasserfällen

Auf dem Weg von Iguazu nach Sao Paulo – Voraus sieht's nicht gut aus!

Weltrekordflugzeug von 2015 – Die unglaubliche kleine Anequim!

Landung bergauf auf dem Privat-Runway von Brasilia

Rundflug über Brasilia mit Gerards Robinson 44 Hubschrauber

Mit den Freunden Geraldo und Gerard

Künstliche Bewässerungsanlagen in der Nähe von Natal, Brasilien

**Ein paar Spiralen für die
Universität von Natal auf dem iPad**

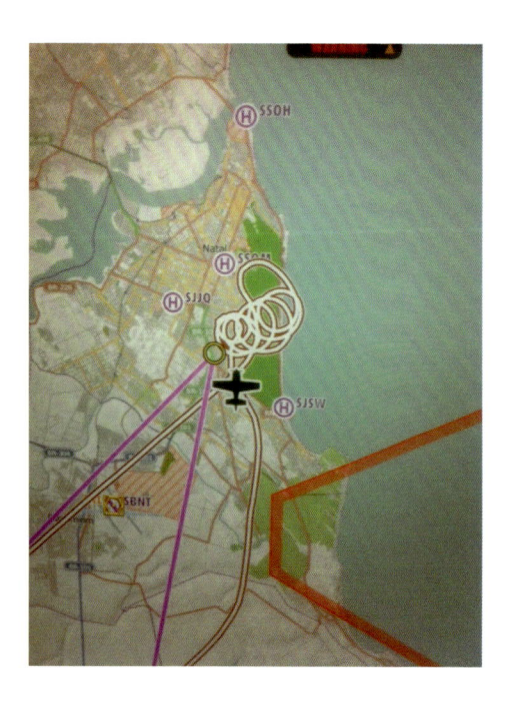

Der Weg kreuzt sich – Herzliche Begrüßung in Natal

Die EC-XLL über dem Atlantik – Richtung heimwärts

Sonnenuntergang über dem Atlantik – Im Hintergrund die Kapverden-Insel Fogo

Fischerboote am steinigen Strand auf den Kapverden

Viele Freunde auf Lanzarote

Der Weltrekord ist erflogen – Wasserspalier auf Cuatro Vientos am 15.12.2016

Der Preis der Spanischen Königlichen Geographischen Gesellschaft überreicht von Spaniens Königin Sofia

Rekord-Ratifikation der FÉDÉRATION AÉRONAUTIQUE INTERNATIONALE (FAI)

Die gefürchtete Passage: Nonstop über die Antarktis

In der Antarktis fegen manchmal katabatische Winde mit hoher Geschwindigkeit die Berge herunter. Aber auch wenn sie schwächer sind, können sie urplötzlich 80 Knoten und mehr erreichen. Als das passierte, rannte die ganze Mannschaft der MZS zur völlig ungeschützt auf dem Eis verankerten RV-8. Sie war in höchster Gefahr, weggefegt zu werden! Ruder, Querruder, alles musste fixiert werden, um Beschädigungen vorzubeugen. Ein großer Schneepflug wurde als Windbrecher vor das Flugzeug gefahren. Nach dem Sturm überprüfte ich meine liebe RV-8 in aller Gründlichkeit auf mögliche Schäden. Wie sich herausstelle, war zum Glück alles in Ordnung.

Die Wetterverhältnisse in der Antarktis und um sie herum sind etwas ganz Besonderes. Die Wettersysteme sehen aus wie ein Planetenradgetriebe, das sich um die Antarktis als Zentrum dreht. Dies verdeutlichen ganz anschaulich Karten in Windy.com. Der Flug bis zur Antarktis war alles andere als einfach gewesen. Ich hatte schon viel Glück gehabt, soweit gekommen zu sein. Aber nun brauchte ich noch eine weitere Portion Glück, um diesen extremen und wunderbaren Kontinent wieder verlassen zu können. Ein Flugzeug ohne Anti-Eissystem ist dabei keineswegs von Vorteil.

In Fachkreisen wird viel darüber diskutiert, ob man besser Solo oder mit einer Crew fliegen sollte oder besser mit einer ein- oder mehrmotorigen Maschine. Ich für meinen Teil dachte, dass es vor allem auf die Ausdauer – meine und die des Fliegers – ankäme und auf passables Wetter. Selbstverständlich machte auch ich mir Sorgen über die bevorstehende riesige Etappe. Ich wusste aber, dass ich gut vorbereitet war und das Flugzeug eine beachtliche Reichweite besaß.

Doch die Vorbereitung war eine Sache, die Strecke abzufliegen eine andere. Eine Wettervorhersage war – eben nur – eine Vorhersage.

Niemand würde unter schlechten Bedingungen losfliegen, auch ich nicht. Zum Glück sah es so aus, als würde sich ein Wetterfenster gerade zum passenden Zeitpunkt öffnen. Der 8. November könnte ein guter Tag für den Aufbruch sein. Aber, die antarktische Halbinsel am anderen Ende, das lange Stück, das in Richtung Südamerika weist, könnte noch nicht bereit sein, mich zu empfangen. Vielleicht sähe es am Mittwoch, den 9. November, besser aus? Aber, es war nichts anderes als eine Langzeitprognose und ich wünschte mir so sehr, dass sie einträfe!

Falls es klappte, hätte ich über eine ganze Woche auf der MZS verbracht. Diese Umgebung! Die Luft ist so klar und rein, dass einige Kilometer weit entfernte Plätze zum Greifen nahe scheinen. Meine Zeit auf der MZS verbrachte ich hauptsächlich damit, immer und immer wieder das Wetter zu studieren. Zwei Bedingungen könnten meinen Abflug verhindern: Wind und Vereisung. Einen Weg ohne Vereisung über 4 600 km zu finden, grenzte nahezu an ein Wunder. Aber ich wusste, Wunder gibt es immer wieder. Weniger Wundergläubige nennen es gutes Wetter.

Wind…

Wind…

Noch mehr Wind…!

Erneut machte ich mir Gedanken über die Ski. Unter Abwägung der Vor- und Nachteile, hautsächlich wegen der fehlenden Unterstützung durch die USA, der Briten und ALE, traf ich die Entscheidung, die Ski wieder abzumontieren! Mit den Ski hätte ich nicht die erforderliche Reichweite bis zur Marambio-Station; dies hatte der Flug von Hobart zur MZS nur zu deutlich gezeigt.

Für mich hatte Sicherheit stets die allerhöchste Priorität, auch im Zusammenhang mit dem Antarktisvertrag, der besagte, dass nichts in der Antarktis zurückgelassen werden durfte. Das galt auch für das Flugzeug. Die Ski sollten daher auf der MZS bleiben, bis ich die Antarktis wieder sicher verlassen hätte. Danach könnten die Ski nach Madrid geschickt werden. Müsste ich irgendwo in der Antarktis notlanden und das Flugzeug wäre noch intakt, könnten die Ski von der MZS zu meiner Position gebracht und erneut montiert werden. So wäre ich in der Lage, wieder abzuheben und meinen Flug fortzusetzten.

Es gab nur zwei Landeplätze, an denen Ski notwendig waren: den Südpol und Fossil Bluff, in der Nähe von Rothera. Der Südpol schied aus, das hatten die USA mir unmissverständlich klar gemacht! Würde ich dort dennoch landen, würden die Flügel meines Fliegers abmontiert und mein Flugzeug nach Argentinien verfrachtet werden – für Kosten in Höhe von etwa 200 000 $!

Die Alternative, mit Rädern zu fliegen, hieße, auf folgenden Plätzen landen zu können: der McMurdo-Station unter den gleichen Bedingungen wie am Südpol, Union Glacier, wo ALE entschieden hatte, mir keinen Sprit zur Verfügung zu stellen, obwohl alles bezahlt würde, Sky Blue und Rothera, die beide von BAS betrieben werden. BAS behauptete, zu beschäftigt zu sein und keine Solo-Flüge unterstützen zu können. Dies könnte sich zwar ändern, aber erst in einem Jahr oder so. Paradox war allerdings, dass BAS seine Flüge mit Twin Otter Flugzeugen durchführte, die mit nur einem Piloten besetzt waren! BAS und ALE würden mich in einem Notfall zwar aufnehmen, ALE auf *humanitärer Basis*, dafür aber natürlich tausende von Dollar für ihre humanitäre Unterstützung kassieren.

Somit war meine Strategie klar: Ich musste geduldig den Tag abwarten, an dem ich die Marambio-Station unter allen Umständen sicher erreichen konnte. Der Flug würde um die 19-20 Stunden dauern – ohne Berücksichtigung der Windverhältnisse. So hätte ich etwa vier Stunden Reserve. Aber Theorie bleibt Theorie. Ich entschied mich für eine konservativere Planung und setzte 120 Knoten als Geschwindigkeit ohne Wind an. Dabei würde der Flug bei guter Spritreserve 21 Stunden dauern. Die MZS lag auf Meereshöhe und das Meer war zurzeit zum Glück gefroren.

Der durchschnittliche prognostizierte Spritverbrauch beruhte auf der eher konservativen Annahme von 34 Liter pro Stunde. Das würde ca. 22 Stunden Endurance bringen. Grafiken und Checkpunkte wurden gezeichnet. Bei zu wenig Sprit an einem Checkpunkt würde ich einen Ausweichplatz anfliegen. BAS erinnerte mich, dass eine Landung auf Rothera nicht genehmigt sei, dass ich aber alle Unterstützung erhielte. Zwar war Avgas nicht verfügbar, Mogas aber war vorhanden. Von Neuseeland aus hatte ich etwa 600 Liter Avgas mit Isopropyl-Alkohol geordert. Die Fässer sollten am 7. November an Bord einer neuseeländischen C130 eingeflogen werden, die auch das italienische Antarktisprogramm versorgte. Sie trafen leider zu spät ein, denn mein Flugzeug war bereits mit Autobenzin aufgetankt. Mogas besitzt nur 95 Oktan, Avgas 100-130 Oktan. Mogas enthält mehr Energie und ist damit vorteilhafter. Der Lufteinlass des Triebwerks war wegen der kalten Temperaturen um ein Drittel reduziert.

Jim von ALE, der eine schöne Basler BT-67 von der MZS aus flog, gab mir den guten Rat: "Drehe deinen Höhenmesserknopf im Gegenuhrzeigersinn auf den kleinstmöglichen Druck!" Kälte ist zwar gut für die Flugzeug-Performance, aber niedriger Luftdruck eher nicht. Bei fallenden Temperaturen sinken die Druckflächen ab; man ist dann tatsächlich niedriger, als man zu sein glaubt. Zum Glück zeigen auch die GPS-Geräte die Höhe an, diese ist zwar nicht ganz akkurat, aber es ist immerhin besser als nichts. Das GPS basiert auf einem Ellipsoid. Die Höhendifferenzen zwischen dem Ellipsoid und dem Geoid, der Erdoberfläche, sind in der Antarktis ungenauer als äquatornah.

Der Südpol liegt mit 2 835 Metern recht hoch. Er befindet sich auf dem antarktischen Plateau mit einem Durchmesser von 1 000 km in einer durchschnittlichen Höhe von 3 000 Metern. Niedrige Temperaturen, niedriger Druck und die große Höhe würden meiner lieben RV-8 helfen, sollte ich da wirklich durchfliegen.

Das Transantarktische Gebirge folgt von der MZS etwa entlang des Meridians zum Südpol. Ich hatte zwei Möglichkeiten den Pol zu erklimmen: direkt von der MZS aus oder niedriger und ohne Hektik über die McMurdo-Station. Letztere Route umging die mir entgegen fegenden Plateauwinde. Jim riet mir auch, über den Beardmore-Gletscher zu fliegen, was sich als hervorragender Rat herausstellte. Die RV-8 würde am Maximum ihres Take Off Gewichts abheben. Bei dem geringen Spritverbrauch würde es ewig dauern, mit dem Flugzeug auf eine größere Höhe zu steigen, etwa auf 12 000 Fuß. Die Entscheidung war klar: Es ging also über die McMurdo-Station zum Beardmore-Gletscher!

So etwa um den 5. November herum zeigte Windy.com ein Wetterfenster für den 8. und 9. November. Danach würde sich das Wetter wieder verschlechtern und es würde lange kein günstiges Fenster mehr verfügbar sein. Wäre ich gezwungen, am 9. November auf dem Union Glacier zu landen, wäre es für eine ganze Weile unmöglich, von dort wegzukommen, sollte man mir doch noch Sprit zur Verfügung stellen. Keine leichte Entscheidung. Aber letztendlich stimmten die Vorhersagen gut überein und ich entschloss mich für den sichereren Abflug am 9. November. Manche Entscheidungen beruhen auf Erfahrung, andere auf Glauben und Hoffnung. Manchmal hat aber auch ein Schutzengel seine Hände im Spiel. Christian, der MZS Wetterfrosch, zeigte mir netterweise, wie man seine Wettersoftware AMPS für die Antarktis benutzt. So hatte ich nun zwei: seine und die von Windy.com.

Ein Antarktisflug findet unter einem AFIM Dokument der Internationalen Zivilen Luftverkehrsorganisation ICAO (International Civil Aviation Organization) statt. Mehrere Länder sind für die Flugsicherung verantwortlich. Wenn der Kontakt zum Flugzeug länger als eine Stunde ausbleibt, wird Alarm ausgelöst. So wie ich das verstand, waren die Knotenpunkte alle Hauptlandeplätze, also die MZS am Anfang, dann die McMurdo-Station, die Amundsen-Scott-Südpolstation, ALE am Union Gletscher, Rothera, die Marambio-Station und Eduardo Frei auf der Antarktischen Halbinsel. Alle informierte ich per Email.

Es war Zeit, mich von der Mannschaft der MZS zu verabschieden. Alles war vorbereitet und wurde mir zur Verfügung gestellt: Vorwärmen des Motors, Volltanken, Sandwiches und Kaffee. Für diese großzügige Unterstützung ist Spanien Italien zu großem Dank verpflichtet.

Duschen, Frühstücken und ein flaues Gefühl im Magen. Gelingt mir der Start? Kann ich rechtzeitig genug Höhe gewinnen? Gehen meine Berechnungen auf? Wie wird das Wetter tatsächlich? Und vor allem, wie wird dieser Flug enden?

Ich war endlich abflugbereit. Der Motor sprang gut an und ich rollte zu der kurzen MZS Startbahn, die in einem besseren Zustand war, als die lange Bahn für die C130. Klappen, Vollgas und *Holiday on Ice*! 45 Sekunden später klebte das Flugzeug am Ende der Bahn noch immer auf dem Eis. Ich musste es etwas überreden und dann hob es zögerlich mit 80 Knoten ab und ich fuhr die Klappen ein. Mit einer Rechtskurve bog ich Richtung MZS ab, um mich im tiefen Überflug zu verabschieden. Sehr nah über den Felsen erschien die blaue Station urplötzlich und ich erwiderte das Winken der Leute unter mir, bis sie aus meinem Blickfeld verschwanden.

Bald darauf war ich dicht über offenem Wasser. Der Wind blies nur schwach wie vorhergesagt. Kein Gegenwind. Aber nein! Starke Gegenwinde produzierten solche Wirbel, dass sie mich fast in die See schmetterten! Was für ein verkorkster Anfang! Ich drehte rasch ab und steuerte die offene See an, um dem Gegenwind zu entkommen, eine gute Entscheidung. Aber die See unter mir war voller Windwirbel, eine äußerst kritische Situation, die ich glücklicherweise meistern konnte. Nun befand ich mich wieder über Meereseis, auf dem eine Landung möglich wäre. Starke Winde bliesen weiter so ungünstig, dass meine Geschwindigkeit über Grund weit weniger als 120 Knoten betrug. Ich musste mich beruhigen, bald sollte es ja den vorhergesagten Rückenwind geben.

Ich testete das HF, es funktionierte nicht, dies lag wohl am Koppler. Ich rief deshalb die MZS mit dem Iridium an, um stündlich einen Re-

port abzusetzen. Mount Erebus, der höchste Berg in der Antarktis, erwartete mich. Die Luft war so klar und rein, dass der Berg zum Greifen nahe schien, aber den Vulkan zu erreichen, hätte wohl recht lange gedauert. Wie anders war dies bei den Vulkanen in Guatemala oder Nicaragua gewesen: Die hatte ich aus nächster Nähe von oben gesehen. Jetzt flog ich wie ein winziges Vögelchen an der Basis des Erebus vorbei.
"McMurdo, this is EC XLL?"
"McMurdo, EC XLL?"
Frequenzwechsel, "McMurdo, EC XLL?"
"McMurdo, EC XLL?"
Frequenzwechsel, "McMurdo, EC XLL?"
Keine Antwort. Es muss doch jemand da sein!
"McMurdo, EC XLL transmitting blind, from Mario Zucchelli, destination Marambio maintaining 4 500 feet."
Keine Antwort!

Einige Zeit später klingelte mein Iridium Telefon.
"EC XLL, this is McMurdo. What altitude are you flying?"

Diese Stimme war kälter als das mich umgebende Eis. Der Anruf endete genauso, wie er begonnen hatte: eiskalt!

Das Flugzeug wurde über dem Ross-Schelfeis allmählich leichter, der Gegenwind blies jetzt stärker. Ich hatte schon fast eine Stunde Verspätung am Eingang zum Beardmore-Gletscher! Was für ein riesiger Gletscher! Es sah aus, als ob der Südpol sein gesamtes Eis in den Ozean ergoss – eine lange, breite Straße gen Süden. Sobald es möglich war, stieg ich höher. Das tat auch der Gletscher. Die Szenerie war unwirklich, welch ein unglaubliches Glück, hier zu sein!
  Aber schon im nächsten Augenblick machte ich mir Sorgen über das Vorankommen des Flugs. Die Winde waren alles andere als von der Wettersoftware AMPS vorhergesagt. Eines der AMPS Profile reichte von der McMurdo-Station zum Südpol und ein anderes vom

Südpol nach Rothera. Das entsprach überhaupt nicht den vorhergesagten Winden und es sah nicht gut aus! Hinter dem Südpol sollte eine Mixtur aus Rücken-, Quer- und Gegenwinden auftreten. Die einzige Chance wäre, wenn sich alle so ausgleichen würden, dass sich ein Mittelwert von 120 Knoten Geschwindigkeit über Grund ergeben würde und ich damit die Marambio-Station erreichen könnte.

Ich rief Don Pearsall im Skypolaris Hauptquartier an und bat um Unterstützung. Ich war gezwungen, auf Union Glacier zu landen und Mogas aufzutanken. Nur so konnte ich sicher sein, meinen Zielflugplatz bei diesen unvorhergesehenen Gegenwinden zu erreichen. Mal sehen, was mit *humanitarian help* wirklich gemeint war. Es wäre um ein vielfaches leichter, mich vom Union Glacier herauszuholen, als inmitten von ... nirgendwo.

Am Union Glacier herrschte schlechtes Wetter. Man war dort nicht gerade glücklich darüber, dass der Schnee auf der Blaueisfläche die touristischen Aktivitäten behinderte und die Einnahmequellen minderte. Es ist irgendwie nur schwer verständlich, dass in der Antarktis wissenschaftliche Projekte so restriktiv behandelt werden, aber mit touristischen, nichtwissenschaftlichen Aktivitäten, die Geld einbringen, großzügig verfahren wird. Union Glacier ist eine chilenische Station. Verträge zwischen Salt Lake Enterprise und Chile erlauben Geschäfte mit Privatpersonen. Ein Flug von Punta Arenas nach Union Glacier kostet 27 000 $ pro Tourist!

Die 2-3 cm Schnee am Union Glacier wurden mit einem Gebläse entfernt. ALE berichtete, man hätte auf diese Art und Weise 300 Meter Piste vom Schnee geräumt. Falls ich dort landen müsste, würde gegebenenfalls eine noch längere Piste geräumt werden. Auch Unterkunft und Verpflegung würden zur Verfügung gestellt. Sprit dagegen würde man nicht herausrücken, obwohl es Mogas gab. Schon 100 Liter hätten mir bei einer Landung sehr geholfen; dann hätte ich gleich weiter zur Marambio-Station starten können. Aber man blieb unerbittlich und beharrte darauf, nicht einen Tropfen Autobenzin zur Verfügung zu stellen.

Später erfuhr ich, dass sich ein Privatunternehmen auf der chilenischen Station von den USA beraten lies. Warum? Natürlich sagten die USA eine Landung und die Spritversorgung zu. Es würde alles in Rechnung gestellt: Räumen der Piste, Unterkunft, Sprit, Wetterinformation und obendrein, das Beste vom Besten, eine Art SAR-Versicherung über etwa 350 000 $. Dies hatte mir ein Weltumrunder vorher berichtet. Mir fehlte das Verständnis für diese Art der *humanitären Hilfe* – ich empfand dies geradezu als bedrohlich.

Bald darauf flog ich in das Plateau ein. Stand ich etwa auf dem Kopf? Jims Vorschlag zur Höhenmessereinstellung war wirklich gut! Die Temperatur war höher als erwartet, sie betrug nur minus 35 Grad Celsius. Meine verbesserte Heizung funktionierte, ich fühlte die Wärme an meinen Beinen hochsteigen. Die Wasserflasche neben meinem Steuerknüppel fror nicht mehr ein, auch das stimmte mich zufrieden.

Wie erwartet gab es die starken Winde, natürlich gegen mich. Eiskristalle unter mir reduzierten die horizontale Sicht innerhalb einer Schicht bis zu 1 000 Fuß über Grund, der gefürchtete *Whiteout*. Den Horizont zu verlieren, ist bei Antarktisflügen die am meisten gefürchtete Situation, deshalb bleibt man besser über dieser Schicht. Die Vorhersage für die US Amundsen-Scott-Südpolstation enthielt diese Information. Das Eis unter mir beschleunigte sich, ich war dem Boden wohl ziemlich nahe. Es durfte jetzt kein Fehler passieren, bloß keinen unkontrollierten Flug in den Boden! Die Kristallschicht klarte auf und ich konnte den Boden unserer lieben Mutter Erde wieder erkennen. Nicht besonders aufregend ... aber was macht das schon!!! Und ... da war er: der Südpol!

Die gleiche Nummer wie mit der McMurdo-Station so auch mit der US Amundsen-Scott-Südpolstation. Kein einziger meiner Anrufe wurde beantwortet, NICHT EINMAL AUF DER **NOTFREQUENZ**! Das erzeugte in mir großen Unmut, aber auch Unruhe. Wenn ich irgendwo notlanden müsste, was würde dann wohl passieren? Nichts? Wieso hatte Rothera verkündet, nur seine eigenen Flugzeuge zu verfolgen? Wieso gab es diese Einstellung gegenüber einem wissenschaftlichen

Projekt Spaniens nicht auch, das von so vielen Vertragsstaaten wie Italien, Frankreich, Australien, Argentinien, Chile und Russland genehmigt und unterstützt wurde, einzig von den USA und Großbritannien nicht. Warum???

Viele Iridium Telefonate führte ich mit Don, Paula und auch mit ALE. ALE wurde informiert, dass ich zwei Stunden vor meinem Anflug anrufen würde, falls ich mich für eine Landung dort entscheiden sollte. Dean, am anderen Ende der Leitung, war zwar sehr nett, ich hatte aber das Gefühl, dass er sich nicht gerade wohl mit der Situation fühlte.

Die Winde nahmen erheblich ab. Ich machte unablässig eine Spritberechnung nach der anderen. Endlich rückte die Marambio-Station wieder in meine Reichweite. Ich bat Don, auch Rothera anzurufen. Vor dem Abflug wurden mir dankenswerterweise alle Informationen für einen möglichen Anflug zur Verfügung gestellt. Rothera erinnerte mich auch daran, dass die Piste für Landungen auf Rädern geschlossen würde, sobald ihre Dash-Flugzeuge den *point of no return* überschritten hätten. Das verstand ich, Sicherheit für ihre eigenen Flugzeuge ging vor. Das Iridium klingelte erneut. Matevz Lenarcic, ein guter Freund und Weltumrunder, hatte das vor mir liegende Wetter studiert und gab mir die neuesten Informationen weiter. Es sollte starker Rückenwind bis zur Marambio-Station herrschen. Das war eine wirklich erfreuliche Nachricht! Schon lange zeigte die Nase der RV-8 über dem Filchner-Ronne-Schelfeis in Richtung Marambio-Station. Nach Union Glacier, SkyBlu und Rothera hätte ich jederzeit abbiegen können.

Auf SkyBlu, einer Station von BAS mit einer Blaueispiste, befanden sich nur vier Personen, aber es war ein sicherer Landeplatz. Weitere Telefonate wurden geführt und es wurde bald klar, dass eine Notlandung auf Rothera Strandung bedeuten würde, da man mir dort keinen Treibstoff zur Verfügung stellen würde. Damit wäre das Projekt dort vorerst zu Ende. Eine solche Nachricht war nicht gerade geeignet, Stress und Risiken zu mindern. Da zu landen, aufzutanken und abzuhauen, wäre ja ein Klacks. Aber, da das Flugzeug dort aus nicht nachvollziehbaren Gründen festgesetzt werden konnte, war ich gezwungen, meine Risikobereitschaft zu erhöhen und möglicherweise mehr Komplikationen in Kauf zu nehmen, als mir lieb war.

Die Winde bliesen zum Glück nun vorteilhaft. Meine ursprünglich angepeilte Durchschnittsgeschwindigkeit von 120 Knoten schien wieder möglich. Ich war versucht, meinen Bauchtank abzuwerfen, tat es aber nicht. Rothera war bereits links von meinem Flugweg über dem Filchner-Ronne-Schelfeis, als das Satellitentelefon erneut klingelte. Es war Rothera.

"Könnten Sie uns sagen, in welcher Höhe Sie fliegen? Wir haben ein Flugzeug nach Halley."
"Ich halte 11 700 Fuß. Hat Ihr BAS-Flugzeug TCAS?"
"Ja, hat es."
"Gut, dann schalte ich meinen Transponder an, damit mich Ihr Flugzeug sieht, falls es meinen Weg kreuzt."

Das Traffic Alert and Collision Avoidance System (TCAS) ist ein Erkennungssystem, das andere Flugzeuge mit eingeschaltetem Transponder sieht, einen Konflikt darstellt und löst.

Michel war noch dreieinhalb Stunden von Rothera und fünf Stunden von der Marambio-Station entfernt, als mein Telefon klingelte. Hektische Email- und WhatsApp-Korrespondenz entfaltete sich dann zwischen mir und Don Pearsall in Oregon, der Rat erbat und nach Wetterinformation fragte, um sie über Satellitentelefon an Michel weiterzugeben. Anscheinend war die Situation doch etwas brenzlig. Schließlich fand ich die Telefonnummer von Rothera im Internet (Vorwahl England!) sowie eine relativ aktuelle Wettermeldung von der Marambio-Station: 0900 UTC: Temp -7, dewpoint -8.3, clouds 800 meters 75%, wind 230, 28 knots, 984 hPa. Eilig gab ich diese Informationen an Don weiter, der sie an Michel über dem Filchner-Ronne-Schelfeis übermittelte.

Ich fragte Rothera nach Wetterinformation für die Marambio-Station. Ich wusste, dass es dort nicht besonders gut sein würde. Ich glaubte es nicht, man verweigerte mir die Information! Bald überflog ich eine riesige Wolkenschicht – Vereisung! Die Marambio-Station kam schon näher. Don teilte mir per Satellitentelefon mit, dass das Wetter bei der Marambio-Station *scattered, with broken clouds* sei. Aber ich fand keine Wolkenlücke für den Abstieg.

Nach über 20 Stunden Flugzeit war die verbliebene Spritmenge knapp und ich war überaus froh, mich bereits innerhalb eines 200-Meilen-Radius der Marambio-Station zu befinden, in dem SAR von der argentinischen Luftwaffe gewährleistet war. Ich hielt auf Marsh Airfield auf der King George Insel zu, wo gutes Wetter vorhergesagt war. Jederzeit konnte ich rechts noch zur Marambio-Station abbiegen, falls sich eine Lücke in den Wolken auftun würde. Mein Wasservorrat von vier Litern war verbraucht. Die Antarktis ist wirklich der trockenste Kontinent der Erde. Endlich kam die Marambio-Station in Reichweite meines VHF. Der freundliche Controller lotse mich in Richtung einer Wolkenlücke im Himmel. Ich verließ mich darauf und fand sie tatsächlich! Wie ein Pelikan, der seine Beute verfolgt, tauchte ich hinein und hatte eine wunderbare Sicht auf die Gegend.

Die Flügel-Haupttanks fassen jeweils 80 Liter, die Anzeige zeigte aber nur die 50 verbleibenden Liter an. Die Zeit verstrich und die Anzeige bewegte sich nicht, sie zeigte weiterhin 50 Liter an! Das war magisch. Fast schon im Gegenanflug, sagte ich mir, dass es jetzt schlecht wäre, die Tanks umzuschalten, aber dieser Anzeige konnte ich nicht mehr vertrauen!

Auf der Anhöhe, auf der die Marambio-Station liegt, herrschte starker Wind von 25 Knoten und es gab Abwinde im Endanflug. Schlecht, wenn hier der Motor stehen bliebe! Ich entschloss mich also doch, auf den linken Haupttank umzuschalten. Nach einigen Hüpfern war der dritte Aufsetzer ganz brauchbar. Ich war sicher in Marambio gelandet und wusste, dass man mich dort aufnehmen und unterstützen würde.

Der schönste Moment war, die Taste am Spidertracks Knopf zweimal zu drücken, um die Message abzusetzen: "GELANDET auf der Marambio-Station um 15:44 UTC", nach über 21 Stunden Flugzeit! Das war gerade nochmal gut gegangen! Mit genügend Ausdauer sprich Sitzfleisch und meiner Entschlossenheit plus dem richtigen Quäntchen Glück war die schwierige Landung geschafft und mein Flug über die Antarktis von Erfolg gekrönt!

Der Base Commander und eine Menge Leute empfingen mich. Einige versteckten sich hinter speziellen Masken, so dass sie wie interstellare Krieger aussahen. Diese Verkleidung war in dieser Klimazone essentiell. Man lotste mich zum Hangar, in dem mein Flugzeug sicher stand und gewartet werden konnte. Das erste was ich tat, war den rechten Tank zu kontrollieren: Er war leer!!! Der linke hatte noch – etwa zwei Stunden Reserve! Meine Durchschnittsgeschwindigkeit betrug, sage und schreibe, 118 Knoten.

Dann gönnte ich mir erst mal die fällige heiße Dusche und konnte im Kreise der maskierten Krieger ein wunderbares Mittagessen einnehmen. Auf dem Flug hatte ich nur wenig gegessen und mein Magen musste sich erst wieder an Nahrungsaufnahme gewöhnen. Ich war völlig ausgelaugt. Mein Körper war zwar anwesend, mein Geist aber noch immer in der Luft, errechnete den Spritverbrauch, schätzte die Reichweite ab, beobachtete das Wetter und beschäftigte sich noch mit allem Möglichen mehr. Man ließ mich mit viel Respekt und großer Fürsorge erst mal in Ruhe. So konnte ich nach dem Mittagessen in der oberen Etage eines Stockbetts in die Horizontale gehen. Das Zimmer teilte ich mit jungen Leuten der Luftwaffe. Das erinnerte mich an frühere Zeiten, meine damaligen Träume und Pflichten und natürlich den Wecker. Ich ließ meinen Körper ins Bett fallen, um augenblicklich tief einzuschlafen. Aber nicht sehr lange, denn es wurde zum Abendessen geläutet!

Mangelnde Unterstützung und Gastfreundlichkeit scheint auf der US-amerikanisch geführten Amundsen-Scott-Südpolstation nicht die Regel zu sein. Denn, es finden dorthin wohl auch touristische Reisen statt. Der 86-jährige Astronaut und Mondfahrer Buzz Aldrin wurde etwa zur gleichen Zeit mit dem Reiseveranstalter White Desert Tour eingeflogen. Dort erlitt er eine Verschlechterung seiner Herzerkrankung. Man evakuierte ihn von der Amundsen-Scott-Südpolstation zur McMurdo-Station und von dort weiter nach Neuseeland. Michel über dem Südpol nach 13 Stunden Flug jede Unterstützung zu verweigern und ihn nicht einmal über Funk zu grüßen, war hingegen ein starkes Stück. So flog er mit einem flauen Gefühl im Magen neun Stunden weiter zur gastfreundlichen Marambio-Station. Michel war eben nicht Charles Lindberg II oder Wilbur Wright. Trotz strengster Umweltauflagen nutzt man am Pol die Piste wohl zuweilen lieber für Touristen als zur Unterstützung einer wissenschaftlichen Mission.

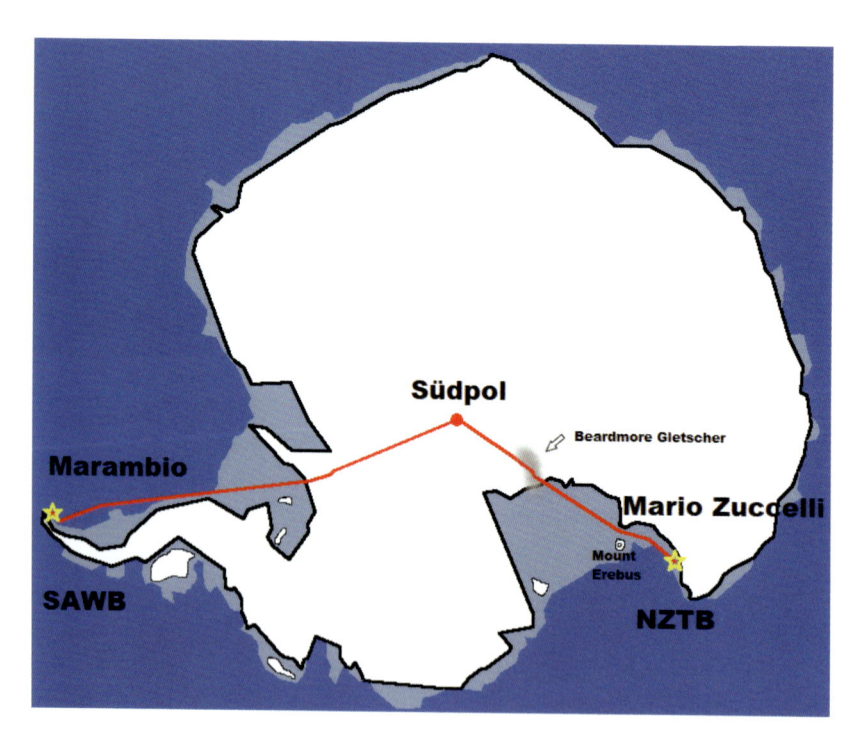

Flugstrecke	Datum	Etappe, nm	Gesamt, nm
Mario Zuccelli – Marambio	09.11.2016	2 500	32 907

Geschafft: Good bye Antarktis

Die Insel, auf der die Marambio-Station liegt, ist von Eisbergen umgeben. Zu Füßen der Berge watscheln Pinguine und erfreuen sich ihres Daseins. "Du musst etwa sieben Kilometer gehen, um sie zu sehen." Ich weiß zwar nicht warum, fühlte aber, dass dieser Besuch bei den Pinguinen heute nicht mehr stattfinden würde. Wir sprachen über die Seeleoparden, die mit dem Kopf aus dem Wasser schauten, um sich plötzlich einen Pinguin zu schnappen, als wäre er eine Konservendose im Regal, die im Einkaufskorb verschwindet. Viele Geschichten gäbe es zu erzählen über die Marambio-Station, die Antarktis, die Leute dort.

Gegen Abend brachte man mich ins Wetterbüro. Dort zeichnete sich eine klare Situation ab: Nach dem schlechten Wetter sollte sich kurz ein blaues Wetterfenster öffnen, um bald darauf tagelang vom nächsten Schlechtwetter verschluckt zu werden.

Ich hatte gehofft, mindestens einen Tag dableiben zu können. Aber da täuschte ich mich wohl. Ein Tag zu lang konnte den Flug für eine unvorhersehbare Zeitdauer aufhalten. So entschied ich, die kurze Nacht abzuwarten. Mein lieber Nachbar aus dem unteren Stockbett hatte recht kraftvolle Lungen, die gegen ein verstopftes Auslassventil kämpften. Das Getöse konnte sogar die Wände zum Tanzen und meine Ohren zum Vibrieren bringen. Das Echo war enorm. Ich war aber so müde, dass mir das nicht viel ausmachte und ich trotzdem einschlief. Früh am Morgen rissen mich Weckrufe aus dem Schlaf. Es war ein wahres Konzert: Dusche, Frühstück und Wetter. Also, höchste Zeit zum Abhauen!!

Das einzige, jedoch große, Problem bestand darin, Ushuaia in Feuerland an der Südspitze Argentiniens wohlbehalten zu erreichen. Alles was passiert war, die Amerikaner, BAS und ALE betreffend, war in Ushuaia und auf dem argentinischen Festland schon bekannt. Regierungsvertreter würden mich in Ushuaia erwarten, deshalb war es so wichtig für mich dort zu landen.

Die Wettervorhersage war leider miserabel: niedrige Wolkengrenze, Schneetreiben, Wind, und Vereisung. Eine schreckliche Aussicht! Das Ziel war nur erreichbar, wenn ich über dem Wetter flog und später eine Lücke fand, um sicher zur Meeresoberfläche abzutauchen und in 500 Fuß Höhe weiterzufliegen. Am Ausweichflugplatz Rio Grande war die Wetterprognose gut, den konnte ich ansteuern, falls es mir nicht gelingen sollte, nach Ushuaia zu kommen. Ich befolgte den Rat des Base Commanders Ricardo, eines früheren C130-Piloten, und bereitete mich darauf vor, von Osten her am Kap Horn in den Beagle-Kanal einzufliegen. "Eine C130 kann im Beagle Kanal einen 180 Grad Turn machen, das gelingt dir auch, wenn es sein muss", sagte Ricardo. Das stärkte mir den Rücken und beruhigte meine Nerven.

Jetzt trennte ich mich endgültig vom Bauchtank. Ein trauriger Moment, aber ohne ihn würde die RV-8 bedeutend besser fliegen. Ich überließ den Tank dem kleinen Museum der Marambio-Station, was mich mit Stolz erfüllte!

Ich wurde reichlich beschenkt, das Flugzeug erhielt viele neue Aufkleber. Danke euch allen! "Wenn du in Rothera gelandet wärst, hättest du nicht festgesessen. Wir hätten dir Sprit mit einer Twin Otter eingeflogen, damit dein Flug nicht gefährdet wäre!" Das hätten sie nicht für mich persönlich getan, sondern weil Argentinien allen Ländern, die in der Antarktis wissenschaftliche Arbeit leisten, Unterstützung gewährt. Das schließt natürlich auch die BAS und andere Gruppen ein.

Zeit aufzubrechen! Von den Lufteinlässen des Triebwerks entfernte ich etwas von dem Tape; dadurch war die Kühlung wieder adäquat, denn die Temperatur würde etwa minus 17 Grad Celsius betragen. Der Flieger wurde mit neuem, professionell auf Qualität geprüftem

Sprit betankt. Die Überlebensausrüstung war angelegt, ich fühlte mich wieder wie eine Wurst in einem Hotdog-Brötchen, nur der Senf fehlte noch. Das Wasser hier war eisig. Ohne Trockenanzug verliert man im kalten Wasser bereits nach 30 Sekunden die Kontrolle über Arme und Beine. Dann ahnt man, wie es weitergeht.

Noch ein Fototermin, dann Anlassen des Triebwerks. Über Nacht hatte der Wind gedreht, ich hob gegen Osten ab. Triebwerkscheck okay, Haube verriegeln, Kopf zwischen die Schultern ziehen und Vollgas. Das Flugzeug war jetzt leicht und bot keinen Widerstand, es beschleunigte schnell. Mit einer Umkehrkurve und Rückenwind schoss ich dicht über die Bahn, alle winkten mir zu. Auch hier ließ ich nicht nur die Menschen hinter mir, sondern Freunde.

Welch schöner Moment! Nase etwa 30 Grad anheben, bis die Geschwindigkeit abnahm, dann volles linkes Querruder! Eisberge, Meer, alles vor meinen Augen, bis ich das Flugzeug wieder aufrichtete, wo es hingehörte. Diese Rolle war nur mein physischer Abschied, in Gedanken blieb ich noch in der Antarktis. Blaues Wasser, glitzernde Eisberge, schroffe Berghänge und ein großer Wal in Sichtweite unter mir. Die RV-8 stieg wie ein heimwehkranker Engel, ich erreichte bald eine Flughöhe mit Rückenwind. Ushuaia war nur vier Stunden entfernt. Man entließ mich auf 118,1 MHz, der Frequenz der chilenischen Marsh Airbase.

Die Deception- und Livingston-Inseln mit den spanischen Antarktisstationen kamen bald in Sicht. Schade, dass da noch niemand war, sonst hätte ich einen tiefen Überflug gemacht. Der Spaß war bald vorbei. Die Wolkenschicht unter mir wurde dick und keine Wolkenlücken in Sicht. Das bedeutete moderate Vereisung, kein Anlass, diese Vorhersage zu testen. Ich redete mir ein, dass es nur ein Geduldsspiel wäre, die passende Lücke zu finden. Die ganze Zeit scannte ich die Schicht ab wie auf einem Beutezug. Mein Kurs führte über Osten nach Ushuaia, zu den drei Inseln am Eingang des Beagle Kanals nahe am Kap Horn vorbei. Peter in Würzburg wollte gerne ein Bild von Kap Horn, aber heute keine Chance auf ein Foto.

"Steige nicht über Land ab, wenn du nichts siehst", hatte Ricardo mir eingeschärft. Etwa 40 Meilen vor dem unsichtbaren Punkt fand ich endlich die Lücke hinunter zum Meer. Die See war nicht blau, sondern schwarz. Nur die weißen Wellenkämme brachten etwas Licht. Ich rollte das Flugzeug und tauchte ab. Die See unter mir wütete. Die Sicht war stark eingeschränkt, es schüttete wie aus Kübeln, was es nur konnte. Die Temperatur von plus 7 Grad Celsius war einigermaßen angenehm. Ich flog in den Kanal ein und hielt rechts und links nach Felsen Ausschau. Kein leichtes Spiel, Wasser und Schneeschauer zwangen mich immer wieder zu Umwegen.

Dann, kurz vor dem Ziel wurde das Wetter mit einem mal besser. Ich konnte sogar Seelöwen am Strand der Inseln erkennen. Nicht weit weg war Ushuaia und meine Landebahn. Wegen der starken Böen von bis zu 37 Knoten, landete ich mit Klappen. Große Erleichterung als meine liebe RV-8 kontrolliert am Boden rollte! Hier war ich nun sicher nach Überquerung des südlichen Ozeans und der Antarktis, dem schönsten aller Geschenke. Carlos Lavado, der Luftfahrtdirektor der Region, kam auf mich zu und übernahm alle anstehenden Formalitäten. Diese Freundlichkeit und Hilfe hatte ich nun wirklich nicht erwartet.

Das Flugzeug und sein Pilot waren erschöpft. Immigration und Zoll waren sehr einfach und bald stand meine RV-8 geparkt im Regierungshangar. Der Antarktis-Vertreter Jorge Lopez holte mich ab und fuhr mich ins Hotel. Ich konnte mich über diese erfolgreiche Etappe freuen, aber vor allem brauchte ich einfach Zeit und nochmal Zeit.

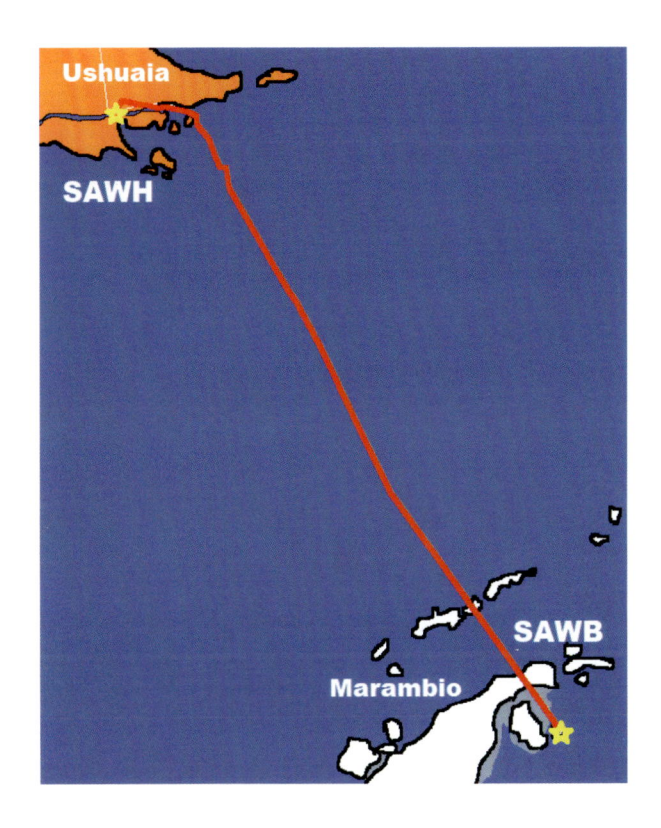

Flugstrecke   **Datum**   **Etappe, nm**   **Gesamt, nm**
Marambio – Ushuaia   11.11.2016   680   33 587

Am Ende der Welt oder Fin del Mundo: Patagonien

Ushuaia war für mich in zweifacher Hinsicht von großer Bedeutung. Zunächst wollte ich nach dem aufreibenden Antarktisflug wieder frische Energie tanken. Aber vor allem freute ich mich unglaublich darauf, meine Frau Paula wiederzusehen. Ich weiß nur zu gut, dass es für Paula nicht gerade leicht war. Schnell sagt man: "Wenn es das ist, was du willst, dann tu es!" Aber hat der Partner es dann ernsthaft vor, wird es nicht eben leichter. Und wenn er es tatsächlich durchzieht, wird es erst so richtig schwer.

Aber ich war nun wohlbehalten so weit gekommen, wenn auch noch etwas müde und leicht verwirrt, da so vieles in meinem Kopf herumgeisterte. Was für ein wunderbarer Moment, als Paula am nächsten Tag aus Madrid kommend hier eintraf! In Ushuaia ließen wir es uns gut gehen, wir genossen die herrliche Umgebung, verspeisten die berühmten Königskrabben und köstliche gegrillte argentinische Steaks und unternahmen einen Ausflug zum grandiosen Gletscher Perito Moreno.

Die spanische Vizekonsulin Nuria bat um ein Treffen, um sich darüber zu informieren, was genau in der Antarktis vorgefallen war. Sie hatte vor, auch die spanische Regierung davon in Kenntnis zu setzen. Auf dem Treffen mit Antarktis-Vertretern berichtete ich von meinen Erfahrungen auf dem Antarktisflug. Ich hoffte, dass dieser Flug dazu führen würde, die Durchführung von wissenschaftlichen Vorhaben in der Antarktis klarer zu regeln: Die Basis-Betreiber müssten verpflichtet werden, ihre Landebahnen allen zur Verfügung zu stellen, um wissenschaftliche Projekte zu unterstützen, und diese nicht zu behindern oder zu gefährden. Die Einhaltung des Antarktisvertrages sollte eine Verpflichtung für alle sein und rein geschäftliche Aktivitäten sollten endgültig verbannt werden! Aus diesem offiziellen Treffen mit Vizekonsulin Nuria wurde sehr schnell ein persönlicher Kontakt und ich lernte auch ihren Mann Patricio, genannt Pato, kennen, der die Antarktis und die Fotografie liebt.

Leider vergingen die wunderbaren Tage mit Paula viel zu schnell. Zurück vom Perito Moreno Gletscher war es für Paula auch schon Zeit, heimzureisen und für mich weiterzufliegen. Ich plante noch am selben Tag abzufliegen, aber das Wetter war äußerst schlecht. Die Wolken hingen wie dicke Eiskrem über mir. Ich verließ mich auf die Vorhersage von Windy.com und beschloss, erst am 20. November abzufliegen. So konnte ich noch Jorge Lopez treffen, der sich neue Informationen über die USA und BAS aus Buenos Aires in Zusammenhang mit meinem Flug erhoffte. Er hatte sich dankenswerterweise viel Mühe damit gemacht.

Um 08:30 holte mich Carlos vom Hotel ab und fuhr mich zum zehn Minuten entfernten Flugplatz. Um 10 Uhr wollte ich abheben. Wie vorhergesagt war das Wetter gut, der Himmel strahlend blau. Flugplan, Zoll, Gebühren wurden rasch erledigt und gleich darauf waren wir am Hangar. Tags zuvor hatte ich das Flugzeug bereits aufgetankt. Der Sprit kam vom Ushuaia Aeroclub nebenan. Alles war fertig, ich legte den Überlebensanzug an und umarmte Carlos zum Abschied. Das Triebwerk sprang an, ein besonderes Gefühl nach so vielen Tagen ohne Motorengeräusche.

Freigabe zur Startbahn 02 und abheben von der 1 500 Meter langen Piste. Da die RV-8 wieder wenig Gewicht hatte, kam ich schnell in die Luft. Im Überflug wackelte ich über dem Hangar, wo ich Carlos sah, mit den Flügeln und drehte nach links ab, um rasch auf 6 500 Fuß zu steigen. Über dem herrlichen Bergpanorama und über den Wolken ging es nach Norden. Alle Controller auf dem Weg waren freundlich. So konnte ich entspannt die Aussicht genießen – auf die Berge und die Magellan-Straße. Ich versuchte mir vorzustellen, wie Magellan da unten die neue Welt erforscht hatte und versuchte, ohne Karten und ohne Informationen mit seinem Schiff eine geeignete Passage zu erkunden. Es ist wirklich unvorstellbar, was diese Abenteurer geleistet haben.

Dann begann das riesige, flache Patagonien. Flach ist flach, aber auch da gibt es große Unterschiede, was flach wirklich ist. Diese unglaubliche Weite bescherte so viele grandiose Aussichten, die ich alle in mich aufsaugte. Meist folgte ich der Küstenlinie, um nicht unnötig über offenes Wasser zu fliegen. Ich zog es vor, im Falle des Falles die RV-8 zu retten, diese Chance gibt es über Wasser nicht, außerdem war es eisig kalt und daher auch nicht günstig für meine Rettungsaussichten.

Manche Flüsse, die ich überflog, strahlten in einem leuchtenden Blau, andere waren fast so schwarz wie die Nacht. Zuweilen fand sich ein Haus mitten im Nirgendwo. Nicht einmal eine Straße führte dorthin. In dieser Verlassenheit begann ich zu grübeln und kam auf recht abstruse Gedanken, die ich lieber nicht äußere, um mein *Medical* nicht zu gefährden!

Etwa dreieinhalb Stunden später war ich über dem Flugplatz 13. Dezember. Meine Software hatte keine Frequenzinformation, so wusste ich nicht, was auf mich zukommt. Am einfachsten war, mal drüber zu fliegen, um die Verkehrssituation zu sondieren. Ich hätte gerne einen tiefen Überflug gewagt, unterließ es aber lieber. Der erste Sichtkontakt war – ein Schatten! Den Schatten sah ich am Boden, aber das dazugehörige Flugzeug war nicht zu erblicken. Dann erkannte ich, dass es gerade abgehoben hatte. Ich drehte zum Ausweichen in den Gegenanflug, aber hier drehte ein weiteres Flugzeug in den Endanflug. Irgendwas stimmte da nicht mit der Frequenz. Ich rastete die des danebengelegenen Flugplatzes Comodoro Rivadavia, setzte Positionsmeldungen ab und gab meine Absicht kund.

Die Landung auf dem Flugplatz Comodoro Rivadavia war wieder einmal nicht die beste, denn das Flugzeug war schlecht zu kontrollieren, ich musste es abrupt zum Halten bringen. Auch mit viel Power war ich nicht in der Lage zu rollen. Das linke Fahrwerksbein klebte auf der Piste, der Flieger drehte sich um seine eigene Achse. Ich stellte erst mal das Triebwerk ab, kein gutes Gefühl mitten auf der Landebahn! Ich vermutete, der linke Reifen wäre geplatzt, aber der war in Ordnung. Hm, vielleicht ein Problem mit der Bremse? Ich stieg wieder ins Cockpit und stellte fest, dass der Hebel für die Parkbremse in die Position *Parken* umgelegt war! Der Hebel liegt nicht in meinem Blickwinkel, ich hatte ihn wohl unvorsichtigerweise unbemerkt mit meinem Knie bewegt – ein weiterer Punkt auf der Landecheckliste! Da hatte ich jetzt ziemlich viel Glück gehabt, keinen Ringelpiez veranstaltet zu haben.

Auf dem Vorfeld empfingen mich viele Experimental-Flugzeugbauer. Wie so oft gab es wieder ein großartiges Willkommen! Und, bitte das nächste Mal 123,5 benutzen, die Standardfrequenz für unkontrollierte Flugplätze!

Rada Tilly ist ein nettes kleines Städtchen südlich von Comodoro Rivadavia. Die Umgebung ist trocken, schroff und abweisend. Der Atlantik dominiert mit riesigen Tiden und Winden, die alles verändern. Die großen Klippen sind ein wahres Eldorado für die Paraglider, die sogar bei Nacht fliegen. Die Luftfahrt auf dem Flugplatz 13. Dezember ist ungemein aktiv, er wird auch von Modellfliegern genutzt, die sich die Landebahn mit den Fliegern teilen.

Tinti, der Clubvorstand, hatte für mich alles organisiert, war aber selbst nicht da, weil er als Linienpilot gerade im Einsatz war. Sein Einfluss machte sich dennoch überall bemerkbar. Tinti baut zurzeit zusammen mit Guillermo, genannt *Chucky*, eine schöne RV-7. Der ganze Rumpf war voller Kommentare und Autogramme. Mein Flieger stand jetzt daneben. *Chucky* hielt sich ständig in meiner Nähe auf, half bei diesem und jenem und kümmerte sich um alles. Er fuhr mich überall hin und unterstützte mich mit viel Freundlichkeit und unendlicher Geduld. Viele Leute kamen zu einem Schätzchen vorbei und um mir zu gratulieren. Den ganzen nächsten Tag verbrachten wir am Flugplatz und abends gab es ein typisches argentinisches *Asado*. Einfach köstlich!

Ständig erhielt ich Einladungen und genoss die großherzige argentinische Gastfreundschaft. Tintis Mutter erschien mit einem leckeren Schokoladenkuchen extra für mich! Sebastian, ein ortsansässiger Pilot, plante für mich den Weiterflug nach Buenos Aires und zu den Iguazu Wasserfällen. Man lud mich sogar zu einem Stopover nach Bariloche ein! Danke an alle!

Doch es war wieder mal Zeit, Abschied zu nehmen und abzufliegen. Natürlich nicht ohne viele Fotos, Umarmungen und ein schönes Buch über die Luftfahrt.

Ich startete in Richtung Meer und kehrte zu einem tiefen Überflug um. Ein sanfter Zug am Steuerknüppel und es ging wieder nach Norden, um die riesigen südlichen Glattwale der Halbinsel Valdes zu besuchen. Das Meer sah spiegelglatt und klar aus. Wale überall, die mit ihren Fluken ins Wasser klatschten, um Skypolaris zu grüßen. Die jüngsten sprangen so hoch, dass ich fast unter ihnen hindurchfliegen konnte. Ihre Gesänge waren so klar, dass man sie trotz des Motorlärms hörte! Was sagt man dazu? Nun … gerne hätte ich das alles gesehen, aber es gab keinen einzigen Wal, auch keine Meerjungfrau! Nichts, überhaupt nichts! Es war schon zu spät im Jahr, sie waren bereits alle weitergezogen. So näherte ich mich der Pinguinküste und – wieder nichts! Also suchen wir mal die Seelöwen – nein, auch keine Seelöwen!

Weiter ging es auf direktem Weg nach Buenos Aires. So schnitt ich die Halbinsel Valdes ab und folgte der Küste 1 500 Kilometer nach Norden. Mein Ziel war General Rodrigues Airfield, das Herz der argentinischen Amateurflugzeugbauer. Als ich die Küste in Richtung Landesinnere verließ, wurde die Landschaft eintönig, ja langweilig. Mein VHF-2-Radio stellte seinen Dienst ein, das Empfangsteil funktionierte nicht mehr und Senden war nur schwach und verzerrt möglich. Das musste an der Antenne liegen. Im Flug war da allerdings nichts zu ändern, den Fehler konnte ich erst am Ziel suchen.

Dann erblickte ich plötzlich drei orangefarbene Objekte in der Luft. Hubschrauber in Formation? Ich war in 8 500 Fuß. Die Objekte befanden sich unter mir. Als ich mich näherte, sah ich: Paragleiter! Paragleiter in etwa 6 000 Fuß über flachem Land? Nun – später sagte man mir, dass sie sich mit Ultraleichtflugzeugen hochschleppen lassen. Als Pilot im VFR-Flug ist man dafür verantwortlich, nicht mit anderen Flugzeugen zusammenzustoßen. Paragleiter dagegen haben keine Möglichkeit auszuweichen, sie laufen daher Gefahr, recht schmerzhaft in das Pitot-Rohr eingesaugt zu werden

Endlich war ich im Endanflug auf Piste 17, westlich von Buenos Aires. Der Grasstrip des General Rodrigues Airfield hieß mich willkommen. Nach den Flügen in der Kälte freute ich mich auf warmes Wetter – endlich. Niemand war zu sehen, aber das sollte sich rasch ändern!

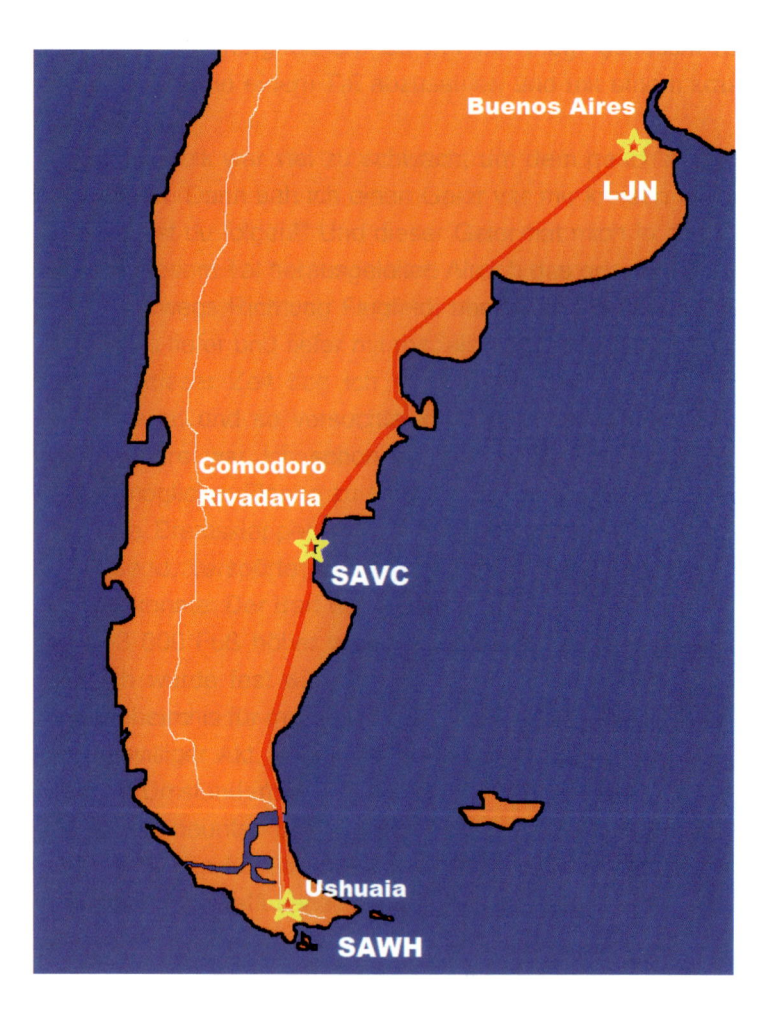

Flugstrecke	Datum	Etappe, nm	Gesamt, nm
Ushuaia – C. Rivadavia	20.11.2016	530	34 117
C. Rivadavia – B. Aires	22.11.2016	853	34 970

Welt umrundet: Natal zum zweiten Mal

Spanische Langstrecken-Rekordflüge waren in der Kolonialzeit der 1920er und 1930er Jahre aus politischen Gründen von großer Bedeutung. Angeflogen wurden Länder, die eine enge Beziehung zu Spanien pflegten wie die Philippinen, Kuba, Argentinien oder Mexiko. Meine Weltumrundung 2001 war ein Flug in Erinnerung an die Flüge von Patrulla Elcano und Jorge Loring nach Manila auf den Philippinen.

Jetzt würde ich überwiegend die Strecke abfliegen, die das Flugboot Dornier Wal Plus Ultra von Spanien nach Argentinien zurückgelegt hatte. Das Originalflugzeug war in einem Museum in Lujan City, westlich von Buenos Aires ausgestellt, nur etwa 300 Meter von meinem Hotel entfernt. Das war ein ganz besonderes Gefühl, dieser Legende so nah zu sein, der ersten Atlantiküberquerung mit einem Flugzeug nach Südamerika im Jahr 1926 und damit noch ein Jahr vor dem Flug der Spirit of St. Louis. Dieser Nonstop-Flug ist die bedeutendste Pioniertat der spanischen Luftfahrt.

In die dicht besiedelte Region um Buenos Aires wollte ich nicht unbedingt einfliegen. General Rodriguez Airfield war daher eine gute Alternative, da sich hier auch das Hauptquartier der argentinischen EAA befand. Dort würde ich mich entschieden wohler fühlen! Nur wusste man noch nicht, dass ich bereits angekommen war. Es war lediglich bekannt, dass ein verrückter Spanier auftauchen sollte, der über beide Pole geflogen war.

Man stellte mich Hector vor, der mich während meines Aufenthalts in Buenos Aires bei sich aufnahm. Er ist ein exzellenter Flugzeugbauer; als ich ankam, bespannte er gerade seine Pitts mit Tuch. Auch Mariano erschien bald und bot mir einen Platz in seinem Hangar an. Gerade wurde da ein B-25 Bomber restauriert. Erstaunlich, was da ein Guru der Aluminiumbearbeitung so alles fertig brachte! Beide stellten mir großzügig ihre Werkzeuge zur Verfügung, um das ICOM Radio zu reparieren und auch um dem verdammten Aethalometerlärm in meinen VHF-Radios an den Kragen zu gehen. Aber die Diode behob das Hintergrundrauschen noch nicht. So musste ich eine andere Lösung finden. Die Antwort war Ferrit, das ich aber im Elektronikladen von Lujan leider nicht bekommen konnte. Ich kaufte daher als Notlösung ein USB-Kabel mit Ferriten an beiden Enden. Die waren zwar nicht herausnehmbar, aber irgendwie klappte die Reparatur doch. Das Öl hatte eine gute Kondition, die Maschine lief gut und weicher. Die 50-Stunden-Inspektion sollte nun bis Spanien reichen.

Ich traf mich mit Ernesto Aserbo, Pilot des berühmten Rans Aerobatic Teams und deren Chef, Cesar Falistocco. Es war höchst interessant, etwas über die unglaublichen Fähigkeiten seines selbst gebauten Flugzeugs zu erfahren, zum Beispiel mit den Flügelspitzen *Wasserski fahren*.

Wie immer wurde es viel zu schnell Zeit zum Abheben, aber angekündigtes schlechtes Wetter in Richtung Iguazu Wasserfälle (Cataratas) zwang mich dazu. Ich flog an der Kante einer Kaltfront entlang mit den vorhergesagten Gegenwinden. Der Flug verlief dennoch ruhig. Ich war zufrieden, dass mein VHF-2-Radio endlich wieder funktionierte. Die Freude währte aber nur kurz, denn zur Abwechslung versagte nun das VHF-1-Radio!

Ich folgte die ganze Zeit dem Grenzfluss Paraná zwischen Uruguay und Argentinien. Was für ein ungeheuer gewaltiger Fluss! Bald schon näherte ich mich dem Drei-Länder-Eck zwischen Argentinien, Brasilien und Uruguay. Als alter Navigator fiel mir ein: Drei LOP (Line Of Position) ergeben einen Fixpunkt. Und da tauchten sie endlich auf: die Iguazu Wasserfälle! Ich stand mit Uruguay Control in Kontakt, die mich an den Iguazu Controller weiterleiteten. Meine Anfrage zum Überflug der Wasserfälle wurde von ihm freundlich genehmigt, aber nur über die argentinische Seite der Wasserfälle. Es war auch zu schade, dass die genehmigte Höhe entschieden zu hoch für mich war.

Wo doch mit dem Alter meine Augen schlechter werden, musste ich doch eigentlich näher ran, um besser sehen zu können!

Ich fühlte mich Argentinien verbunden, mit diesem Land, den Menschen auf der Straße, den Flugplätzen und mit meinen neuen Freunden. Ihre Freundlichkeit, Hilfsbereitschaft, Unterstützung, ihr positiver Geist und ihre Lebensfreude sind mir unvergesslich. Mein Dank und mein ganzer Respekt gebühren ihnen! In der Nacht, bevor ich Argentinien verließ, kam mir eine tolle Idee, um alle zu ehren. Ich wollte im Rückenflug über den Wasserfällen fliegen!

Es ist mir ein besonderes Vergnügen, all meine schönen Erlebnisse zu teilen: angefangen vom Südpol, wo die argentinische Air Force zu SAR für mich vorbereitet war, über den Commander der Marambio-Station, den Vize-Comodore Ricardo Rodriguez und sein Team, Carlos Lavado in Ushuaia, Tinti und Guillermo vom Flugplatz Comodoro Rivadavia, Hector und Mariano in General Rodriguez bis zum Cataratas Airport bei den Iguazu Wasserfällen. Alles war Freude pur!

Zoll und Ausflugprozedur am Cataratas Airport waren einfach, die Gebühren niedrig, alle waren hilfsbereit. Es wurde ein kurzer Flug, etwa fünf Minuten in 4 000 Fuß bis zu den Wasserfällen, die ich am Vortag zu Fuß besucht hatte. Nase etwa 30 Grad hoch, langsame Rolle nach links. Da waren die Fälle – über meinem Kopf!

Dann wurde es Zeit, nach Brasilien einzufliegen. Die Controller unterstützen mich. Am Boden wurde ich zu Position 5 gelotst, wo bereits ein Marshaller auf mich wartete. Alles lief wie am Schnürchen und in kürzester Zeit. Es war schon etwas spät und ich wollte Campo dos Amarais in der Nähe von Sao Paulo in Brasilien noch vor Dunkelheit erreichen, wo mich Carlos Edo erwartete. Der einzig dicke Brocken waren die 250 $, die ich fürs Handling zahlen sollte.

Mein Garmin 430 Radio blieb weiter tot. Wenn ich nur mit einem Radio flog, konnte ich jederzeit irgendwo festsitzen. Das wäre eine recht schwierige Situation. Es war schon ziemlich verwunderlich, dass mein zweites Radio ausgerechnet zu dem Zeitpunkt kaputt ging, als das erste gerade wieder repariert war.

Das Wetter Richtung Campo dos Amarais Airport entwickelte sich nicht gut, riesige Gewitterzellen versperrten meine Flugroute. Ich flog zunächst auf Flugfläche 75, musste aber bald Cumulus congestus Wolken ausweichen, deren Basis immer niedriger wurde und mich zum Absteigen auf FL 55 zwang. Dort konnte ich meine Route unbesorgt fortsetzen. Die meiste Zeit hatte ich einen *Sonnenschirm* und immer wieder mal einen Regenguss. Größere Schauer mied ich, da ich keine Abwinde und Turbulenzen riskieren wollte. Die Landschaft war schön und grün; ich flog über brasilianisches Farmland.

Der Flug dauerte nur kurze zweieinhalb Stunden und bald lag Sao Paulo Control vor mir. Kommunikation war nicht erforderlich. Den Flug hatte ich mit Hilfe von Telmo, der in Curitiba lebt, und mit Carlos Edo vorbereitet. Ich kannte also die Verfahrensweisen und hielt mich daran. Die Landung war diesmal sanft, kein Hüpfen wie sonst.

Ich war erleichtert, denn der Airshow Pilot Carlos beobachtete mich. Er ist hier eine Legende und höchstens 25 Jahre alt, zumindest geistig. Er ist ein – wie wir sagen – Aviator. Ein Pilot ist ein Pilot, bei einem Aviator ist die Fliegerei ein Teil seiner Seele und bleibt für immer sein gelebter Traum. Carlos hat eine unglaubliche Anzahl von Flugstunden auf der Texan T6, ein wahrer Rekord und er besitzt eine ganze Armada von Flugzeugen. Und da stand er mit seinem Handfunkgerät und dirigierte die RV-8 in den Hangar und – mich in sein Haus, um auch mir einen *Hangar* zu bieten. Seine Frau Monica ist ebenfalls Pilotin und fliegt ihre T6, außerdem liebt sie das Fallschirmspringen. Im Hangar stand auch das unglaublich kleine Weltrekordflugzeug Anequim, mit dem 2015 mehrere Geschwindigkeitsrekorde aufgestellt wurden.

Gestern nach einem guten Mittagessen ging es zurück zum Flugplatz, um den Fehler bei meinem Garmin 430 zu finden. In einem Avionik-Shop versuchten wir, ein Ersatz-Garmin 430 aufzutreiben. Die brasilianische Zivilluftfahrtbehörde verlangt von vielen Flugzeugbesitzern eine Aufrüstung ihrer 430-Geräte durch ein 430W-Gerät. W steht für

WAAS (Wide Area Augmentation System), eine präzisere Empfangsmethode für GPS-Anflüge. Da Carlos in allen seinen Flugzeugen ein 430W installiert hat, probierten wir eines seiner Geräte in meinem Flugzeug aus, um herauszufinden, ob der Fehler am Gerät selbst oder an seiner Installation lag. Carlos kam laut und klar in seinem 430W an, das wir in meiner RV-8 eingebaut hatten. Damit war offensichtlich, mein Garmin 430 war kaputt. Zur Gegenprobe installierten wir mein Gerät in seinem Flugzeug; hier zeigte sich die Fehlfunktion. Zwar war Senden möglich, aber kein Empfangen.

Aber was war die Ursache dafür? Mein Flugzeug war innen salzig, seit es den katabatischen Winden auf der MZS ausgesetzt war. Oder waren es Aluminiumspäne von der Installation des Kurskreisels? Bevor ich Garmin 430 wegschicken wollte, machte ich einen allerletzten Versuch. Ich öffnete das große Gehäuse, verteilte etwas Elektronik-Reinigungsspray in alle Ecken, die zu erreichen waren, und ließ es trocknen. Nun installierten wir es erneut in Carlos' Flugzeug. Als Carlos mit seinem Handgerät sendete, zeigte es eine RX-Message. Mit den Kopfhörern funktionierte es laut und deutlich. Dann wurde es erneut in der RV-8 getestet und auch da kam es mit 5 (laut und klar) an! Ich strahlte, der Fehler war gefunden und erfolgreich behoben.

Pläne sind nicht immer eins zu eins umsetzbar, schon gar nicht beim Fliegen. Nach Sao Paulo war ich wegen der wissenschaftlichen Studie von Skypolaris geflogen. Hier sollten die Daten des Aetholometers der RV-8 mit den LIDAR- und Satellitendaten verglichen werden. Dummerweise befinden sich die LIDAR-Stationen meistens in Großstädten mit entsprechend großen Flughäfen. Das bedeutet einerseits viel Flugverkehr und anderseits auch Einschränkungen für Kleinflugzeuge, die ihre Flugroute in 10 000 Fuß abfliegen möchten. Auch Wolken und LIDAR passen nicht gut zusammen. Da war ich nun, im Nordwesten von Sao Paulo, und versuchte bei außerordentlich schlechtem Wetter und vielen Wolken in der *restricted area* herumzufliegen. Mein eigentlicher Plan sah vor, von Sao Paulo nach Rio de Janeiro weiterzufliegen, um ein In-Flight-Video vor der Christusstatue zu drehen. Auch wollte ich mit lokalen RVs in Formation fliegen und einige Bilder schießen, aber das Wetter machte mir wieder mal einen Strich durch die Rechnung. Ich musste alles absagen und flog direkt nach Brasilia.

Carlos' Frau Monica fuhr mich zum Campo dos Amarais Flughafen und half mir bis zu meinem Abflug aus Sao Paulo. Carlos war nach Curitiba unterwegs, um nach dem Flugzeugunglück der brasilianischen Fußballmannschaft bei Medellín zu helfen. Alle Insassen der Maschine waren ums Leben gekommen; das zog meine Stimmung merklich herunter. Ärgerlich war, dass der Abflug sich auch noch verspätete, denn die zuständige Dame war eine Ewigkeit mit den Landegebühren befasst, da sie nicht herausfand, wieviel Gebühren ich zu zahlen hatte.

Der Flug nach Brasilia dauerte nur kurz, aber das Wetter änderte sich wegen instabiler Luftmassen schnell und verschlechterte sich zusehends. Aus schönen flauschigen Wölkchen entstanden bald riesige Gewitter. Ich musste also mein Ziel möglichst erreichen, bevor mich diese Monster einschlossen, die sich mehrere zehntausend Fuß hoch auftürmten. Der Regen darunter war kein so großes Problem, aber Turbulenzen und vor allem Hagel, selbst in großer Höhe, ist ein Risiko, da er ein kleines Flugzeug abschießen kann. Hagel ist die Artillerie der Natur. Trotz des schlechten Wetters kam ich gut vorwärts. Unter mir zogen reiches grünes Farmland und mehrere Städte vorbei, wenn sich die Wolken einmal öffneten und einen Blick nach unten zuließen.

Mein kleiner Zielflugplatz befand sich etwa fünf Meilen östlich des internationalen Flughafens von Brasilia. Die Landebahn von nur etwa 800 Metern Länge liegt in einem Tal. Das glaubt man erst, wenn man darauf gelandet ist! Der Anflug muss sehr flach unterhalb des ILS des Internationalen Flughafens Brasilias erfolgen. Die Neigung der Bahn von 10 Grad macht ein Durchstarten ungemein schwierig. Mit einer Anfluggeschwindigkeit von 80 statt 75 Knoten und Klappen auf halb, flog ich an, um schnell eine positive Steigrate zu erreichen, falls ich durchstarten müsste. Bremsen war nicht notwendig. Glück gehabt, die Landung gelang gut!

Geraldo Piquét, Bruder des dreifachen Formel 1 Weltmeisters Nelson Piquét, erwartete mich bereits. Er besitzt eine schöne Stearman, eine Piper J3, und auch einen Robinson 44 Hubschrauber, außerdem ein Experimental Amphibium, das kurz vor der Lufttüchtigkeit steht. Auch eine nahezu fertig gestellte RV-8 besuchte ich: gute Arbeit und clevere Lösungen.

Vor dem Lunch starteten wir zu einem Hubschrauber-Rundflug über das imposante Brasilia. Hubschrauber zu fliegen ist faszinierend. Ich durfte ihn ein paar Minuten steuern. Der Name Brazil kommt von einem Baum mit blutrotem Holz (Caesalpinea Echinata Lam). Den Baum sah ich auf der Hacienda Piquét am Flugplatz. Dort stand auch ein weiterer Baum, Jabuticaba genannt, mit einer köstlichen Frucht, die es nur in Brasilien gibt. Sie ähnelt sehr einer Kirsche und wächst seitlich aus dem Baumstamm heraus.

Geraldo ist ein enger Freund des Earthrounders Gerard Moss und seiner Frau Margi. Beide besitzen ein prächtiges Haus, wo sich Abenteuer und Fliegerei treffen. Auf der wundervollen Hacienda von Geraldo Piquét und im Heim von Gerard und Margi Moss war ich hervorragend untergebracht. Wieder wurde ich königlich bewirtet. Gerard und ich hatten uns bereits viele Male getroffen und unsere Treffen immer sehr genossen. Gerard unterstützt wissenschaftliche Projekte; er flog mehr als 60 000 km mit seinem Amphibium, um tausende von Wasserproben einzusammeln. Ihm und seiner Frau Margi, einer Ornithologin und Abenteurerin, zuzuhören, war mehr als faszinierend. Ich fühlte mich bei ihnen wie zuhause und konnte entspannte und spannende Stunden genießen. Die gemeinsamen Tage waren herrlich, verliefen aber leider viel zu schnell. Am Samstag fand am Flugplatz noch ein Treffen statt, an dem ich über meinen Flug berichtete. Alle waren interessiert an meinem Vorhaben und ich genoss die aufmerksame Zuhörerschaft.

Der Abflug nach Natal stand an. In der brasilianischen Küstenstadt landete ich schon zum zweiten Mal. Auf meiner Route zum Nordpol war Natal im Juni 2016 mein erster Stop in Südamerika gewesen.

Jetzt kreuzte ich hier meinen Weg. Da für die Anerkennung als FAI Weltrekord die Rückkehr zum Startpunkt, also Madrid, erforderlich war, musste ich die Erde anderthalb Mal umrunden.

Der Sonntag war für die endgültige Abreise festgelegt, da das Wetter schlechter werden sollte. Etwa sieben Flugstunden lagen vor mir sowie ein paar weitere für die Messung von Kohlepartikeln über der Universität von Natal. Erneut stellten die Wolken – diesmal über Natal – ein Problem dar. Erst musste ich mit viel Leistung bei 1 800 Umdrehungen vom Hangar hangaufwärts rollen. Dann ging es 10 Grad abwärts ins Tal hinein; es war ein schneller Start. Den Transpondercode hatte ich von Brasilia Air Traffic Control telefonisch eingeholt.

Nach dem Start zog ich eine Kehre, um bei einem tiefen Überflug mit den Flügeln zu wackeln, dabei aber nicht am Ende der Runway das Wohnzimmer des Hauses zu *besuchen*. Dann drehte ich nach Nordosten ab. Die Controller waren wieder nett und beschränkten sich auf das Abhören ihrer Frequenzen, sollte ich Hilfe benötigen.

Schöne, abwechslungsreiche Landschaft glitt unter mir vorbei. Später wurde das Land allmählich trockener, färbte sich sogar schwarz, vielleicht war es vulkanische Erde. Künstliche Bewässerungsanlagen tauchten auf.

Ich stieg auf 7 500 Fuß, aber überall war ich von Wolken umzingelt. Da die Wolkenbasis höher wurde, musste auch ich höher steigen. Der Gegenwind mit 15-20 Knoten war auch nicht förderlich. Ich beschloss, die Leistung etwas zu erhöhen, um schneller zu fliegen und kam so auf 165 Knoten. Das war schon besser als mit dem externen Sprittank und den Ski. Aber ich musste noch höher klettern. Der Gegenwind war ungefähr gleichbleibend, die wahre Geschwindigkeit jedoch stieg an und damit auch die über Grund.

Das LIDAR von Natal generiert Daten in der Höhe von 800 bis 20 000 Meter. An diesem Sonntag wollte ich wegen der Kälte aber nicht auf 60 000 Fuß steigen! Ich stieg also nur bis auf 13 500 Fuß, entsprechend einer Dichtehöhe von 15 800 Fuß, bevor ich den Kontrollbereich von Natal erreichte. Dem Controller erklärte ich, was ich vorhatte; er war sehr entgegenkommend und ließ mich Daten bis auf 800 Meter in einer Abwärtsspirale fliegend sammeln.

Da meine Messungen für die Universität von Natal äußerst wichtig sind, freute ich mich, dass Skypolaris neben der Erforschung entlegenerer Regionen auch dieses Projekt unterstützen konnte. Einige Leute waren später ziemlich erstaunt über meine Flugroute, inklusive Natal Control!

Dann setzte ich meinen Flug zum Flugplatz Severino Lopes fort, dessen Piste gerade in Stand gesetzt wurde und demnächst asphaltiert werden sollte. José Almir, den ich schon im Februar getroffen hatte, hatte mich bereits vorher über den Zustand der Piste informiert. Er sprach Portugiesisch, ich Spanisch. Damit war das Missverständnis auch schon vorprogrammiert. Er sagte, ich solle auf dem asphaltierten Taxiway landen. Ich verstand das Gegenteil, ich solle dort nicht landen. So machte ich einen tiefen Überflug und konnte mich nicht entscheiden. Nahm ich die falsche Piste, konnte das mein Flugzeug zerstören. Da es keine Funkfrequenz gab, rief ich José Almir über Satellitentelefon an. Er sprang sofort in ein Flugzeug und funkte auf der 123,45, dass er sich in die Mitte der aktiven Piste stellen wolle. Das sah recht komisch aus, da er die Signalgesten eines Marshallers benützte. Ich nahm ihn mit meiner Maschine aufs Korn, war mir aber sicher, dass er rechtzeitig zur Seite springen würde, bevor ihn der Propeller auseinandernehmen würde.

Die Ankunft geriet wieder zu einem riesigen Hallo und herzlichen Willkommen und ich war froh, es bis hierher geschafft zu haben! Diese Landung besiegelte einen Rekord und war daher eine ganz besondere: Sie beendete den allerersten Flug um die Welt über beide Pole mit einem Kleinflugzeug unter 1 750 kg! Bald würden in Madrid die Sektkorken knallen!

Der Weg oder besser Flug bis hierher war wirklich nicht einfach, teilweise sogar recht steinig, gewesen. Aber jetzt war ich unbändig stolz darauf, dass dieser Rekord an Spanien gehen würde. Mir war natürlich vollkommen bewusst, dass dieser Erfolg nur mit der Hilfe vieler Beteiligter gelingen konnte. Vielen Dank euch allen!

Dennoch, am Ziel war ich ja noch nicht und das wissenschaftliche Projekt musste erst abgeschlossen werden. Weitere Messdaten waren zu generieren und ich hoffte, dass ich auch dies schaffen würde. Die Strecke über den Atlantik lag jetzt vor mir und ich erwartete heute die Clearance für die Kapverden. Morgen wird erneut ein harter Tag!

Flugstrecke	Datum	Etappe, nm	Gesamt, nm
Buenos Aires – Iguazu	24.11.2016	586	35 556
Iguazu – Sao Paulo	27.11.2016	440	35 996
Sao Paulo – Brasilia	30.11.2016	405	36 401
Brasilia – Natal	04.12.2016	970	37 371

Der stürmische Äquator: Wieder über den Atlantik

Es dämmerte noch, als der Wecker am 7. Dezember um 3 Uhr früh klingelte. Tags zuvor hatte ich den Flieger vom Flugplatz Severino Lopes zum Sao Gonçalo International Airport von Natal verlegt. Obwohl dies kein Airport mit 24-Stunden-Service ist, konnte ich am Vorabend alle Vorbereitungen abschließen, sogar die Gebühren bezahlen und alle Ausreiseformalitäten erledigen. Den Flugplan auf die Kapverden hatte ich bereits per AIS aufgegeben. Der frühe Start hatte nur den einen Zweck, den Atlantik nicht bei Nacht überqueren zu müssen. Eine Landung bei Nacht wäre nicht das eigentliche Problem, eine Notwasserung im Stockfinsteren dagegen schon.

Der Marshaller erschien vor 5 Uhr. Zum Glück sah er meinen Striptease beim Anlegen meines Anzugs mit der Überlebensausrüstung inmitten des Vorfelds nicht. "Bitte etwas Beeilung, die Piste wird nach dem Start wegen Wartungsarbeiten geschlossen." "Okay, okay, kein Problem, ich bin ja schon fertig!" Eingestiegen, alle Systeme aktiviert, Funkspruch an den Tower.
 "Sao Gonçalo Tower, bom dia, EC XLL, ready destination Cabo Verde Praia."
 "EC XLL bom dia – you don't have a flight plan!"
 "Sao Gonçalo, EC XLL, I do have a flight plan for 5 am, it was filed at AIS yesterday afternoon."
 "EC XLL, your flight plan was filed for a 2 am Take Off, 05:00 Zulu. You have another flight plan?"
 "Sao Gonçalo, please call AIS as they have the flight plan, and ask them if they can send the same flight plan for a 08:00 Zulu Take Off time, 5 am local time."

Nach zwei Minuten teilte mir der Turm mit, dass ich persönlich bei der AIS erscheinen müsse und dass die Piste bis 06:30 Lokalzeit geschlossen sei. Da war es wieder, dieses Scheißgefühl!

Auf diesem Flugplatz erstellte AIS den Flugplan, nicht ich selbst. Der Kerl fragte alle Daten ab und trug sie dann in seinen Computer ein. "Wann wollen Sie morgen starten?" "Um 5 Uhr früh." Das war eine klare Aussage, die sich auf die Lokalzeit bezog, denn die Abstellgebühren wurden bis 05:45 Lokalzeit berechnet und nicht bis 02:00 früh! Letzteres wäre UTC und damit drei Stunden früher gewesen. Der Fehler dieses Kerls wurde somit mir zur Last gelegt! Ich wurde zum AIS gefahren, der einen neuen Flugplan für 06:30 Lokalzeit erstellte. Vor Wut schäumend kehrte ich zum Flugzeug zurück und legte mich dort auf den Boden mit der Schwimmweste als Kopfkissen, um noch bis 06:15 auszuruhen. Dann zog ich meinen Fallschirm an und meldete mich beim Turm. Jetzt erteilte man mir Anlass- und Rollfreigabe. Zwar waren sie alle wieder mal recht nett und freundlich, aber das beseitigt nicht das größte Problem: die vielen Vorschriften. Das *BR* in dem Wort BRAZIL steht für *Big Regulations*!

Das Flugzeug war randvoll betankt. Ich wusste, dass in Praia auf den Kapverden kein Avgas für den Weiterflug zu bekommen war. Von einer Tankstelle hätte ich in vielen Einzelfahrten Autobenzin in Kanistern holen müssen, falls ich nicht mit leeren Tanks weiterfliegen wollte. Also, Gas rein, um so schnell wie möglich die Kapverden zu erreichen. Die Durchschnittsgeschwindigkeit über Grund betrug 140 Knoten, meine wahre Geschwindigkeit lag in den letzten Stunden jedoch bei 170 Knoten. Das HF spielte auch schon wieder mal ein seltsames Spiel! Die Controller konnte ich gerade noch empfangen, der Koppler funktionierte also, aber sie empfingen mich nicht. Also der vorbereitete Plan B: Stündlich setzte ich eine Positionsmeldung über das Iridium ab.

Dann erschien genau vor mir, was ich befürchtet hatte: die tropische Konvergenzzone! Die viereinhalb stündige Verzögerung forderte jetzt ihren Tribut: Die Cumulus congestus Wolken verwandelten sich in Cumulonimbus Wolken. Und die blieben nicht unter sich. Der Atlantik ist ja riesig und es gäbe da jede Menge Platz. Wieso aber nicht zum Zeitvertreib mal ein kleines Flugzeug aufs Korn nehmen? Alle stimmten freudig zu und los ging's! Mir machte das aber so gar keinen rechten Spaß. Die Vereisungsgefahr war nicht das Schlimmste, sondern Turbulenzen und Hagel. Das glich einem Einflug in einen Schweizer Käse mit vielen Löchern. Welches Loch führt mich zum nächsten und übernächsten und überübernächsten weiter, bis ich da wieder draußen bin?

Normalerweise peilte ich die kompakte Seite der Wolken an, also ihre *Vorderkante*. Das ist wie Fliegen entlang einer Bergkante. Alles ist gut, solange man sie nicht berührt! Das Heikle daran ist die Hinterkante. Dort herrschen Abwinde. Aber mit diesem Wolkentrupp stimmte etwas nicht, der Wind kam von rechts und die Abwinde kamen ebenfalls von rechts! Ich beschloss daher, die linke Seite anzupeilen, um ein klein wenig mehr Geschwindigkeit herauszuholen, gerade mal zwei bis drei Knoten. Die Löcher im Käse waren nur extrem schwer zu finden. Kaum hatte ich es aus einem herausgeschafft, war ich auf der Suche nach dem nächsten!

Recife in Brasilien informierte Dakar im Senegal später über meine Situation mit dem HF. Ausfälle der Radiokommunikation passieren und es ist gut, wenn man eine Alternative hat. Besser damit kommunizieren als gar nicht! Recife fragte Dakar nach einer Telefonnummer für meine Positionsmeldungen. Doch Dakar lehnte die Anfrage ab! Daher entschied Recife, dass sie meine Reporte weiter entgegen nehmen würden, bis ich die Kapverden erreicht hätte. Die Jungs von Recife Oceanic waren wirklich cool!

Die Sonne lief schon um die Wette mit mir, als ich mit Praia in Funkkontakt kam. Noch vor Sonnenuntergang sah ich die erste Insel der Kapverden. Dann konzentrierte ich alle meine Sinne auf den Anflug. Der freundliche Controller erteilte mir Freigabe für einen Direktanflug.

Ich weiß, dass ich erst dann ausruhen kann, wenn das Triebwerk steht! Oder etwa nicht?

Die Landung auf dem Praia Airport an der Ostseite der Kapverden um 19:45 war ganz okay. In letzter Zeit übte ich Landungen auf dem Hauptfahrwerk anstatt Dreipunktlandungen. Als ich langsam genug war und das Spornrad aufsetzte, wollte ich auf den Taxiway links abrollen, aber das Flugzeug reagierte nicht. Mit dem Fuß voll im linken Pedal drehte ich es mit Ruderwirkung, aber die Bremse blieb tot. Es gelang mir, nach rechts zum Vorfeld abzubiegen, nach links bewegte sich wieder nichts.

"Praia, EC XLL, ich habe den Marshaller in Sicht. Ich stelle das Triebwerk ab, weil ich nicht rollen kann, dann schiebe ich das Flugzeug zur Position des Marshallers."

Die Marshallerin staunte nicht schlecht! Der Controller wohl auch! Beide verstanden aber die Situation. Die Marshallerin kam mit einem Lächeln auf mich zu und half mir das Flugzeug in Parkposition zu schieben. Man hatte mir schon gesagt, dass die Leute des Flughafens in Praia ganz toll wären. Das stimmte wirklich! Polizei, Wartungsbetrieb, Operations- und Tankservice bekämen auf einer Skala von 1 bis 10 eine glatte 10!

Ich war hundemüde, hatte auf dem Flug nicht einmal zu Mittag gegessen. Bremse und HF-Antenne regten mich dazu auch noch auf. Das war nun wieder kein Aufenthalt zum Ausruhen, sondern Arbeit, Arbeit und nochmals Arbeit.

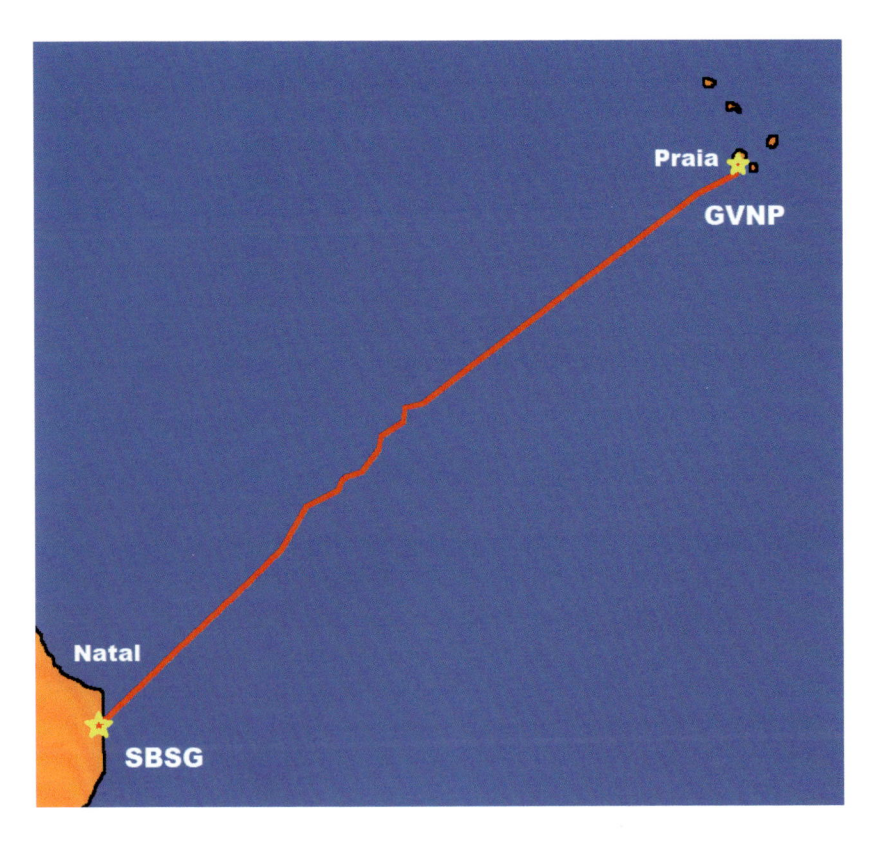

Flugstrecke **Datum** **Etappe, nm** **Gesamt, nm**
Natal – Praia 07.12.2016 1 414 38 785

Die letzte Etappe: Von den Kapverden nach Hause

Die Kapverden sind nicht wegen ihrer apfelgrünen Farbe nach Regenfällen so benannt, sondern wegen des gegenüberliegenden Cabo Verde bei Dakar im Senegal. Die Kapverden waren die erste Kolonie, in der sich Portugiesen niederließen, und sie werden noch heute von portugiesischem Geist und portugiesischer Lebensart geprägt. Die vulkanischen Inseln verfügen über Frischwasser und wurden daher von Schiffen angelaufen, die nach Südamerika ausliefen, aber sie hatten auch Gefängnisse für Sklaven.

Die Bevölkerung der Kapverden ist freundlich und entspannt. Dennoch gibt es auch hier gesellschaftliche Veränderungen, die zur Folge haben, dass die Inseln nicht mehr so sicher sind wie sie einst waren. Es gibt Gerüchte, dass Gefangene aus US-Gefängnissen auf die Kapverden geschickt worden seien, wo sie in eine Art *Freiheit* entlassen wurden. Dies war wohl eine Ursache des jetzigen Sicherheitsproblems. Nach ihrer Unabhängigkeit im Jahr 1975 hatten die Kapverden viele wirtschaftliche Probleme, die sich in den letzten Jahren mit steigenden Tourismuszahlen etwas bessern. Ich selbst kann nur über meine guten Erfahrungen am Flughafen berichten. Da war alles gepflegt, modern, effizient und sicher und somit für meinen kurzen Aufenthalt optimal.

Neca von der spanischen Botschaft beherbergte mich und half mir mit den Genehmigungen und allem, was ich sonst noch brauchte. Ich traf mich auch mit dem spanischen Botschafter Caridad und weiteren Landsleuten.

Am Flugplatz erhielt ich Unterstützung durch Luftfahrtexperten. Da das Hydrauliksystem der Bremsen leer war, musste es mit einer speziellen Pumpe befüllt werden. Ich stieg ins Flugzeug und trat mit aller Kraft auf die Bremse, so dass die Flugzeugwarte ein mögliches Leck entdecken konnten. Es fand sich kein Leck. Bestens, das Problem schien behoben.

Den Sprit holte ich von einer nahegelegenen Tankstelle. Die Leute vom Fuel Service des Flugplatzes stellten mir hierfür ein leeres Fass zur Verfügung und die Flughafenaufsicht erlaubte, den Sprit einfach so durch die Sicherheitskontrolle zu bringen. Da gibt's in vielen anderen Ländern noch was zu lernen, wo *Security* oft falsch verstanden wird! Wieder installierte ich eine neue HF-Antenne mit Befestigungssystem. Der Test verlief reibungslos.

So konnte ich mir doch noch etwas Ruhe gönnen und ließ mir einen guten *Polvo* (Tintenfisch) schmecken. Der war ganz anders zubereitet als in Spanien, wo er als *à la brasa* (gegrillt) oder *à la gallega* (auf galicische Art) serviert wird.

Am Abreisetag ging alles zügig und komfortabel, inklusive vernünftiger Landegebühren. Die Wetteraussichten waren gut, obwohl mit Gegenwind zu rechnen war. So gab ich etwas mehr Gas, um schneller voran zu kommen. Und wieder versagte das verdammte HF! Ich glaube, die geschleppte Antenne ist einfach nicht die richtige Lösung für dieses Flugzeug, obwohl sie auf anderen Flügen gut funktionierte. Aber mein Iridium Satellitentelefon und die Telefonnummern der Oceanic Controller waren wieder mal die Lösung des Problems und ich befand mich bald unter ihren Fittichen.

"EC XLL, wir gratulieren Ihnen zu dieser großartigen Leistung!!!"

Das klang nun wirklich wunderbar. Bald kam der riesige Vulkan Pico del Teide in Sicht, mein erster Blick auf Spanien seit langer, langer Zeit, was mich glücklich stimmte. Der Pico del Teide ist mit 3 718 Metern die höchste Erhebung auf der Kanarischen Insel Teneriffa und der höchste Berg auf spanischem Staatsgebiet. Außerdem ist er mit seinen 7 500 Metern Höhe über dem Meeresboden der dritthöchste Inselvulkan der Erde.

Im Flug testete ich die Bremsen, was man normalerweise nicht macht, aber irgendwie klingelte es bei mir aus gutem Grund. Verflixt, kein Gegendruck im linken Bremspedal, keine Bremse! Das war doch zum Haare raufen! Ich ließ mir alle Möglichkeiten durch den Kopf gehen! Was sollte ich tun? Welche Entscheidung war die richtige? Karussell bei zubeißender rechter Bremse war keine Option.

Die Wirkung der rechten Bremse zwang mich vor dem Aufsetzen auf die linke Seite der Piste auf Lanzarote, um nicht wieder nach rechts auszubrechen. Mit Hilfe des Seitenruders konnte ich dann versuchen, die Piste auf einem schnellen Taxiway nach links zu verlassen. Ich entschied mich, links von der Mittellinie aufzusetzen und ganz am Ende mit etwas Ruderwirkung von der Piste abzurollen. Zum Glück gelang es mir wie erwartet.

Unerwartet war allerdings, dass das Follow-me Auto genau auf der Landebahn stoppte. Ein schnelles Flugzeug ohne Bremsen und ein Auto mitten im Weg, das ist keine gute Kombination. Ich stoppte das Triebwerk, um nicht mit dem Auto und seinem Fahrer zu kollidieren und stieg mit aller Kraft in die rechte Bremse. Das Auto setzte sich langsam in Bewegung, ich scherte nach rechts aus, knapp an ihm vorbei. Gerade noch mal gut gegangen! Als mein Propeller still stand, blieb auch er wieder stehen. Ich ließ das Triebwerk erneut an und der verwirrte Fahrer startete jetzt in Richtung Vorfeld für die allgemeine Luftfahrt. Dort hielt er an, stieg aus und winkte mich ein. Wieder stellte ich mein Triebwerk neben und nicht vor ihm ab. In Windeseile stieg er ins Auto und suchte das Weite, bevor ich ihm das Problem erläutern konnte. Nach zehn Minuten tauchte er dann doch wieder auf, so konnte ich ihn endlich aufklären; wir mussten beide schallend lachen!

Zur Reparatur rief der Mann vom Sicherheitsschutz seinen Freund Luis, einen Privatpiloten, herbei, dessen Flugzeug neben meinem stand. Wie durch ein Wunder hatte er alle Werkzeuge dabei, mit denen ich die Bremse nochmal zerlegen und überprüfen konnte. Vielleicht war sie ja doch zu reparieren. Das Problem fand sich schnell: Der O-Ring am Bremszylinder war undicht. Als Notlösung drehte ich den vierkantigen Ring mit der Innenseite nach außen. Das half, nun war der Zylinder dicht! In der Zwischenzeit baute mein Freund José del Peso die Bremse aus seiner RV-8 aus und brachte sie zum Flughafen in Madrid, wo sie ein Pilot der Air Europa noch am gleichen Nachmittag nach Lanzarote flog. Das hatte sich damit erledigt.

Spät am Nachmittag konnte ich mir etwas Ruhe verschaffen und Vorbereitungen für die restliche Strecke treffen. Ich plante das spanische Festland über Marokko anzufliegen. Da Marokko mindestens 24 Stunden vorab einen Flugplan forderte, könnte das aber wieder zum Problem werden. Ich gab einen Z-Flugplan auf: zuerst VFR und dann IFR. So konnte ich die eindrucksvollen Klippen von Mirador del Rio im Norden von Lanzarote abfliegen. Falls keine Einfluggenehmigung erteilt würde, würde ich direkt über offenes Wasser, also wieder Atlantikwasser, nach Südspanien fliegen.

Am Flughafen ging alles rasch und reibungslos; eine halbe Stunde vor der Zeit war ich schon zum Abflug bereit. Da näherte sich ein Auto. Es war der Flughafenmanager, der mir gratulierte! Was für ein netter Abschied! Er und seine Mannschaft waren sehr hilfsbereit, vielen Dank Mirella!

Es wurde ein kurzer Flug von fünfeinhalb Stunden. Mirador del Rio sah aus der Luft umwerfend aus, aber in seiner Umgebung herrschten starke Abwinde. Ich stieg bald auf Flugfläche 80 zum Meldepunkt KORAL, dem Einflugpunkt in Casablanca FIR. Von dort aus erhielt ich Freigabe zum Ausflugpunkt GALTO, am nördlichen Zipfel von Marokko direkt an der Straße von Gibraltar. Zum ersten Mal seit fast drei Monaten bekam ich wieder das spanische Festland zu Gesicht.
"Sevilla, EC XLL, ich hebe meinen IFR-Flugplan auf und fliege VFR nach La Axarquia."

Mit der Freigabe flog ich direkt zum Königlich Spanischen Aeroclub Malaga auf dem kleinen Flugplatz La Axarquia östlich von Malaga. Malaga Approach genehmigte meinen Abstieg zum Zielflugplatz, wo mich zwei Flugzeuge erwarteten, um mich zu eskortieren, Miguel Mendez mit seiner schönen Sonex und Ignacio Gil mit seiner Piper. Endlich befand ich mich glücklich am Boden, unter alten Freunden! Alles lief herzlich und unkompliziert ab. Ich wurde von einer wahren Armada von Leuten erwartet. Wir hatten eine gute Zeit in Malaga.

Am Donnerstag, den 15.12.2016, hob Michel von La Axarquia bei Malaga zu einem kurzen Flug nach Cuatro Vientos, seiner Heimatbasis in Madrid ab. Er wurde dort um 12:30 Lokalzeit von einer offiziellen Empfangsdelegation mit Regierungsvertretern erwartet, die ihm ein herzliches Willkommen bereiteten. Sein Endanflug wurde von weiteren Flugzeugen begleitet. Es war eine große Ehre für ihn, seine Mission mit der Victory-Rolle beim Überflug erfolgreich abschließen zu können. Nach der Landung erwartete ihn ein Wasserspalier als Willkommensgruß. Der Flugplatz wimmelte von Regierungsvertretern, Teamkollegen, Freunden und Familie, um ihn seine Arme im Zeichen des Sieges erheben zu sehen.

Er hatte seine Vision von einem Geschwindigkeits-Weltrekord der FAI für einmotorige Flugzeuge unter 1 750 kg über beide Pole tatsächlich, wie erträumt, verwirklicht. Darüber hinaus, sozusagen im Vorbeiflug, lernte er viele neue Freunde kennen, nahm Gefahren auf sich, trotzte dem Schicksal, löste Probleme und überwand Schwierigkeiten aller Art, seien es politische, finanzielle, meteorologische oder technische! Man kann Michel wahrhaftig einen Helden der Luftfahrt nennen.

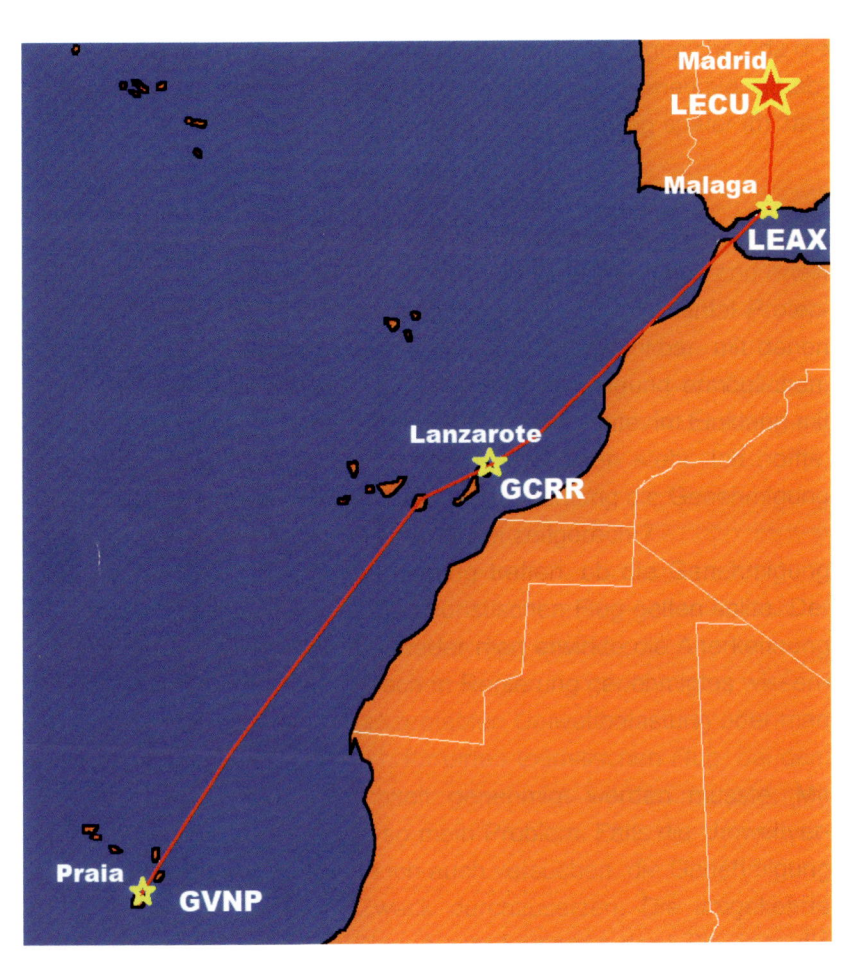

Flugstrecke	Datum	Etappe, nm	Gesamt, nm
Praia – Lanzarote	10.12.2016	1 049	39 834
Lanzarote – Malaga	12.12.2016	682	40 516
Malaga – Madrid	15.12.2016	223	40 739

Epilog

Javier Anadon, Major der spanischen Luftwaffe, führte eine Akademie namens Ciro, die Tests zum Eintritt in die Air Force Academy vorbereitete. Es war Winter, die Kreidetafel des Klassenzimmers war wegen des Zigarettenrauchs kaum sichtbar.

"Leute, ich muss euch etwas sagen … Ich weiß, dass es viele von euch nicht juckt, aber ich wäre glücklich, wenn einige von euch meine Botschaft verstehen. Wenn jemand etwas erreichen möchte, muss er dafür kämpfen, keinen einfachen oder leichten Kampf. Er muss alles geben, um sein gesetztes Ziel zu erreichen. Ich spreche nicht davon, nur 85 oder 95 Prozent anzustreben. Es müssen 100 Prozent sein und zwar aus einem einfachen Grund. Schafft man 99 Prozent, könnte man glauben, dieses eine Prozent zu wenig sei dafür verantwortlich, keinen Erfolg gehabt zu haben. Das macht einen selbst unglücklich und noch schlimmer, man wird auch andere unglücklich machen."

Diese Worte waren tief in mein Gehirn und Herz eingraviert und trieben mich mein ganzes Leben an. Immer habe ich mein Bestes gegeben, um meine Ziele zu erreichen. Auch wenn ich scheiterte, ging es mir gut, denn ich war gewiss, mit 100 Prozent mein Bestes gegeben zu haben.

Meine Flüge um die Welt in den Jahren 1998 und 2001 waren etwas Außergewöhnliches gewesen. Zu jener Zeit mit einer kleinen Kitfox nur 72 Knoten schnell oder vielmehr langsam durch Russland und China zu fliegen, war eine große Herausforderung. Mit dem Flugzeug die Welt und unendliche Horizonte zu erkunden, keine Grenzen zu kennen, mit oder gegen meinen Gemütszustand in die Luft zu gehen, beflügelte mich geradezu. Ich wollte diese Welt bis in den letzten Winkel erfliegen und mich in noch extremeren Situationen und risikoreicheren Gegenden bewähren.

Unendliche Horizonte? Die gibt es nicht immer überall. Nicht wegen riesiger Gewitter, niedriger Wolken, glühender Sonne und Staub oder was auch immer. Die Horizonte färben sich gelb, grau, manchmal sogar fast schwarz. Verursacher dieser Luftverschmutzung durch Feinstaub sind wir Menschen. Eines meiner Ziele, das ich unbedingt erreichen wollte, war, der Welt endlich zu verdeutlichen, wie weit sich der Feinstaub bereits in der Atmosphäre ausgebreitet hat. Dies wollte ich mit meinem jetzigen Flug in mittleren Höhen belegen, von denen bislang nur Informationen von Satelliten vorliegen.

Das war mir 2016 gelungen! Die Siegesrolle über dem Madrider Airport Cuatro Vientos hatte für die meisten Zuschauer keine besondere Bedeutung. Aber für mich war sie der krönende Abschluss dieses schwierigen, herausfordernden Projekts, einer Verpflichtung meines Lebens. Diese Aufgabe könnte sehr gut eine Sanduhr symbolisieren: Das Projekt fand am Ende des einen und am Anfang eines anderen Abschnitts in meinem Leben statt. Ich werde älter und fühle, dass mein Körper sich als erstes darüber beklagt. Aber ich weiß auch, dass mein Geist ruhig und zufrieden den Aufbruch in einen neuen Lebensabschnitt wagen kann. Die Worte von Javier Anadon werde ich mein Leben lang nicht vergessen.

Auch wenn ich vom Fliegen und dem ganzen Drumherum noch so erschöpft war, versuchte ich stets, so viele meiner Erlebnisse und Erfahrungen wie nur möglich mit anderen zu teilen, indem ich regelmäßig meine Berichte verfasste. Das war mir sehr, sehr wichtig. Ein gutes Dinner nicht mit anderen zu teilen, wäre für mich undenkbar. Ich wollte meine Gefühle ungefiltert mitteilen, meine Freunde mit meinen Worten auf die Reise mitnehmen, sie mit Leuten, Leben, Welt, Wetter, Extremisten, kriegerischen Auseinandersetzungen, Wüsten, Ozeanen, Bremsen, HF, Fliegen, Essen, Handling-Gebühren und Freundschaften bekannt machen.

Meine liebe RV-8 erhielt unterwegs viele Küsschen und Streicheleinheiten von mir, damit sie ja durchhält. Etliche harte Momente hat sie erlebt, voll beladen bei Minusgraden über dem antarktischen Meer bibbernd, in Gewittern über die Anden schleichend, nur mit Mühe wegen bremsender Ski auf der Startbahn von Hobart abhebend, bei 45 Grad Celsius Hitze im Sudan ausharrend oder bei Eiseskälte über dem Südpol mit den Zähnen klappernd. Meine RV-8 sah die Iguazu Wasserfälle kopfüber, benetzte ihre Flügel unter den Angel Wasserfällen und kratzte messerscharf die Wasseroberfläche des Amazonas. Sie hat sich um mich gekümmert, indem sie hustete und ächzte, immer wenn ich einzuschlafen drohte. Sie meckerte auf der Stelle, wenn sie keinen Sprit mehr bekam. Sie wurde krank wie ein Mensch (natürlich hat auch sie eine Seele), als die katabatischen Winde mit 80 Knoten auf dem Eis der MZS über sie herfielen und Salz durch den Rahmen ihrer Haube eindrang, überall hingelangte und die Ausfälle der Avionik verursachte. Ihre Farbe, ihre Bremsen haben gelitten, Kratzer und andere Kampfspuren zieren ihr Äußeres. Jetzt ist sie genauso müde wie ich. Es ist Zeit für uns beide, eine Ruhepause einzulegen und tief Luft zu holen.

Äußerst schade, dass die Leute von BAS und ALE über wissenschaftliche Flüge in der Antarktis so anders dachten als ich. Bis heute haben sie sich nicht über ihre Verweigerung zur Hilfe geäußert. Ich denke, dass profitorientierte Expeditionen, wie die von ALE, leider auf dem Vormarsch sind. Diese sollten aber eher geächtet, wissenschaftliche Expeditionen dagegen unterstützt werden.

Wir leben auf einer so schönen, wunderbaren Erde, die von vielen freundlichen, friedlichen Menschen bewohnt ist. Aber es gibt auch viel Neid, Hass, Konflikte und Kriege. Ich sah auf meinem Flug die Welt zumeist ohne all diese Schattenseiten und habe rund um den Globus außergewöhnliche Leute kennengelernt.

Ich schließe sie alle in mein Projekt ein, sie wurden ein Teil davon. Ohne sie wäre es schwierig, wenn nicht gar unmöglich gewesen, das Projekt zu einem glücklichen Ende zu bringen. Worte können meine Dankbarkeit nicht beschreiben. Fest in mein Herz eingeschlossen sind auch alle, die unerschütterlich ihr Vertrauen in mich gesetzt und meine

Hoffnungen geteilt haben. Ich habe es geschafft – allen Widrigkeiten zum Trotz – mit der Unterstützung vieler! Es war nicht immer einfach, sondern riskant, aber gleichzeitig auch großartig und beeindruckend. Dankbar durfte ich am Ende aus der Hand von Königin Sofia von Spanien den Preis der Spanischen Königlichen Geographischen Gesellschaft entgegennehmen.

Den großen Organisationen, die sich im Skypolaris Projekt einbrachten, versprach ich immer mein Bestes zu geben – allerdings ohne Erfolgsgarantie. Dies waren ACCIONA, das Ministerium für Entwicklung, der Flugsicherungsdienstleister Enaire, der Königlich Spanische Aeroclub, der spanische Pilotenverband COPAC, der Aeroclub de Malaga, FTE Jerez, Spidertracks, RocketRoute und viele einzelne Crowdfunder. Ihnen allen bin ich sehr verbunden! Insbesondere ist der Universität von Granada mit dem wissenschaftlichen Team von Dr. Lucas Alados-Arboledas zu danken, der jetzt die Aufgabe hat, die gewonnenen Daten aus den Messungen von Kohlenstoffpartikeln in entlegenen Gebieten, dem Rückgrat des Projekts, auszuwerten und zu publizieren.

Anhang

In nüchternen Zahlen: Der Rekord

Flugleistungen (Rekorddaten)

- 76 401 km (41 253 nm) geflogene Gesamtstrecke nach Datenlogger aufgezeichnet und FAI anerkannt
- 75 449 km (40 739 nm) Gesamtstrecke nach Logbuch (direkt von Punkt zu Punkt)
- 32 183 km (17 380 nm) über offenes Meer
- 4 735 km (2 582 nm) längster geflogener Abschnitt (Flug über die Antarktis)
- 4 800 m (15 500 Fuß) größte geflogene Höhe
- 305 Flugstunden
- 135 kn Durchschnittsgeschwindigkeit
- ca. 8 600 Liter Gesamtspritverbrauch
- 727 Liter (192 US-Gallonen) Spritkapazität
- 6 000 km bzw. 24 Stunden Reichweite
- 25 besuchte Länder

Born to fly: Miguel Angel Gordillo

Als Airliner-Pilot fühlt sich Miguel Angel Gordillo in der Luft zu Hause. Flüge über große Distanzen sind sein tägliches Brot und seine Leidenschaft. Wie sein Beruf und seine Berufung begann, erzählt er so:

Ich kann nur sagen, ich führe ein glückliches Leben. Das ist auch deshalb so, weil ich schon in jungen Jahren genau wusste, was mir gefällt und was ich tun wollte. Vielleicht hat das Leben nur einen Fehler gemacht und meine Seele in einem menschlichen Körper gefangen und nicht in dem eines Adlers. Aber das zu ändern, ist nicht mehr möglich.

Vor etwas über 60 Jahren wurde ich in eine ganz andere Welt an einem besonderen Ort geboren: Französisch Kamerun. Nah am Äquator in diesem wunderschönen Land erblickte ich das Licht der Welt in Duala, am Fuße des riesigen Vulkans Mount Cameroun. Als ich etwa sieben Jahre alt war, zogen meine Eltern in die Hauptstadt Yaoundé. Dies war gerade zur Zeit der Unabhängigkeit Kameruns, als es für Weiße sehr schwirig und riskant wurde, in Kamerun zu leben. In der Tat trug mein Vater immer zwei Waffen bei sich und auch meine Mutter besaß eine. In diesen Tagen herrschte viel Gewalt in Kamerun. Dennoch war das auf viele Hügel gebaute und von dichten Wäldern umgebene Yaoundé ein schöner Ort für einen kleinen Jungen.

Ich erinnere mich gut daran, dass ich in jener Zeit mein erstes Magazin für Modellflugzeuge *Le modèle reduit d´avion* kaufte, das ich übrigens heute immer noch besitze. Als ich das erste Mal in einem Kleinflugzeug mitfliegen durfte, hat mich die Faszination des Fliegens wie ein Virus infiziert. Nach Europa zurückgekehrt lebten wir zunächst in Frankreich nahe Cannes und zogen später nach Madrid in Spanien.

In meiner Madrider Jugendzeit war ich vielleicht ein klein wenig sonderbar im Vergleich zu den anderen Jungs, denn ich widmete mich eingehend Flugzeugmodellen. Ein Fesselflugzeug namens Air Cobra mit einem kleinen 0,5 ccm Motor brachte ich allerdings nie zum Fliegen. Mit U-Line Modellen, hauptsächlich mit 1,5 ccm Motoren, nahm ich an Wettbewerben und im Kunstflug teil. Ich schloss mich einer Modellflugschule an, einem Programm in der Zeit von General Franco, und wechselte zu den Freiflugmodellen, die sich nach dem Losfliegen nicht mehr kontrollieren lassen. Es begann mit Segelflugzeugen; motorisierte Modelle, die als FAI F1C bezeichnet werden, folgten. F1 steht für Freiflug und C für Verbrennungsmotoren.

Etwa zur gleichen Zeit wurde ich in der Schule ein besserer Schüler und entwickelte klare Vorstellungen über meine Zukunft: Ich wollte Pilot werden. Mit 17 Jahren strebte ich eine Segelflugausbildung an, aber es ergab sich keine Möglichkeit für eine Aufnahme in einen der Motorseglerkurse.

Nach Abschluss der Schule bestand ich die Aufnahmeprüfung in die spanische Luftwaffenakademie und trat in die Auswahlgruppe ein. In meinem Jahr in Granada kämpfte ich um einen Ausbildungsplatz als Luftwaffenpilot. Ich arbeitete sehr hart; rückblickend waren dies die anstrengendsten Jahre meiner Studentenzeit. Aber das war es wert, denn ich schaffte es!

Ich kam als künftiger Pilot in die spanische Luftwaffe. In San Javier bei Murcia absolvierte ich das militärische Training und nach meinem zweiten Ausbildungsjahr begann ich mit dem Formationsflug. Das erste Flugzeug war eine Beechcraft T34 Mentor, die solo geflogen wurde und auf der auch das Kunstflugtraining erfolgte. Mein Navigationstraining im Sichtflug und in Radionavigation erhielt ich auf Beechcraft Bonanza Flugzeugen.

Im letzten Jahr bei der AGA (Academia General del Aire) absolvierte ich ein Fortgeschrittenentraining auf Texan T6 Flugzeugen. Mit seinem riesigen Sternmotor war das Flugzeug sowohl schön anzuschauen als auch herrlich zu fliegen. Ich erinnere mich noch daran, dass wir nicht im Rückenflug trainiert waren. Als ich die T6 solo in der zugewiesenen geographischen Trainingsregion flog, wurde ich übermütig und versuchte sogleich einen Rückenflug. Es kam, wie es kommen musste, als ich der Schwerkraft ausgesetzt war. Ich geriet in einen unvorhergesehenen Sturzflug und fand mich inmitten einer Staubwolke, auch ein Apfelstück kam geflogen. Zum Glück hatte ich den Rückenflug in 10 000 Fuß begonnen!

Nach Formationstraining und -flug, Kunst-, Kampf- und Instrumentenflug erhielt ich meine Schwinge als Zeichen der Befähigung. Unglücklicherweise war ich Nummer 20 von 24 und die Kampffliegerschule nahm nur die ersten 18 auf! Daher ging ich für ein Jahr ins IFR Multi-Engine Training nach Salamanca auf zweimotorigen spanischen CASA C212 Aviocar-Flugzeugen und wurde anschließend auf P3 Orion U-Boot Spürflugzeuge eingeteilt. Ja, in Spanien gehören die zur Luftwaffe, nicht zur Marine! Auf diese Weise wurde ich Kampfpilot gegen Schiffe und U-Boote. Sieben Jahre verbrachte ich damit P3 Orion zu fliegen, wurde Mannschaftsführer und lernte viel über die Schwierigkeiten, jemanden im Wasser aufzuspüren, denn wir waren auch an SAR Einsätzen beteiligt. Dies führte später dazu, dass ich mich im Rahmen meiner privaten fliegerischen Abenteuer ausgiebig mit Sicherheit und Überlebensstrategien befasste. Während meiner Zeit auf der P3 wurde ich zu einem einjährigen Training in die US Air Force delegiert: Grund- und Fortgeschrittenen-Navigator-Training, wo ich ausgezeichnete Leistungen erbrachte und eine Menge über die reine Navigation lernte. Schade, dass die Mather Air Force Base in Sacramento, Kalifornien, nicht mehr so existiert, wie ich sie kannte.

Während meines P3 Orion Aufenthaltes in Jerez konnte ich mich dann endlich einer Segelflugschule anschließen. Mein erstes Training fand in Monflorite in der Provinz Huesca statt. Ich flog drei- oder viermal ein Blanick Segelflugzeug und arbeitete mich zum Segelflugzeug Pirat hoch. Meine Flugnummer war die acht und ich flog eine etwa halbe Stunde länger als die erforderlichen fünf Stunden, was mich für ein Silber C Abzeichen qualifizierte. Der Verlauf des achten Flugs war allerdings unvorhergesehen. Es war ein Flug, gemischt mit einigen Gebeten, nicht in einem Tal abzusaufen und mit einem krassen Fehler.

Die Thermik war viel zu schwach, um dem geschlossenen Tal zu entkommen. Dann sah ich einen Geier vor mir kreisen und sagte mir: "Dem musst du folgen!" Und dieser Geier hat mich in der Tat gerettet und aus diesem Tal herausgeleitet. Als ich das geschafft hatte, strebte ich geradewegs Richtung Flugfeld, aber ohne die geringste Thermik. So ging es tiefer und tiefer mit mir, als ich einen kleinen Hang vor mir sah. Zu dieser Zeit flog ich viel mit ferngesteuerten Modellen im Hangaufwind und so versuchte ich oben zu bleiben, aber nach der ersten Kehre war ich schon zu niedrig. Ich beschloss daher, auf nächst möglicher Fläche zu landen. Als ich gerade in 50 bis 60 Fuß Höhe die Bremsklappen ziehen wollte, betend und viele Gelöbnisse ausstoßend, verspürte ich einen Windstoß im Rücken, so dass ich wenden konnte. Der Bart war so hart, dass ich schon ein paar Minuten später 3 000 Fuß höher war und bald über dem Trainingsgebiet ankam. Ich wurde fast wie ein Held empfangen, behielt aber natürlich mein Geheimnis für mich. Diese fünfeinhalb Stunden Flugzeit waren ja kein freiwilliger Akt, sondern die Folge einer Kette von glücklich verlaufenen Umständen.

Mit dem neunten und zehnten Flug erlangte ich das Silber C Leistungsabzeichen für Strecken- und Höhenflug, was noch keiner zuvor in Spanien geschafft hatte.

Nach meiner Zeit auf der P3 Orion wurde ich der 45. Air Force Gruppe zugeteilt. Das ist ein Flügel, der Jets für VIPs, wie den König und seine Familie, Minister und andere höher gestellte Personen bedient. Ich flog die Falcon 20 und schon bald wurde ich zum Major der Luftwaffe befördert. Diese Beförderung hätte aber das Ende der aktiven fliegerischen Zeit bedeutet. Ich musste mich also entscheiden, wollte ich Karriere in der Armee machen und wie meine Kameraden zum Oberst oder General aufsteigen oder weiter fliegen. Ich entschied mich fürs Fliegen und landete Ende 1987 bei Iberia Airlines, die zu dieser Zeit das Flaggschiff aller spanischen Fluglinien war und bei der ich viele verschiedene Flugzeuge fliegen konnte.

Da bei Iberia Airlines Sicherheit die höchste Priorität hatte, war ich als Pilot sehr zufrieden. Es war in der Tat so, dass nach Darstellung der Iberia die Flugzeuge mehr Aufmerksamkeit erfuhren als die Passagiere. Ich begann zunächst als Copilot auf der McDonnell Douglas DC-9 und bald war ich einer der ersten, der auf der McDonnell Douglas MD-87 in Los Angeles für die Iberia trainiert wurde. Was für ein Flugzeug! Ich liebte es! Dann begann die Zeit der Langstreckenflugzeuge und ich wurde in Miami auf dem brandneuen vierstrahligen A340 trainiert. Nach meiner Beförderung zum Kapitän im Jahr 1998 wurde ich Einsätzen auf dem A320, später A319 und A321 zugewiesen, den kürzeren und längeren Versionen des A320. Es war jedoch nicht nur eine Liebesbeziehung zu diesen Flugzeugen. Airbus Flugzeuge fliegen ganz nett und funktionieren gut.

Wenn aber Notfälle auftreten, kommt man in eine Zwickmühle, weil der Pilot bestimmte Verfahren abzuarbeiten hat. Allerdings ist es so, dass Piloten den Verfahren nicht unbedingt folgen müssen – also eine sehr knifflige Situation. Das klingt sonderbar, aber so nahm ich das wahr.

Michel spielt hier auf einen Rechtsstreit mit der Iberia an, weil er einmal gewissenhaft die Verfahren abgearbeitet hat und dadurch ein voll besetztes Flugzeug in Kopenhagen wegen eines kritischen technischen Mangels am Boden stehen ließ. Das führte zu Streitigkeiten mit seinem Arbeitgeber, weil einflussreiche Passagiere an Bord dies nicht akzeptieren und einsehen wollten.

In dieser Zeit bei der Fluggesellschaft machte ich auch zahlreiche gute Erfahrungen und eröffnete mir so die Chance, meine späteren Träume zu erfüllen. Denn seit der Luftwaffenakademie träumte ich davon, mein eigenes Flugzeug zu bauen. Mein niedriges Einkommen und die langen Arbeitszeiten hatten es jedoch bisher nicht erlaubt, diesen Traum zu verwirklichen.

Aber jetzt rückte seine Erfüllung in Reichweite und ich baute mein erstes Flugzeug: eine Kitfox IV, ein schönes Flugzeug mit einem 80 PS Rotax 912 Motor. Sehr gut, um damit tief und langsam zu fliegen. Die Idee *Madosh* also von Madrid nach Oshkosh zu fliegen, dem Mekka des Experimentalflugzeugbaus, wurde etwa 1996 geboren. Aber, ich wollte nicht von Spanien aus nach Westen fliegen, sondern nach Osten der Sonne entgegen. Die spanische Luftwaffe und die Iberia gaben ihre volle Unterstützung und der Traum wurde wahr.

Später verfolgte ich den Plan, mit einer von der spanischen Luftwaffe erbauten Replik der Comper Swift nach Manila auf die Philippinen zu fliegen. Leider wurde der Plan nie umgesetzt. Stattdessen baute ich mit der Hilfe zweier Freunde eine MCR01 mit einem Rotax 912S Motor und aus dem Flugplan nach Manila wurde ein Flug um die Welt, den ich *Into the Sunrise* nannte. Wieder hatte ich die volle Unterstützung der spanischen Luftwaffe und der Iberia. Es gelang mir, 2001 pünktlich zum Fly-in in Oshkosh zu landen, wogegen ich 1998 eine Woche zu spät angekommen war!

Nach meinen beiden Weltumrundungen einmal nach Osten und einmal nach Westen, verfolgte mich die fixe Idee, endlich das Flugzeug zu bauen, das ich schon immer haben wollte und damit über beide Pole um die Welt zu fliegen: eine RV-8 von Van's Aircraft. Dieser Plan ließ sich dann 2016 in Verbindung mit einem wissenschaftlichen Projekt umsetzen: einer Studie zum Kohlenstoffpartikelgehalt der Atmosphäre entlang der Flugroute.

Fleißige Helferinnen – Michels Töchter Lorena, Marta und Anaelle

Michels Freund Fernando Higuera – Berater und Helfer beim Bau der RV-8

Schema der RV-8, Vans Aircraft Inc., Aurora, Oregon, USA

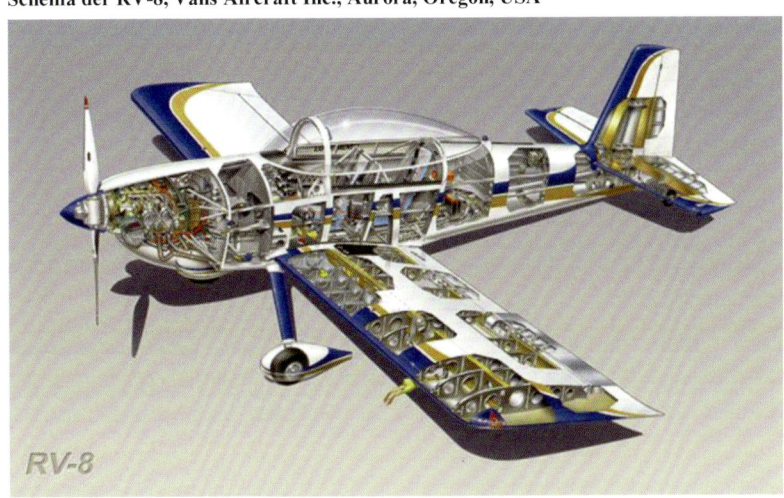

Haube mit Hightech-Klebstoff in den Stahlrahmen geklebt, nicht getackert …!

Größenverhältnisse – Hinterer Rumpftank und Bauchtank

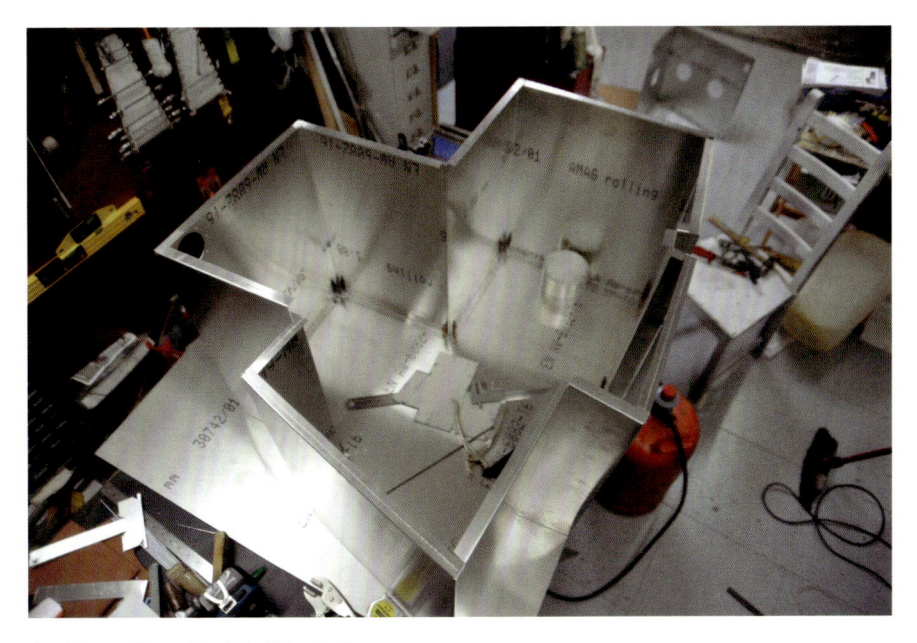

Der hintere Rumpftank in Fabrikation

Schnellablassventil für den hinteren Tank
im Rumpf nach dem 'Spülkastenprinzip'

Innere Struktur des Bauchtanks

Notabwurfhaken des Bauchtanks

Beplankung des Bauchtanks

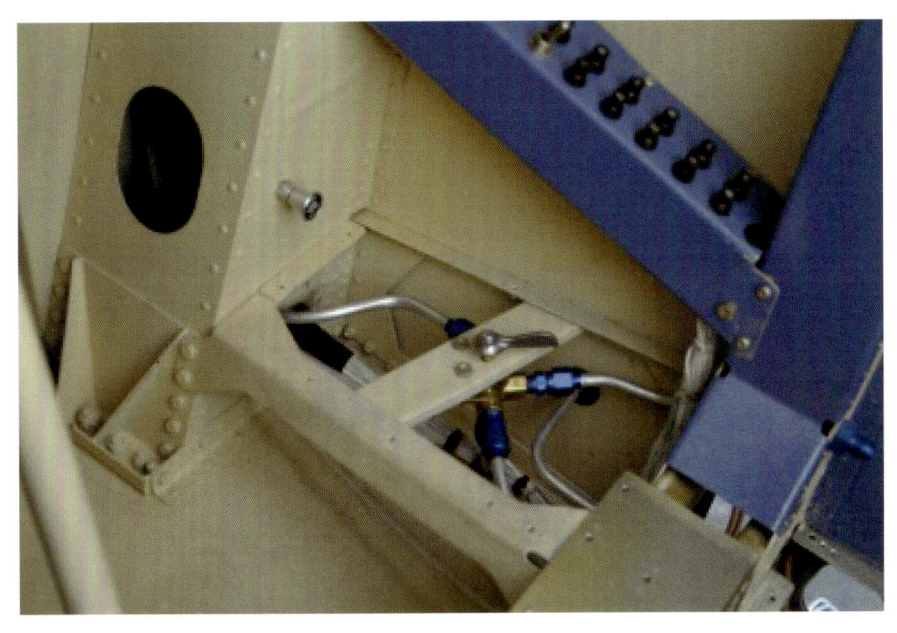

Einer der Sprithähne, der den Sprit aus den Flügeltanks in den vorderen Rumpftank leitet

Instrumentenbrett der EC-XL

Das MAGEE Scientific Aethalometer® zur Messung von Rußpartikeln

Öltemperatur zu niedrig? Abkleben – ist der Trick

Das Rettungsfloß – Militärisch, daher außen schwarz

Das EPIRB, ein persönlicher GPS Locator Sender, die Lebensversicherung – Damit man gefunden wird …!

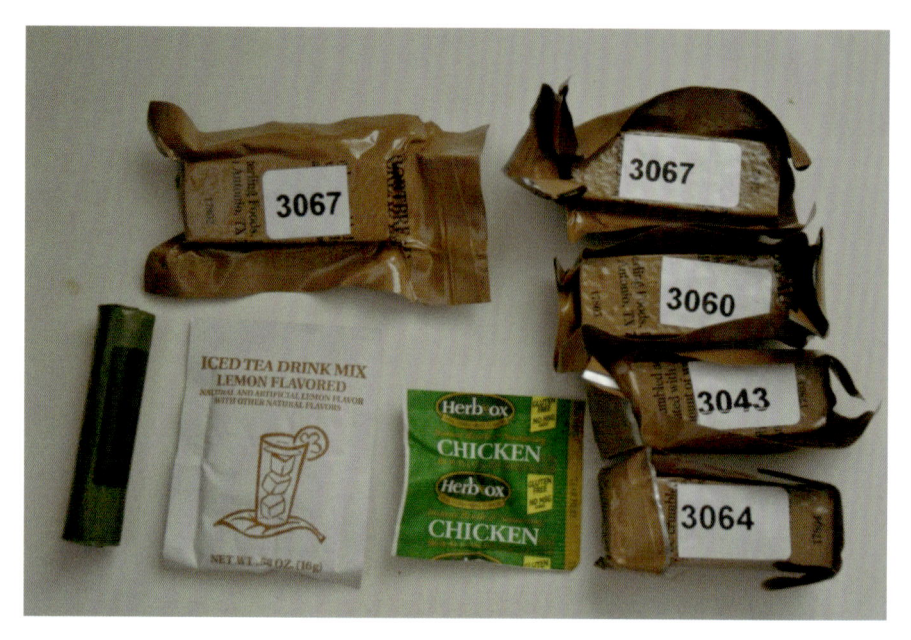

Notration für alle Fälle

Das brave Motörchen, das Michel auch in den übelsten Regionen nicht im Stich ließ

Vom Bau des Rekordflugzeugs: RV-8 von Van's Aircraft

Michel baute seine RV-8 in seinem Haus in Madrid mit tatkräftiger Unterstützung seiner drei Töchter Lorena, Marta und Anaelle und seines Sohnes Carlos. Sein alter Freund Fernando Higuera stand Michel als technischer Berater über all die Jahre der Vorbereitung und des Baus zur Seite.

Die RV-8 gefiel mir aus vielen Gründen. Über das erprobte Luftfahrzeug ließen sich wie bei allen anderen Geräten von Van's Aircraft, die sich gerade im Bau befanden oder schon geflogen wurden, leicht Informationen beschaffen. Dieser schöne Flieger fliegt sich wie ein Fighter und ist äußerst stabil. Seine Struktur ist gefällig und robust im Design. Da die RV-8 Kunstflug verträgt, ist sie für höhere Lasten ausgelegt. Dies war für mein Projekt schließlich notwendig! Mit ihren kurzen Flügeln fliegt sie schnell und ist trotzdem bei niedriger Geschwindigkeit gut zu landen.

Von Anfang an hatte ich vor, einige Details am Flugzeug zu ändern, um es dem besonderen Verwendungszweck anzupassen.
 Die EC XLL musste z. B. für extreme Temperaturunterschiede von plus 50 Grad Celsius bis minus 50 Grad Celsius ausgelegt sein. Nach den Herstellerplänen könnte die Haube zwar genietet werden, ich wählte dagegen als Methode das Verkleben, da die thermische Expansion von Plastik groß ist und die Nietlöcher Risse entwickeln können mit der Folge eines Bruchs der Haube. Wie ungemütlich, wenn die Haube bei 140 Knoten und minus 50 Grad Celsius Außentemperatur davonfliegt! Selbst bei intakter Windschutzscheibe wäre es mehr als schwierig, solch eine fliegerische Situation zu meistern. Ich kontaktierte viele Klebstoffhersteller und entschied mich schließlich für Loctite Epoxy, das in allen Temperaturbereichen flexibel genug ist, die mich von der Sahara bis zur Antarktis erwarten würden.

Ich testete die RV-8 bis zu einer Höhe von 24 000 Fuß. Bis 18 000 Fuß kam ich recht flott, aber 24 000 Fuß zu erreichen, war schwierig und dauerte lange. In dieser Höhe betrug die Temperatur *nur* minus 25 Grad Celsius, weit weg von meinem Ziel, die Haube bei minus 40 Grad Celsius zu testen, aber doch schon ganz schön kalt. Über 90 Minuten blieb ich da oben, gerade solange meine Sauerstoffflasche reichte.

Eine über die standardmäßige Tankkapazität hinausgehende Spritmenge war zwingend erforderlich, da ich in der Lage sein wollte, die Antarktis, meinen längsten Flugabschnitt, ohne Zwischenlandung überqueren zu können. Von Dunedin in Neuseeland bis Ushuaia in Argentinien wären diese etwa 32 Stunden Flugzeit ohne Reserve und Gegenwind grundsätzlich ganz gut möglich, wenn es zur Sicherheit einige Ausweichflugplätze im Inland gäbe. Aber auf der ganzen Strecke war viel Wasser – und kaltes oder gefrorenes Wasser mag ich schon gar nicht! Ich strebte daher eine Endurance von 24 Stunden bei optimaler Geschwindigkeit (Carson's Speed) an und wollte zwei bis drei Mal bei der Überquerung der Antarktis landen, um Wind- und Wettervorhersagen einzuholen.

Die Zuladung erlaubt es, mehr als 727 Liter Sprit (192 US Gallonen) mitzuführen. Die wesentlichen Änderungen in der Bauphase betrafen daher das Spritsystem und die Flügeltanks. Um die Flügelvorderkante zum Tank umzubauen, mussten die Navigationslichter in die Flügelspitzen versetzt werden. Ein weiterer Flügeltank von Van's und dickere Flügelbleche wurden über die gesamte Spannweite installiert. Dies ermöglichte den Einbau größerer Tanks, erforderte aber die Entwicklung eines speziellen Werkzeugs, um kleine Nietlöcher in Löcher für Schrauben zu konvertieren und damit die Strukturteile Flügelholm und Verbindungsrippen adäquat zu verbinden. Weitere Tanks wurden auf dem Rücksitz, am Flugzeugbauch und im vorderen Gepäckraum installiert mit Kapazitäten von jeweils 250 Litern, 150 Liter und 30 Liter. Der Fronttank dient hauptsächlich dazu, das Flugzeug auszubalancieren.

Die Bauchtank-Abwurfmechanik stammt von einem Abwurfsystem für 500 kg-Bomben. Nach Entfernung der wichtigsten Befestigungselemente adaptierte ich sie an mein Flugzeug. Das vordere Teil hängt am Flügelholm-Verbindungselement des Rumpfes und der vordere Haken nimmt fast die gesamte Last des Bauchtanks auf. Er enthält auch die Führungselemente, die ein Schwingen des Tanks verhindern. Das hintere Befestigungselement hält den Tank mit dem gewünschten Einstellwinkel in der Luftströmung ausgerichtet. Um die Luftströmung für den optimalen Einstellwinkel sichtbar zu machen, musste dies mit einer Kamera, Wollfäden und Windfahne bei verschiedenen Geschwindigkeiten getestet werden. Der Einstellwinkel war leicht positiv, wenn das Flugzeug voll beladen war, gerade genug, um etwas Auftrieb zu erzeugen.

Der hintere Tank wurde aus 1mm 6082 T6 Aluminiumblech hergestellt. Mit Weichaluminium schweißte ich dann einige Stellen sowie alle Nieten dicht. Der Bauchtank wurde aus 1mm 2024 T3 Aluminium gebaut und wiegt etwa 10 kg. Die Querschnittfläche beträgt 40 x 30 cm (ich weiß, das ist eher schachtel- als fischförmig, aber es funktionierte gut).

Das System zur Kontrolle der Spritzufuhr ist recht einfach. Das Original Spritwahlventil hat vier Positionen: linker Flügel, rechter Flügel, Zusatztanks und Zu. Das rechte Spritwahlventil hat ebenfalls vier Positionen: äußere Flügeltanks, hinterer Rumpftank, vorderer Gepäckfachtank und Zu. Und was ist mit dem Bauchtank? Aus diesem wird initial der Sprit in den hinteren Tank gepumpt, wenn darin der Füllstand abnimmt. Falls eine Notlandung bevorsteht, ist es auch möglich, den Außentank abzuwerfen. Der hintere Rumpftank erhält außerdem einen Schnellablass, ähnlich einer Toilettenspülung. Sollte notfallmäßig eine Umkehr erforderlich sein, kann er geleert werden. Bei ausreichender Zeit kann der Sprit vom Bauchtank in den hinteren Tank umgepumpt und erneut geleert werden. Bleibt dagegen keine Zeit, wird der Bauchtank einfach abgeworfen.

Stell dir vor, du startest voll beladen und der Motor bleibt stehen. Falls die Höhe ausreicht, steige ich dann mit dem Fallschirm aus. Falls nicht, muss der Bauchtank abgeworfen und der hintere Tank vor einer Bruchlandung entleert werden. Das Flugzeug gleicht vollbeladen bei einer Bruchlandung einer Brandbombe. Eine Explosion hinter meinem Kopf möchte ich mir aber lieber nicht vorstellen. Das System erhielt deshalb zum Schnellablass ein Rohr mit 6 cm Durchmesser nach außen. Um eine Flammenausbreitung zu verhindern, würde ich kurz vor dem Aufprall das Ablassventil schließen und darin einen Löschschaum zünden. Ich denke, dass das System so funktioniert und wenn es das nicht tut, dann glaube ich einfach daran!

Der Verstellpropeller ist ein zweiblättriger 74 Zoll Constant Speed von Hartzell Propeller Inc. Er hat eine bessere Effizienz im Vergleich zu einem 72 Zoll Zweiblatt- oder einem Dreiblattpropeller. Als Antrieb fiel die Wahl auf den Superior XP IO 360 mit 180 PS und elektronischer Zündung. Obwohl Vergasermotoren bei schlechter Spritqualität in einigen Gegenden der Welt besser wären, ist der Einspritzmotor bei Vereisungsbedingungen überlegen und hat zudem einen niedrigeren Spritverbrauch. Ich habe eine elektronische LASAR®-Zündung installiert, die einen besseren Zündfunken erzeugt und damit auch einen niedrigeren Spritverbrauch haben soll. Wenn das elektronische System ausfällt, übernimmt ein klassisches Magneto-System.

Das Instrumentenbrett enthält eine Mixtur aus klassischen Uhren und Elektronik. Das meiste kam aus meiner MCR01. Zur Navigation nutze ich ein Garmin 430 und ein Garmin 496, dazu noch ein iPad und ein iPad 2. Alle Motorparameter werden auf einem VMC 1 000 System dargestellt. Der Funk, VHF-1- und 2-Radio, kommt aus dem Garmin 430 und aus einem ICOM A210. Die Datenbank des Garmin 430 wurde aktualisiert, eine ziemlich teure Angelegenheit. Ich versuchte Jeppeson, eine Tochtergesellschaft von Boeing, als Sponsor für die Software zu gewinnen, wie schon 1998 und 2001. Doch mit dem neuen Boss von Boeing kam keine Unterstützung zustande. Also musste ich den Kauf aus eigener Tasche tätigen. Der Transponder ist ein Garmin 330. Einen Autopiloten von TruTrak, der in das Garmin 430 integriert ist, installierte ich zu meiner Entlastung.

Auch das Zubehör für die Satellitenkommunikation musste erstanden werden: SIM Karte, Filereader, E-Mail, SMS, Emergency, und das Beste: Tracking. So kann ich kommunizieren und alle Follower können den Fortgang des Flugs live erleben. Zur Sicherheit führte ich ein Iridium Satellitentelephon mit Tracking- und SMS-System sowie ein portables Radio für den Notfall mit, das mir von der spanischen Luftwaffe zur Verfügung gestellt wurde und eine GPS-Funktion mit den Notfrequenzen 121,5, 243 und 406 MHz besitzt. Hinzu kommt noch ein Garmin 760 HF-Kurzwellensender. Die Installation einschließlich Antenne und Ankopplung dauerte lange. Weltumrunder Bill Harrelson stellte mir für den Einbau dankenswerterweise Bilder und Notizen aus seiner Lancair IV zur Verfügung. Dies gefiel mir bestens und ich versuchte es, so gut es ging, nachzumachen. Vielen Dank, Bill!

MP3-Musik von einem iPod ist im Audiosystem von PS Engineering. Um Videos zu produzieren, sind einige Außenbordkameras installiert. Die Auswahl war nicht ganz einfach, da die meisten kleinen Geräte für Weitwinkel-Nahaufnahmen konzipiert sind und nicht für Landschaften. Ein weiteres Problem war deren Bedienung und Batteriekapazität. Das Wi-Fi-System ist ja ganz nett, um Aufnahmen zu starten und zu beenden, aber nicht zuverlässig genug. Ich befürchtete, dass die zu erwartenden kalten Temperaturen die kleinen Batterien sehr schnell ans Limit bringen würden. Die Lösung bestand in einer Kamera von Bleistiftgröße, die mit einem zentralen Recorder im Flugzeuginnern verbunden ist.

Bei einem Fliegertreffen in Mogadouro in Portugal wurde ich nach Ski für meinen Antarktisflug gefragt. Ich griff diesen interessanten Gedanken sofort auf: Die Ski könnten nicht nur zum Landen, sondern auch zum Rollen nützlich sein. Sollte das Flugzeug bei einer Notlandung fluguntauglich werden, könnte ich auf Ski möglicherweise zur nächsten Polarstation rollen. Klingt zwar leicht verrückt, aber verrückte

Ideen bringen einen manchmal weiter. Patrick Gilligan aus Kanada bot mir seine Hilfe an. Danke Patrick! Er hat viele Sets von Ski für Kitfox- und RV-Flugzeuge entworfen und selbst gebaut. Mein Plan stand fest, ich würde von Australien aus mit installierten Ski fliegen. Allerdings würden die Ski und der Außentank den Luftwiderstand vergrößern und die Reichweite des Flugzeugs beschränken. Wie so oft: altes Problem gelöst, neues Problem kreiert!

Da es zunächst in die Nordhemisphäre gehen sollte, verschob ich den Test des Außentanks vor den Start in Richtung Antarktis. Dennoch legte ich keine Pause ein, damit die spanische Luftfahrtbehörde auch den Anbau des Tanks genehmigen konnte. Ich flog mit einer Kamera unter dem Flügel zunächst mit niedriger Geschwindigkeit. Falls das Video nach einem kurzen Flug keine Vibrationen zeigte, würde der Außentank bei höheren Geschwindigkeiten getestet werden.

Warum hohe Geschwindigkeit? Weil die sogenannte Carson's Speed bei diesem Flugzeug mit maximaler Abflugmasse hoch ist. Zur Erläuterung: Die Geschwindigkeiten, bei denen Vergleichsflüge von der Organisation Comparative Aircraft Flight Efficiency (CAFE) geflogen wurden, waren das Produkt aus Geschwindigkeit über Grund und Meilen pro Gallone. Bei dem Maximum des Produkts entspricht die Geschwindigkeit der Carson's Speed, benannt nach dem ehemaligen Professor für Luft- und Raumfahrttechnik der Marineakademie, Bernard H. Carson. Er hatte herausgefunden, dass es ein Optimum für den geringsten Spritverbrauch bei größter Reichweite und bestimmten Geschwindigkeiten gibt. Diese Geschwindigkeit stellte sich – zumindest theoretisch – als diejenige heraus, bei der das Produkt aus Geschwindigkeit und dem Verhältnis aus Auftrieb und Widerstand am größten ist.

Der Bauchtank wurde bei 80, 120, 140, 160 KIAS (Knots Indicated Airspeed) und bei Strömungsabriss getestet. Die Luftströmung wurde auf einem Video sichtbar gemacht. Sicher würden einige Turbulatoren helfen, die Luftströmung zu verbessern und damit den Widerstand zu reduzieren. Es traten keine Vibrationen auf, keine Geräusche, das

Flugverhalten war unauffällig. Ich war zufrieden damit. Die Abrissgeschwindigkeit ist um drei Knoten höher. Bei 55 Prozent Motorleistung erreiche ich 129 KIAS anstatt 135 KIAS ohne den Tank. Sechs Knoten weniger entsprach meinen Erwartungen. Nach einem Test stellte ich fest, dass der Außentank etwas getrimmt werden musste; er kommt hinten zu sehr in Bodennähe, wenn ich mit Maximalgewicht auf rauer oder vereister Piste starten sollte. Dies beunruhigte mich! Die Vorstellung einer möglichen Bodenberührung zwang mich, die Hinterkante ein Stück abzutragen. Nach den Tests wurde der Außentank wieder entfernt, denn auf dem Flug zum Nordpol brauche ich ihn nicht. Erst im Oktober wird er dann für den Antarktisflug installiert.

Außer den wichtigen Systemen des Flugzeugs war das allerwichtigste Gerät an Bord das Model AE33 Aethalometer®. Es ist das weltweit am häufigsten eingesetzte Instrument zur Realtime-Messung von Kohlenstoffaerosolen. Dieses empfindliche Gerät von Magee Scientific misst die Lichtabsorption durch Aerosolpartikel bei bestimmten Wellenlängen. Auf diese Weise lässt sich die Menge an Kohlenstoffpartikeln – also Feinstaub – in der Luft an beliebigen Orten an der Position des Flugzeugs messen. Der rechte Flügel erhält ein spezielles Rohr, das die zu analysierende Luft aufnimmt, um durch ein Ankopplungsrohr zum Aetholometer zu fließen.

Das Gerät wurde auf dem Rücken des hinteren Sprittanks montiert. Bei der Installation des pneumatischen Systems für das Aethalometer war es schwierig, das Ankopplungsrohr mit dem Lufteinlass durch den Flügel zu bekommen. Dafür war kein Pfad vorgesehen. Zylindrischer Schaum, eigentlich als eine Schwimmhilfe für Babys gedacht, musste durch in den Rippen vorhandene Erleichterungslöcher geschoben werden. Mit einem 1,5 Meter langen selbstgebauten Bohrer wurde im Flügel ein Loch für das Rohr gebohrt. Nach drei Stunden schweißtreibender Arbeit war auch das geschafft! Mein Aethalometer an Bord ähnelt dem, das Matevz Lenarcic auf seiner Weltumrundung mitführte. Seine Aufzeichnungen erwiesen sich für mich als sehr hilfreich.

Safety first: Überlebensausrüstung

Für die Zusammenstellung und Unterbringung einer Überlebensausrüstung bot der Flieger nur wenig Platz. Meine persönlichen Reiseutensilien fielen daher äußerst spärlich aus, so dass ich im Fall des Falles bereits in wenigen Tagen wie ein Robinson Crusoe leben muss. Ich überlegte, wieviel Unterwäsche braucht ein Mann?

Meine Polarausrüstung enthielt alles Notwendige, um bei Temperaturen von minus 40 Grad Celsius zu überleben. Diese Ausrüstung war aber sehr teuer! Und enorm sperrig! Allein die Schuhe passten einem Mammut! Es musste zunächst getestet werden, ob ich damit überhaupt fliegen konnte oder ob ich die Ausrüstung erst anziehen sollte, wenn ich mitten im Nirgendwo in der Kälte gelandet war.

Ich verabredete mich mit dem spanischen Polarforscher Ramon Larramendi, der eine von einem Drachen gezogene Hütte auf Ski entworfen hatte. Bei seiner Antarktisdurchquerung 2012 mit diesem umweltfreundlichen System brach er einen Geschwindigkeitsrekord. Vor einigen Jahren publizierte er in der Zeitschrift National Geographic seine dreijährige Reise in der Arktis zu den Inuit. Er wird mir beim Entwurf der Überlebensausrüstung für die Antarktis helfen für den – hoffentlich nie eintretenden – Fall einer Notlandung. Die Ausrüstung soll einen Wärmeschutz für bis zu minus 40 Grad Celsius bieten.

Die Abteilung SERIN der spanischen Luftwaffe unterstützte mich ebenfalls mit ihren internationalen Kontakten und stellte Überlebensausrüstung zur Verfügung. So organisierte sie das Treffen mit den Repräsentanten der Luftwaffe aus Chile, Argentinien, England, Australien und den USA.

Das Rettungsfloß LRU 16P, eine spezielle Entwicklung für kalte Gewässer und hohen Seegang, würde ich hoffentlich nie brauchen! Außen ist das Rettungsfloß schwarz, denn es soll ja bei einem militärischen Einsatz für Feinde schwer auszumachen sein; für mich dagegen stellt diese Farbe ein Problem dar, da sie meine Entdeckung im Fall einer Notwasserung erschwert. Innen besteht es aus einer leuchtend orangefarbenen aufblasbaren Hülle. Das Rettungsfloß ist ausgestattet mit einem Kompass, Werkzeugen, Licht, einem Signalspiegel, Leuchtfarbe für das Wasser, Notrationen an Nahrung für sieben Tage sowie einer Spezialpumpe zum Filtern von Seewasser. Zudem erhielt ich eine ultraleichte Schwimmweste, die zusammen mit dem Fallschirm getragen werden kann. Im Flugzeug saß ich aus Platzgründen auf dem Floß mit dem ich auf diese Weise verbunden war, ein Vorteil, sollte ich mit dem Fallschirm abspringen müssen! Auch der Fallschirm wurde geprüft; leider war er für lange Flüge etwas unbequem.

Außerdem erhielt ich ein Heed III-Gerät, eine kleine Pressluftflasche, die auch viele Hubschraubercrews haben, für den Fall, dass ihr Fluggerät im Wasser versinkt. Mit dem Heed III-Gerät lassen sich einige Atemzüge nehmen – gerade genug – um unter Wasser das Flugzeugwrack verlassen und an die Wasseroberfläche gelangen zu können.

Aufführung eines Dramas: Spanisches Polarkomitee

Wir schreiben den 29. Mai 2015. Als wissenschaftliches Projekt und zugleich offizielles Projekt der spanischen Regierung benötigt Skypolaris nicht nur die Genehmigung des Spanischen Polarkomitees, sondern auch die Genehmigungen aller Länder, deren Sektoren in der Antarktis überquert werden sollen.

Seit dem Erfolg des Internationalen Polarjahres ist die Bedeutung der Association for Polar Early Career Scientists (APECS) erfreulicherweise stark gestiegen. Auf dem großen Treffen der APECS-Vereinigung von Polarforschern in Sofia, Bulgarien, Anfang Juni 2015 kontaktierte das Spanische Polarkomitee die Vertreter von Australien, Neuseeland, England, USA, Chile, Argentinien und Italien, um den Skypolaris Flug zu ermöglichen und zu unterstützen. Man stellte mir Fragen nach den Erfolgschancen dieses Projekts. Wenn ich die Erfolgswahrscheinlichkeiten abwäge und überlege, wie ein anderer sie einschätzen würde, dann glaube ich, dass keiner auf mich wetten würde. Also, wenn ich das alles so zerpflücke, komme ich zu dem Schluss, dass meine Chancen, Skypolaris umzusetzen, größer sind als nochmal geboren zu werden.

Die Genehmigung des CPE stellte sich als äußerst langwieriger Prozess heraus. Soweit ich weiß, war noch nie ein spanisches Flugzeug in der Antarktis gelandet und bisher waren auch nur wenige Flugzeuge aus anderen Ländern dort. Das CPE besaß deshalb keine Erfahrungen, wie mit einem solchen Projekt umzugehen und wie es zu genehmigen war.

Die Zeit raste, der Abflug war für den 1. November 2015 geplant. Ich befürchtete, falls sich die Genehmigung weiter verzögerte, könnte das Projekt erst im Frühjahr 2016 beginnen und musste dann zunächst mit dem Überflug des Nordpols starten.

Auch im August 2015 traf noch keine Nachricht vom CPE ein, kein Schreiben, keine Absichtserklärung! Dies war umso ärgerlicher, da die meiste noch vor mir liegende Arbeit direkt von der Genehmigung abhing. Aber es bestand noch Hoffnung auf einen Abflug später im Jahr 2015.

Es wäre eine Premiere, wenn eine Fluggenehmigung für ein kleines Flugzeug erteilt werden würde. Sie musste vorab von dem Land erteilt werden, dessen Bürger der Pilot ist. Der EPA (Environmental Protection Agency) der USA bin ich für die Argumente dankbar, mit denen sie ihren Staatsangehörigen eine solche Genehmigung ermöglichen. Die EPA stellte fest, dass der Flug, den ich vorbereite, im Einklang mit dem Antarktisvertrag und dessen Umweltauflagen steht. Ich hoffte, dass das CPE mit einer Kopie der EPA-Empfehlung die Genehmigung nun eher herausrücken würde – möglichst zeitgerecht?

Ich musste jetzt eine Entscheidung treffen, ob die Genehmigung für einen wissenschaftlichen oder touristischen Flug gelten sollte. Der Hintergrund war kompliziert: Entweder man erwirkte die Anerkennung des Flugs als ein von der spanischen Regierung genehmigtes wissenschaftliches Projekt mit einer akzeptablen Umweltbelastung oder man hielt sich an das initiale Gesuch für einen touristischen Flug, bei dem lediglich die Umweltverträglichkeit genehmigt werden musste. Mit beiden Möglichkeiten hatte ich so mein Problem. Falls die Umweltverträglichkeit geklärt wäre, würde ich auch versuchen, die Genehmigung für den wissenschaftlichen Zweck durchzusetzen. Die umgekehrte Reihenfolge machte keinen Sinn. Nach Aussagen der USA wäre die Umweltverträglichkeit okay, aber nach den Regeln hatte dies Spanien zu entscheiden. Ich hoffte, dass das CPE zumindest die Umweltverträglichkeit absegnen würde.

Bei einem Treffen mit dem CPE riet man mir zu einem AFIM, einem Flughandbuch über Antarktisoperationen. Dies hörte sich gut an. Falls die endgültige Entscheidung Spaniens negativ ausfiele, würde ich Frankreich um eine Genehmigung bitten, da ich auch französischer Staatsbürger bin. Der erste Kontakt zum französischen Polarkomitee war zwar positiv, aber eine Ausstellung der Genehmigung würde dort fünf Monate dauern, wodurch sich der Antarktisflug bis in den Winter 2016 verzögern würde.

Auf den Meetings der spanischen Antarktisbasis Gabriel de Castilla am 22. und 23. September 2015 teilte mir der pensionierte Admiral und technische Sekretär des CPE Manuel Catalan mit, dass er die im Mai zugesandten Dokumente nie erhalten habe und damit die Bearbeitung der Genehmigung nicht möglich sei. Obwohl die Informationen bereits im November 2014 eingereicht und im Mai 2015 weitere Dokumente vorgelegt wurden, waren diese Dokumente offensichtlich von einem Mitarbeiter des CPE zurückgehalten worden, waren sozusagen auf Eis gelegt. Außerdem würde er noch eine Bestätigung von der Universität Granada erwarten, dass diese die Verantwortung für die wissenschaftliche Betreuung des Skypolaris Projekts übernähme.

Welche Erleichterung, als der Vizedirektor der Universität Granada die Dokumente zur Unterstützung des Projekts endlich unterzeichnete und damit die Tür zumindest einen Spalt geöffnet wurde. Das war ein erster Schritt, um das CPE davon zu überzeugen, mit ihrer Genehmigung voranzukommen.

Allerdings war Manuel Catalan auf einmal über die Flugtauglichkeit des Flugzeugs besorgt. Dies könnte ihn dazu veranlassen, den Umweltaspekt im Vergleich zum Sicherheitsaspekt als unbedeutend einzuschätzen. Das CPE schenkte der Antarktisüberquerung eines Flugzeugs also kein Vertrauen und zwar allein aus dem Grund, weil dies die allererste Genehmigung wäre. Jetzt kam es darauf an, den CPE Sekretär über die Risiken des Flugs zu informieren und ihn vor allem von der Sicherheit des Antarktisflugs zu überzeugen. Ich hatte also auch noch dieses Problem am Hals! Ich bot Manuel Catalan an, ihn in meinem Flugzeug mitzunehmen, in Rückenlage zu gehen und ihn in dieser Position alle Genehmigungen unterschreiben zu lassen!

Die FAI schickte mein Gesuch an Alvaro de Orleans Borbon, einen sehr bekannten Luftfahrtenthusiasten (und mehr). Sein Großvater

Alfonso de Orleans Borbon war der zweite FAI-lizensierte Pilot. Alvaro unterstütze mich enorm dabei, den Bericht über die Risiken und Sicherheit dieses Flugvorhabens zu verfassen, mit dem das CPE so ein großes Problem hatte.

Seit der Papierkrieg 2014 begonnen hatte, wurden alle nötigen Schritte getan und alle Vorgaben, die das CPE abverlangte, genauestens befolgt. Spätestens bis November 2015 wollte ich abreisefertig sein. Aber schaffte ich das überhaupt? Mit der tatkräftigen Hilfe unzähliger Leute (eines Tages liste ich sie alle auf!) hoffte ich, die Genehmigung noch rechtzeitig zu bekommen.

Zwar war das Treffen des CPE für den 17. November 2015 geplant, aber das Skypolaris Projekt stand noch nicht einmal auf der Agenda! Was sollte nur werden? Es war wirklich außerordentlich enttäuschend, die Abhängigkeit von so vielen Leuten zu spüren und an dem mehr als unsicheren Ausgang nicht die Zuversicht zu verlieren.

Das australische Polarkomitee legte zudem eine Frist für die Spritlieferung von Hobart, Tasmanien fest. Diese war nur bis 6. November 2015 möglich!

Unter dem enormen Zeitdruck, die Spritlieferung in die Antarktis zu organisieren, kontaktierte ich das CPE erneut. Catalan informierte mich, dass das Projekt abgelehnt worden sei, weil es zu gefährlich wäre, über die Ozeane der Südhalbkugel zu fliegen. Darüber hinaus würden auch Unterschriften, Stempel und noch einiges andere fehlen!

Als nächsten Schritt ersuchte ich um ein Gespräch mit der Präsidentin des CPE Marina Villegas, einer Wissenschaftsdirektorin im Ministerium. Sie lehnte jedoch ein Gespräch mit mir ab, da das Projekt durch die CPE nicht unterstützt würde. Dies war das erste Mal, dass behauptet wurde, das hohe Risiko des Flugs führe zu einer Umwelteinwirkung, die mehr als gering oder nur vorübergehend sei. Damit bekräftigte auch die Präsidentin des CPE die Ablehnung.

Mit der Hilfe von Bill Harrelson kontaktierte ich daraufhin die US-Umweltbehörde EPA. Diese antwortete sehr freundlich und wohlwollend und bestätigte, dass der Flug eine geringere als minimale und temporäre Umweltbelastung hätte. Das bedeutete, als amerikanischer Staatsbürger könnte ich eine Genehmigung erhalten. Unverzüglich wurde das Dokument an die CPE weitergeleitet – leider blieb es ohne Wirkung, ebenso wie die Erklärung der Universität Grenada.

Inzwischen nahm die Entwicklung einen kuriosen Verlauf: Das CPE hatte das Prozedere, die Bewertung des Projekts, selbst gestoppt. Das war nun schwer bis gar nicht zu verstehen, hatte Catalan doch immer seinen guten Willen betont. Ich bat unverzüglich um ein Meeting, um herauszufinden, was und wie alles abgelaufen war.

Das CPE, verantwortlich für die Prüfung des Projekts, hatte damit im März 2015 zwar unverzüglich begonnen und den CPE Sekretär informiert! Warum aber hatte dieser mir ständig weisgemacht, viele Details des Projekts nicht zu kennen und es deshalb abgelehnt trotz des positiven wissenschaftlichen Berichts? Was veranlasste ihn dazu, dies so an die Präsidentin der CPE weiterzuleiten? Nun schwang er sich zu der Behauptung auf, es sei zu spät, das Flugvorhaben zu bewerten und für das nächste Jahr noch eine Genehmigung zu erteilen. Darüber hinaus erwartete er angeblich selbst eine Freigabe vom CPE, um daran arbeiten zu können. Ich fragte mich, wieso er jetzt eine Zustimmung des CPE benötigte und diese nicht schon am Anfang oder beim Meeting im März 2015 eingeholt hatte. Wieso hatte er den Flug abgelehnt, ohne das gesamte CPE Team zu informieren?

Da stand ich nun, fast alles war bereit – aber auf Eis gelegt mit dem Resultat, dass sich der Beginn des Flugs verzögern würde und auf den 6. März 2016 verschoben werden musste. Zudem würde der Flug, anders als ursprünglich geplant, mit der Ansteuerung des Nordpols und nicht mit dem Flug zum Südpol beginnen. Falls bis dahin dann alles mit dem CPE geklärt wäre, könnte es vielleicht erst im Herbst 2016 Richtung Australien und Antarktis losgehen.

Auf der Sitzung des Polarkomitees am 17. November 2015 versprach Catalan schließlich eine Freigabe zur Bewertung des Projekts von den

Mitgliedern einzuholen und die Arbeit daran unverzüglich aufzunehmen. Das war kaum verständlich, da die Bewertung größtenteils doch bereits existierte. Es war ein grässliches Gefühl, dass das ganze Projekt nur von dieser einen Person abhing, deren Posten es nach spanischem Recht überhaupt nicht geben dürfte.

Erst am 14. Januar 2016 kam es endlich zu einem Treffen im Büro des CPE mit Catalan als Vorsitzendem, der Sekretärin Frau Ramos, dem Manager des wissenschaftlichen Bereichs Polarforschung Dr. Quesada, dem Präsidenten des Königlich Spanischen Aeroclubs José Luis Olías, dem wissenschaftlichen Vorsitzenden von Skypolaris Dr. Alados und, last but not least, mir. Überraschenderweise verlief das Treffen in entspannter und freundlicher Atmosphäre. Nach etwa zwei Stunden hatte sich schließlich Catalan entschieden, das Projekt zu unterstützen und seine Befürwortung bei dem CPE Treffen im März 2016 zur endgültigen Genehmigung vorzulegen. Das Ergebnis des Treffens entsprach nun endlich meinen Erwartungen. Alle im Skypolaris Team beglückwünschten sich. Ich dankte allen, und da spreche ich von einer ganzen Menge Leute, die zu diesem Resultat beigetragen hatten. Ich bedanke mich ausdrücklich auch bei José Luis Olías, einem unermüdlichen Unterstützer des Projekts.

Am 29. Januar 2016 fand ein weiteres Meeting beim CPE statt. Es war unglaublich, noch immer wurden mehr und noch mehr Dokumente verlangt, obwohl ganz genau bekannt war, dass diese nicht beschafft werden konnten, wie beispielsweise zuerst ein Dokument von ALE, dann die CPE Genehmigung und danach erst die Schließung des Abkommens. Der CPE Sekretär verlangte auch gleich die Bezahlung der Gebühren, obwohl noch unklar war, ob diese Genehmigung später überhaupt erteilt würde.

Ich musste für alle Fälle mal den Nikolaus anschreiben. In dieser Lage fasste ich einen Entschluss: Ich würde Ende Februar 2016 Richtung Nordpol abfliegen. Komme was wolle!

Money makes the world go round: Finanzierung

Während die Vorbereitungen für das Projekt mal besser, mal schlechter vorangingen, erwies sich das Crowdfunding durchgehend als schleppend. Die meisten Leute spendieren wohl lieber einen Drink oder eine Pizza als dass sie einen Beitrag zu einem Projekt leisten. Trotzdem war ich äußerst dankbar, dass neben vielen Sachspenden auch einige tausend Euro zusammenkamen.

Überglücklich machte mich, dass sich der Königlich Spanische Aeroclub bereit erklärte, Skypolaris zu sponsern und den Fortgang des Projekts mit großem Interesse verfolgte. José Luis Olías, Präsident des RACE und selbst aktiver Pilot und Flugzeugrestaurator, war aufs engste mit der Luftfahrt verbunden. Er erhielt von der FAI CIACA einen Preis für seine Cessna L19 Bird Dog. Ich war überzeugt, dass diese Unterstützung ein Schlüssel zum Erfolg war. Herzlichen Dank an RACE!

ACCIONA, einer der führenden spanischen Konzerne in der Entwicklung und im Management von Infrastruktur, erneuerbarer Energie, Wasser und anderen Dienstleistungen, unterstützte das Projekt bisher immer ideell und entschloss sich nun, Skypolaris auch zu finanzieren. Als eines der größten spanischen Unternehmen mit weltweit großem Einfluss bestand die Hoffnung, dass ACCIONA Beispiel für andere Unternehmen sein würde, Skypolaris ebenfalls zu finanzieren.

Besonders freute mich, dass mein Freund Juan Carreto, der ebenfalls von einer eigenen Weltumrundung träumt, ein Iridium Extreme Satellitensystem sponserte. Damit kann das Flugzeug in Echtzeit verfolgt werden, zudem kann man weltweit telefonieren und SMS verschicken. Danke Juan!

Als nach dem geglückten Überflug des Nordpols auch das spanische Ministerium für Entwicklung seine finanzielle Unterstützung für die zweite Hälfte des Projekts zusagte, war dies ein ganz besonderer Glückstag!

Einen nicht geringen Teil des Projekts finanzierte ich aus eigener Tasche. Insgesamt kostete das Abenteuer etwa 115 000 €.

Liste der Flugplätze: ICAO-Abkürzungen

CYEK Rankin Inlet, Kanada
CYQG Windsor, Kanada
CYRB Resolute, Kanada
CYRL Red Lake, Kanada

EDFW Würzburg, Deutschland
EDNY Friedrichshafen, Deutschland
EDXM St. Michaelisdonn, Deutschland
ENAL Alesund, Norwegen
ENSB Longyearbyen, Spitzbergen, Norwegen

FSIA Victoria, Seychellen

GCRR Lanzarote, Spanien
GOOY Dakar, Senegal
GVNP Praia, Kapverden

HKML Malindi, Kenia
HEMM Marsa Matruh, Ägypten
HSSS Khartum, Sudan

LEAX Malaga, Spanien
LECU Madrid Quatro Vientos, Spanien
LEJR Jerez, Spanien
LEMH Mahon, Menorca, Spanien
LERE Requena, Spanien
LFLY Lyon Bron, Frankreich
LJN Buenos Aires, Argentinien
LMML Lucca, Malta

MGGT	Guatemala City, Guatemala
MMBT	Huatulco, Mexiko
MMMA	Matamoros, Mexiko
MMRX	Reynosa, Mexiko
MMTO	Toluca, Mexiko
MMTP	Tapachula, Mexiko
MYEK	Freeport, Bahamas
NZTB	Mario Zucchelli Station, Antarktis
SARI	Iguazu, Argentinien
SAVC	Comodoro Rivadavia, Argentinien
SAWB	Marambio-Station, Antarktis
SAWH	Ushuaia, Argentinien
SBBR	Brasilia, Brasilien
SBBV	Boa Vista, Brasilien
SBJC	Belem, Brasilien
SBMN	Manaus, Brasilien
SBSG	Natal, Brasilien
SBSP	Sao Paulo, Brasilien
SKRG	Medellin, Kolumbien
SNSH	Santarem, Brasilien
VRMG	Gan, Malediven
YAYE	Ayers Rock, Australien
YCBG	Cambridge, Tasmanien
YMML	Mildura, Australien
YPCC	Kokosinseln, Australien
YPPD	Port Hedland, Australien